ICFの視点に基づく自立生活支援の福祉用具

その人らしい生活のための利活用

大橋謙策=監修
公益財団法人テクノエイド協会=編集
伊藤勝規=編著

中央法規

はじめに

福祉用具の支援はドラえもんに似ている

「おーい、ドラえも～ん」。

みなさんは、何かを実現しようとしたけれど自分ひとりの力ではできなかったとき、「ドラえもんの道具があったらなあ」と思ったことはありませんか？

ドラえもんは、のび太が困っているとき、そして「こんなことができたらいいな」と思っているとき、ポケットから素敵な道具を出して、夢の実現を助けてくれます。でも、いつも助けてくれるとは限りません。のび太が宿題をさぼろうとしても道具を出してはくれないし、道具に頼りすぎると「やっぱり自分でやらなきゃダメなんだ」というオチで終わります。

ドラえもんがのび太を助ける姿は、福祉用具で高齢者の生活を支える支援に似ています。病気や加齢、転倒などの事故が原因で、今まで当たり前にできていたことが「できない」状態になったとき、福祉用具は、あたかもドラえもんのポケットから飛び出した道具のように、できなかったことを「できる」ようにしてくれます。風邪をひいて数週間寝込んだ高齢者が思うように歩けなくなってしまったとき、車いすは魔法の道具のように移動を助けてくれます。しかし、いくら便利な道具だからといって車いすばかりに頼っていては、いつまでたっても脚の筋力は回復しないばかりか歩く能力を失ってしまうかもしれません。

なぜドラえもんは、いつでものび太に適切な道具を出し、また時には出すことを拒み、のび太の成長を支えることができるのでしょうか？

ドラえもんをのび太のもとに送り込んだのは、遠い未来の世界に住むのび太の孫の孫、そう、ドラえもんはのび太のことをよく知っているのです。それは勉強もスポーツも苦手な現在だけではなく、これから先の人生までも知り尽くしているからこそ、のび太を支えることができるのです。

福祉用具で一人ひとりの「暮らし」を支えるために

福祉用具は、利用する人一人ひとりの暮らしを支える道具です。そして、時には一度失ってしまった暮らしを再構築するための道具でもあります。どのような暮らしを支えるのか、どのような暮らしを再構築するのか、福祉用具を提供する支援者は、福祉用具を利用する本人の目指す「暮らし」を理解することがとても大切です。

食事や入浴、排泄、移動など、生活に必要な動作や活動を、毎日繰り返ししていくことが「暮らし」ではありません。「暮らし」という言葉には、生きることの「目

的」や「幸せ」など、「人生」に求める価値に深く関係する意味を感じます。

　私たち支援者の役割は、一人ひとりの「暮らし」を支えることです。そのうえで、道具としての福祉用具はとても重要な役割を果たします。

福祉用具は「活用」が大切

　「福祉用具の支援は難しい」と思っている支援者は多いと思います。福祉用具は単に利用すれば効果を発揮する道具ではありません。目的を明確にしたうえで、その目的を達成するための手段として、個々の福祉用具の本質である機能、その能力、特性を活かすことが大切であり、そのためには利用者本人が意欲をもち、主体的な関わりの中で能動的に活用することをいかに支援できるかが問われます。これは、介助者が負担軽減のために使用する場面でも同様です。本書では、「単なる利用ではない、福祉用具の本質をいかに活かすかが大切」という視点の重要性を「福祉用具の利活用」という言葉に込めました。

「ソフト」と「ハード」2つそろっての福祉用具利活用支援

　福祉用具は道具であり、機能の範囲の中でしか効果を上げません。利用者に合わせて機能を変えるなど気の利いた対応もありえません。ですから、一人ひとりに異なる利用場面、目的、心身機能に合う選定をすること、操作できるだけではなく、利用場面、目的、心身機能に応じた使い方を判断し習得できること、人や環境の変化に合わせて調整や変更を重ねることなど、利用を支援する人の知識、経験、技術などに基づく関与が的確であることがとても重要です。

　機能、能力、特性といった福祉用具の「ハード」、目的の達成のためにその利活用を支援する人の専門性である「ソフト」の両方がそろって、初めて福祉用具の利活用支援は成立します。ドラえもんのポケットから出てくる道具は、ドラえもんののび太に対する想いがあるからこそ「夢をかなえる道具」となるのです。

ICF の視点

　さて、本書は、WHO が 2001 年に策定した国際生活機能分類（ICF）を基盤として、ケアマネジメントの入り口に立つ読者にも読み進めてもらえるよう意識しながら作成しました。特に、論述した序章から第 2 章は、公益財団法人テクノエイド協会大橋謙策理事長に監修をいただき、ICF が示す「社会生活モデル」の視点から福祉用具の利活用とその支援アプローチについて整理しました。

　大橋理事長は、1999 年、厚生労働省内に発足した「国際障害分類の仮訳作成の

ための検討会」の主要メンバーとして、活動、参加、環境の翻訳を担当する作業班の班長を務めた方でもあります。この活動、参加、環境の３つの要素は、まさに福祉用具利活用支援の成否につながる重要な肝をなす部分であり、私にとって学びの多い編著作業となりました。大橋理事長のご指導に対し、あらためて心から感謝いたします。

　本書を通じ、一人でも多くの支援者の方に、「福祉用具の支援力」を身近に感じていただけることを願っています。

2020 年 12 月　伊藤勝規

目次

第 2 章 福祉用具利活用支援のアプローチと実務

第 3 章 生活機能からの福祉用具利活用支援アプローチ

第 6 章　介護保険の対象とならない福祉用具

参考文献

監修・編著者紹介

序章

「人生の再構築」を目指して

第1節 福祉用具利活用支援が目指す自立した生活・自己実現

「人生の再構築」を目指すケアマネジメントでは自立支援を原則とし、「自分でできる」ことに最大の価値を求めます。

「自分でできる」の対極が「人に依存する」です。人的な介助の整備と福祉用具などによる生活環境の整備は、ともに環境からの支援アプローチであり、互いに補完し合う関係にあります。本人の心身機能や活動能力を最大限に引き出す福祉用具を利用、活用した生活環境について考えてみましょう。

福祉用具利活用支援が目指す自立した生活・自己実現

① 生活環境と支援としての整備

1 人は環境の中で生きている

　人は、環境の中で生きています。広く見れば地球全体が環境ですが、身近に見れば、日々利用するさまざまな「道具」や「住まい」も私たちの生活を支える大切な環境です。私たちの生活様式は、「道具」や「住まい」などの物理的な環境に合わせて形づくられ、また生活様式に合わせて物理的な環境も進化してきました。

　自分以外の「人」の行動や考え方も、自分にとっては環境の一部です。たとえば、駅のエスカレーターでの片側空けは、先を急いで歩行する人のために片側を空けようと考える人が多数を占め、あたかもマナーのように考えられてしまいました。しかし、身体機能の障害で立つ側が限定される人が「歩行を妨害している」と見られてしまうなど、新たな社会生活上の参加制約をもたらしています。

2 環境は「無意識の多数決」によって形成される

　物理的、社会的な環境の多くは、いわゆる「健常」な身体をもつ人間を前提として形づくられてきました。それは、身体的な「健常」が標準であり多数を占める社会において、その標準・多数に合わせることの合理性や経済性が、多くは無意識のうちに判断されてきたのでしょう。私たちの住む社会には、このいわば「無意識の多数決」によって形づくられているものがたくさんあります。その一つが住環境を中心とする生活環境であり、さまざまな活動をする場としての社会環境です。

3 「生活の不自由」は環境によってつくられる

　私たちが支援の対象としている障害のある人や高齢者は、生活の中に何らかの不自由を抱えており、その不自由さの解決を私たち支援者に求めています。多くの場合、その生活の不自由は、疾病や事故、加齢などの健康状態の悪化により、身体的な「健常」の状態を失うことで発生します。また、時にはうつや認知症のように脳機能や心因的な要因で「健常」の状態を失うこともあります。

　一般的に人々は、この心身の「健常」の状態を失ったことのみに焦点を当てて、生活の不自由を考え、時にそれを「障害」と呼びます。しかしそれは、人が生活する環境を普遍的であり絶対的なものととらえているからにほかなりません。

　生活の不自由は、心身の「健常」の状態からの変化と、その変化に対応することを想定せずに形づくられた有形無形の環境が、その変化を受け入れることができないという相互作用の結果で引き起こされているのです。

4　福祉用具や住環境整備の役割

　福祉用具や住環境整備の役割は、疾病や事故、加齢などにより現れた心身機能の変化に、生活環境を適合させることです。今まで生活してきた「健常」を前提とした環境から、変化した心身機能や能力に合わせて環境を整備し直し、「生活の不自由」を軽減し、なくしていくことを目標として、福祉用具の導入や住環境整備は計画されます。それは同時に介助者の身体的、精神的な負担を軽減することにもつながります。

5　その人が目指す人生を支えるために

　福祉用具の導入や住宅改修の実施により生活の不自由を軽減させるためには、心身の機能や身体の動きなどと、生活する環境を的確に「適合」させるための知識や技術が重要です。単に不自由なことを代替するのではなく、残された機能を積極的に活用し、個々人がもっている可能性の実現を目指すとき、支援としての生活環境の整備は驚くべき効果を発揮することも少なくありません。

②　生活基盤としての生活環境

1　生活環境の整備と安全

　介助は、本人と介助者、双方にとって安全でなければなりません。環境を整えることなく、人的な力に頼っての介助には多くの危険が潜んでいます。移乗の際に車いすのフットサポートに本人の足をぶつける事故は、ぶつけた程度でけががないものについては事故とも思われないほど頻発しています。多くはベッドと車いすの間での移乗のために行われる持ち上げる介助の際に発生します。車いすの選定と適切な操作、移乗のための福祉用具の利用で、その危険を大幅に減らすことができ、同時に介助者の身体の負担の結果である腰痛などのリスクの軽減にもつながります。

2　不適切な環境による心身への影響

　目に見える事故に対し、目に見えない、そして一定程度の時間を経て現れる心身への悪い影響はさらに重要な問題です。たとえば車いす上での不適切な姿勢は、「高

齢で筋力が落ちているからしっかり座っていられない」と、本人の身体機能の問題と済まされがちですが、体格に合わないサイズの車いすを使用しているという環境の要素が原因である場合も多くあります。脚の長さに対して車いすの座面奥行が長すぎたり、フットサポートの位置が合っていないような不適切な車いすに長時間座らせている状態も少なくありません。

　このような状態では座位が崩れ、リラックスできない姿勢は過剰な筋緊張となり、股関節が拘縮し、その影響で前傾姿勢が取れなくなると立ち上がりができなくなります。その状態を、「○○さんは最近体力が落ちて立ち上がれなくなってきた」という認識だけで済ませてしまう、さらに誤嚥が多くなっても座位姿勢の影響と気づかず、胃ろうにして食べる楽しみを奪ってしまうなど、福祉用具の不適合も含め不適切な環境が生活機能、ひいてはその人の人生に及ぼす影響が少なからず存在することに、私たちはもっと敏感にならなければなりません。

③ 生活基盤としての生活環境の整備

　私たちの暮らしは、住環境やさまざまな用具によって整備された生活基盤のうえに成立しています。逆に、私たちは便利で快適な生活を実現するために、住環境やさまざまな用具によって生活基盤を形づくってきたというほうが正確かもしれません。生活に何かの不便があると住環境を見直したり、新しい用具を導入したりすることで解決してきました。

　高齢者や障害のある人の生活においても、生活基盤としての生活環境は24時間常に、そして直接的にその人の活動に影響を与えます。それは同時に、人の提供する介助にも影響を与えます。用具の有無（介護ベッドに寝ているのか布団なのかなど）だけではなく、介助するスペース（ベッド周囲の空間）の広さなどが、介助の際の姿勢などに影響するからです。やむを得ず無理な姿勢や危険な動作での介助を強いられている場合もあります。

　生活基盤としての生活環境の整備とは、本人の生活機能や動線、介助の有無、介助者の体力や介護技術、動作に合わせ、その際に支障となる環境の要素を減らし、本人と介助者がより円滑で容易、安全に生活行為ができるように環境を調整するものです。その手段には、腰痛を予防する目的での福祉用具の導入などももちろん含まれますが、単に用具を導入するかどうかというものではなく、家具の配置変更や片づけ、移動動線の変更など、広く総合的に状況を把握し、解決となる環境を整備する視点が大切です。

③ ケアマネジメントの優先課題としての 生活環境整備

1 ケアマネジメントの視点

　ケアマネジメントは、それを必要とする人に対し、その人の目指す人生の実現に向けて、その人のもつ複合的な課題（ニーズ）を解決するプロセスです。単純に「できなくて困っていることへのお手伝い」ではありません。

　たとえば、「トイレに行けなくて困っている」と言われて、「それでは」とポータブルトイレを提供する。これは「困っていること」の解決にはなっているのかもしれませんが、単に「トイレに行けない」という課題を代替しただけであり、目指す人生の実現とは言えません。

　トイレに行けない原因は、さまざまに考えることができます。本人の歩行機能の問題もあるかもしれませんが、尿意を感じてからトイレに行くまでの時間的な問題や、トイレまでの距離や段差の状況など住環境の問題、トイレに行くことを補助してくれる介助者の不在などです。多くの場合、原因は一つではなく複合的であり、それらの相互関係でとらえる必要があります。

2 ケアマネジメントにおける福祉用具の現状

　自立した生活の阻害要因が、心身機能と物理的環境の相互作用であるという理解に立つと、その解決は、機能訓練など心身機能向上に働きかける支援、マンパワーによる介助力の強化、福祉用具や住環境整備による物理的環境の整備などの生活環境に働きかける支援に大別されます。または、これらをパッケージにした施設サービス（ここではデイサービスも含む）も主要な支援手段です。これらの支援手段は、介護保険制度などによりさまざまなサービスとして用意されており、ケアマネジメントのプロセスでは、それらのサービスを調整しながら適切に効果的に提供し、課題（ニーズ）の解決を目指します。

　しかし、残念ながら多くの場合、福祉用具や住環境整備などによる生活環境整備は、人的な支援や施設サービスを優先してプランニングし提供した後に、補完的に検討される支援と見なされる傾向があります。

④ 生活の主体性を守る福祉用具の利活用

■1 「できること」までしていませんか?

　「本人ができることは、本人の能力で行う」。これは、ケアマネジメントの基本的な考え方です。この基本の中で、その際の危険性や過剰な身体的負荷、将来的な望ましくない影響等を考慮することは必要ですが、「できること」まで「してあげる」介助が適切ではないことは、支援者であれば誰もが理解しています。しかし、人的に提供される介助において、「できること」まで「してしまう」、または「せざるを得ない」介助が数多く行われている現実に、私たちは気づかなければなりません。

　一例として、ベッドでの端座位から車いすへの移乗を考えてみたいと思います。この行為は、ベッドから立ち上がり、身体の向きを変えて、車いすに座る、という3つの動作で成り立っています。さらに動作を細かく観察し区分すると、ベッド上でお尻を浅めの位置に移動し、足を引き、お辞儀をして身体の重心を前方に移動させ、バランスを保ちながら膝と股関節を伸ばすことで重心を上方に持ち上げ……と、移乗という行為がさまざまな心身機能と活動によってなされていることが理解できます。これらの連続した動作のうちの一つでも欠けると、総体としての「移乗」ができないという状態になるわけです。

　人的な介助では、この「移乗ができない」という結果のみに焦点を当て、心身機能や活動の視点で見た「できること」も含めた一連の移乗の動作に対して介助を行ってしまう傾向が強くあります。

■2 「できること」を大切にする介助バリエーションの拡大

　「本人ができることは、本人の能力で行う」介助では、目的とする行為をその行為を構成する動作に細分し、できない部分のみにサポートを行うことが理想です。しかし、本人の心身機能や活動の状態はさまざまである一方で、それに対応する人の力のみで行う介助方法のバリエーションは限られています。結果として、「できること」まで「してしまう」「せざるを得ない」介助になってしまうのです。

　この点において、適切に導入された福祉用具や住環境の整備では、「できない」部分のみを補完的にサポートすることが可能です。また、福祉用具を利用した人的な介助においても、介助方法のバリエーションを拡大させ、一人ひとりの生活機能に合わせた方法を提供することが可能となります。

3 生活の主体性を守る生活環境の整備

「できること」まで「してしまう」「せざるを得ない」介助を本人の立場で考えると、「できること」を「させてくれない」、「できること」まで「されてしまう」介助ということになります。そのような介助の継続は、自分でする機会を奪い、次第に「自分にはできない」と本人の意識を変化させます。自立支援のための介助のはずが能力を発揮する機会や意欲を奪う結果となるのです。

さらに人的な介助や施設サービスの利用は、週に何回入浴するのか、どの時間帯にどれくらいの時間をかけて入浴するのかといった、本人が主体的に決定してきた生活上のさまざまな事柄を、一定の制約の中でケアプランに委ねざるを得なくなります。いかにケアプランが「利用者本位」とはいえ、「今から風呂に入りたい」という要望に応えることはできません。

4 家族の介護への主体的関わりも重要

家族を重ねて考えてみると、デイサービスを含めた人的な介護支援の多用は、家族の介護への主体性、たとえば入浴の見守りや日中の食事の用意、コミュニケーションなど、本人と家族のつながりを低下させる要因になってしまう場合も少なからず存在します。介護保険が、介護負担で苦しむ多くの家庭の実情を改善すべく、介護を「家族負担」から「社会化」へと大きく転換させる役割を担い制度化された趣旨を踏まえたうえでも、家庭が在宅で生活する高齢者の生活の基盤であることには変わりなく、家族の役割がなくなったわけではありません。

家族の健康状態や時間的な制約など一定の条件のもとでということにはなりますが、家族が主体的に、過剰な負担を負うことなく入浴の支援に関われる物理的な環境があれば、「今から風呂に入りたい」という要望に応えられる可能性も増えていきます。

5 社会的な負荷を軽減するために

介護は、個人や家族の問題であると同時に、その費用負担の点で社会全体の課題でもあります。生活環境は一般に個人の財産であり、強制的に整備を進めるべきものではないのは当然です。一方で、生活機能に障害を抱えても、住環境はあまりにも当然のようにそこに存在し、普遍的なものと考えられ、その整備が（たとえ家具の配置換え一つであっても）どのように生活を変えていくのかの見通しがないという人も多数です。

また、福祉用具についても、特殊寝台と車いすの存在は一般化されましたが、そ

の機能やそれぞれの身体機能に合わせた使い方などの情報は、まだまだ浸透はしていません。さらには、移乗用リフトなどの導入頻度の少ない用具や、自助具など介護保険制度の対象とならない福祉用具に関する情報は、支援者にも共有されているとはいえない状況です。

　このような状況が、デイサービス等の施設介助も含め生活環境の整備よりも人的な介助を優先させるケアマネジメント普及の要因となっています。

　しかし、福祉用具など生活環境の整備による自立支援の可能性を検討することなく人的な介助のみでの課題の解決を継続し、そのコストを社会が負担し続けることが現実的に不可能となっています。生活環境の整備による課題の解決を優先し、それを補完する形で必要な人的介助を投入するといった考え方へのシフトが求められているのです。

第 1 章

福祉用具利活用支援の基盤となる ICF の理解

国際生活機能分類（ICF）の示す社会生活モデルは、支援の中での福祉用具の位置づけを環境因子として明確化しました。また、私たち支援者が向き合うべき「障害」を、単に身体的にできるかどうかの機能障害のレベルでとらえるのではなく、社会や役割というキーワードに代表される人生レベルでの課題としてとらえることを重視し、福祉用具利活用支援の目指す到達点を、「できないことをできるようにする道具」から、「人生を支え作り出す道具」「自己実現のための道具」へと高めました。

福祉用具利活用支援の基盤となる ICF と、その基本的視点である社会生活モデル、まずはここからひも解いてみましょう。

ICF の誕生〜障害モデルから社会生活モデルへ

1 国際障害分類（ICIDH）で始まる障害の理解

1 ICIDH による障害の理解

2001 年に世界保健機関（WHO）によって策定された国際生活機能分類（International Classification of Functioning, Disability and Health:ICF）は、それまで人の障害の理解のために使われていた国際障害分類（International Classification of Impairments, Disabilities and Handicaps:ICIDH）を改定したものです。

ICIDH では、障害は健康状態の阻害を根本の原因とし、それによる心身機能や形態の障害が現れ、さらに心身機能や形態の障害に影響を受けることで能力が欠如し、それらが原因となり最終的には社会的に不利な状況に追い込まれる、という概念で整理しました（図 1-1）。

図 1-1　ICIDH の構造

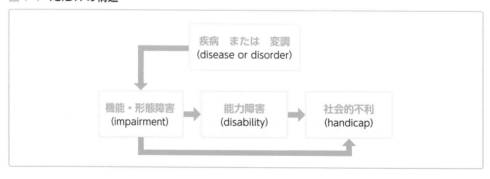

2 ICIDH の功績

ICF を理解するために、その基礎となった ICIDH について、事例から触れてみたいと思います。

【事例1】

A さんの仕事は配送会社の荷物整理です。ある日、会社へ向かう途中、交差点で曲がってきたトラックに巻き込まれ、両下肢を切断する重傷を負いました。数か月の入院の後、A さんは車いすを利用し出社できるようにはなりましたが、以前のような仕事はできません。事務職への配置転換を希望しましたが事務所のバリアフリー改修にお金がかかるという理由で受け入れてもらえず、仕事を辞めざるを得ませんでした。

Aさんの障害をICIDHの概念で整理すると、「交通事故（疾病・変調）により下肢を切断（機能・形態障害）したため、荷物を持って移動することができず（能力障害）、仕事を辞めざるを得なかった（社会的不利）」という一方向の原因と結果に整理されます。

ICIDHモデルは、それまで単に疾病の後遺症として一括りにとらえられていた障害を、3段階のレベルの因果関係として視覚的なモデルに整理し、視点を大きく転換させました。これにより能力の再獲得や社会復帰を支援するための考え方の基盤が形成され、機能・形態障害に対しては治療といった医学的アプローチや機能訓練など、能力障害に対しては代替手段の獲得など、社会的不利に対しては福祉就労などというように、課題と解決への対応を整理することを可能としました。

図 1-2 ICIDH によるAさんの障害概念

3 障害の「医学モデル」

ICIDHモデルのような、障害の要因を疾病や変調、事故など個人の健康状態に端を発する問題であるととらえる見方を「医学モデル」といいます。このモデルでは、障害の軽減のためにその個人に対する治療や機能訓練などの医学的な対応を重視し、地域社会での生活が困難な場合には入所型福祉施設などへの収容で解決を図る政策などが推進されました。

◆ 医学モデルの弊害

医学モデルの普及は、一方で「健康の阻害による心身機能の障害が能力を欠如させ社会に適合できなくなる」という不可逆的なイメージを植えつけました。社会的に不利な状態を脱却するためには能力の再獲得が必須であり、機能訓練や治療が必要といった「社会に受け入れられるためにはそれしか方法はなく、可能か否かは本人個人の問題」という極端な考え方を助長させる面もありました。

② 国際生活機能分類 (ICF) の誕生

1 ICF の誕生

　【事例1】のＡさんは、「荷物を持って移動できない」状態が解消できなくても、車いすを利用することで移動する能力は回復しています。職場に段差がなく車いすでも入れることや、そのような改修を支援する公的な制度、また、事務仕事への変更といった会社の理解など、本人を取り巻く環境が改善されれば「仕事ができない」という社会的な不利を解消できる可能性があります。また、そのための努力ができるか否かは性格など個人の要因からの影響もあります。

　このように ICIDH には、障害に対する本人以外に起因する環境の要素や、個人ごとに異なるライフスタイルや職業などの要素からの影響の位置づけがありませんでした。ICIDH の欠けている視点を補うための議論は、障害当事者も参加し、国際的な討議によって ICF として実を結び、人間の生活機能と障害の新たな分類の概念として発表されました。

図 1-3　環境の要因と個人の要因

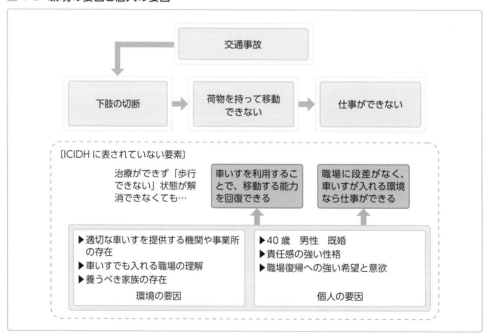

2 障害の「社会モデル」

　障害を社会環境の面からとらえ、障害は個人の健康状態から引き起こされる問題ではなく、その障害を受け入れることができない社会が作り出している問題であるととらえる見方を、障害の「社会モデル」といいます。Ａさんの障害は「下肢の切

断から歩行ができなくなったこと」ではなく、「Ａさんを受け入れない社会（会社）」こそがＡさんの障害である、と解釈する考え方です。

　社会モデルでは、障害に対し「治すもの」「克服するもの」という固定観念を排し、障害の軽減には、社会に存在する物理的、人的、社会制度的な支障をなくしていくことが重要であると考えます。

　人間の尊厳を基盤にした、障害のある人の地域での自立生活支援、高齢期における疾患の後遺症状としての障害への対処など、従来の治療による解決を最善とする医学モデルでは対応できない課題がクローズアップされる現代社会では、この「社会モデル」の視点が重視されています。

▌3 医学モデルと社会モデルの統合

　ICIDH の医学モデルに偏った障害の解釈への反省をもとに、その改定として策定された ICF は、健康状態と心身機能、能力と社会的不利について、その影響関係に相互作用があることなどを丁寧に整理しました。さらに、それらに影響を与える「社会モデル」の観点として、物理的、人的、社会制度的な環境の要素や個人的なライフスタイルなどの要素を「背景因子」として概念に加えるなど、より包括的な障害の理解に寄与するものとなりました。

　障害を理解するための分類という点において、ICF は「医学モデル」と「社会モデル」という２つの対立する考え方を等しく重視し、統合したモデルになっています。

▌4 障害の分類から「人の健康の構成要素」の分類へ

　障害を理解する目的で作り出された ICF は、その過程で障害という、人が生きるうえでのマイナス面の分類から、すべての人を対象とする健康の構成要素を整理し分類するモデルへと、大きくその視点を変化させました。ICF で、機能障害を「心身機能・身体構造」、能力障害を「活動」、社会的不利を「参加」と表現しているのはこのためです。

　ICF は、「健康な生活とは何によってもたらされるのか」の要素を整理することを基本として、障害を「健康の要素が阻害されたマイナスの状態」であるという視点で整理しています。

③ ICF に示される「社会生活モデル」

1 視点としての「社会生活モデル」

　国際生活機能分類の名称にもあるように、WHO は健康状況と健康に関連する状況の記述に国際的な統一を図る標準的な分類の枠組みとして ICF を策定し、その枠組みを図 1-4 のような「社会生活モデル」で示しました。

　「社会生活モデル」とは、「医学モデル」と「社会モデル」の考え方を統合し、本人の主体性と生きる意欲を尊重し、社会生活を最大限に豊かに保障するために、支援者が本人の「生きること全体」をアセスメントするうえでの基本となる考え方です。障害のある人や高齢者の福祉用具の利活用を支援するにあたっては、この「社会生活モデル」の視点に立ったケアマネジメントがとても重要です。

　ICF が分類のリストである、という点では福祉用具の利活用支援には直接的には関係のないものと感じてしまうかもしれませんが、その分類の考え方である社会生活モデルは、私たち支援者にとても有益な視点を与えてくれます。

　この視点によって、支援の対象とする人の健康状態から動作や行為などの生活機能、その背景となる住環境等からの影響を総合的にとらえ、その複雑な因果関係を整理し、どのような支援がどう影響するのか、どのような結果を期待できるのかを推察し理解することにつながります。

図 1-4　ICF の示す社会生活モデル

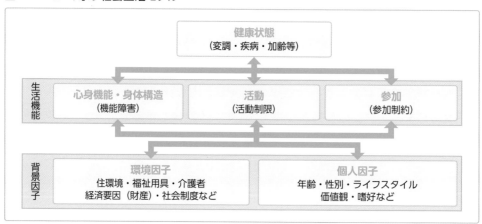

2 社会生活モデルの概観

　社会生活モデルは、「健康状態」「生活機能」「背景因子」の大きく 3 つのレベルに分かれており、相互に双方向の矢印で結ばれています。この矢印は、「影響を与えている」という意味をもっており、「健康状態は生活機能に影響を与えると同時に、

生活機能も健康状態に影響を与えている」「背景因子は生活機能に影響を与えていると同時に、生活機能も背景因子に影響を与えている」という関係性を表しています。

　生活機能は、さらに「心身機能・身体構造」「活動」「参加」の３つの要素に分かれ、相互に影響を与えることを示す双方向の矢印で結ばれています。前述のようにICFはすべての人を対象とする健康の構成要素として整理されているので、これらの用語は、健康上の問題のない中立的な状態を表しています。

　背景因子は、本人以外のすべての要素を含む環境因子と、本人の健康状態と生活機能以外の特徴である個人因子の２つの要素からなり、これらも相互に影響を与える関係にあります。

◆ 障害にも３つの要素

　生活機能の３つの要素は、それぞれに阻害された障害の状態があります。「機能障害」「活動制限」「参加制約」です。ICIDHの「機能・形態障害」「能力障害」「社会的不利」に相当する意味をもちますが、ICFではこれらの要素が双方向の矢印で結ばれ、相互に影響を与える関係にあるととらえられています。社会的な役割が減り（参加制約）、外出などの活動が少なくなる（活動制限）ことで、疲れやすいなど心身機能に影響をもたらす（機能障害）、というようなICIDHとは逆方向の関係性を示すことを可能にしています。

◆ それぞれの「障害」を区別する

　一般的に日本語では、生活機能の３つの要素それぞれが阻害された状態の違いを特に意識せずに「障害」と表現しており、言葉のうえでその違いを表すことは一般的ではありません。切断や麻痺などの障害（機能障害）、動作や行為自体ができない障害（活動制限）、段差などで行動が狭められ役割を果たせない障害（参加制約）のすべてが「障害」の一語で済んでしまうことで、支援現場ではしばしばコミュニケーションのギャップが生まれ、アセスメントの整理もできにくくなります。３つの要素それぞれの阻害された状態を区別して理解する視点はとても重要です。

　一方、３つの要素を区別せず、生活機能の総体として阻害された状態を示す言葉として「障害」を用いることもあります。

④「生活機能」と「障害」

1 生活機能

　社会生活モデルの中心に据えられているのは「生活機能」です。生活機能の3つの要素は、それぞれをとらえる視点が「生物・生命レベル」「個人・生活レベル」「社会・人生レベル」という概念に整理されており、人が生きることのすべてを表しています。

　たとえば、「会社に行く」ことは「社会・人生レベル」の視点で見ると社会参加ですが、それは歩行や交通機関の利用といった「個人・生活レベル」で見た活動に支えられており、その活動は「生物・生命レベル」の視点では歩行のための下肢の構造・機能や視覚などの心身機能により可能となっています。このように「会社に行く」という社会生活を実行するための生活機能を3つのレベルの視点からの概念に分けて整理することができます。

2 心身機能・身体構造と機能障害

　心身機能・身体構造とは、生活機能を生物・生命レベルで理解、評価する視点です。例示は、「調理」に関する各視点からの具体例です。

◆ 心身機能

　心理的・精神的な機能と身体的な機能です。記憶や判断をするための脳機能、呼吸器などの機能、関節や筋の働きや痛みなど、身体を「生き物」として見た生理的な機能を示します。
例：メニューや必要な材料を記憶し思い出す脳機能、鍋を持つ手の機能や筋力。

◆ 身体構造

　器官や肢体とその構成部分などの構造です。肢体では、体幹と両上肢、下肢などの形状や大きさなど、身体の解剖学的な部分を示します。
例：鍋を持つための腕や手指の長さや大きさなど。

◆ 機能障害

　心身機能や身体構造の異常や喪失を示します。異常とは統計的な正常範囲からの差異であり、良し悪しの価値を含まない概念です。関節の拘縮や痛み、指の切断などで、心身機能・身体構造が制約されるマイナスの状態です。

3 活動と参加

　行為を「個人・生活レベル」の「活動」としてとらえる視点とともに、社会生活モデルでは、その行為の「社会・人生レベル」での意味をとらえ「参加」として評価する視点が重要です。

◆ 活動

　個人による課題や行為の遂行のことで、生活機能を個人・生活レベルで理解する視点です。注意して視る、注意して聞くことや、考えること、書くことから、歩くこと、立ち上がること、座ること、姿勢を維持することなどの動作、それらの動作の結果として行われる食事や排泄、入浴などの日常生活動作（ADL）、趣味や仕事の活動など、あらゆる生活での行為を含みます。

例：材料を刻む、鍋に水を入れる、卵を割るなどの動作、調理という行為。

◆ 活動制限

　個人が活動を行うときに生じる難しさであり、文字通り、活動が制限されている状況です。「活動制限」は、「健康状態」や「機能障害」によりもたらされる場合だけではなく、個人にはその行為を行う能力があるにもかかわらず、環境に何らかのその行為を行うことを阻害する要因があり、結果として「活動ができない」状態も含まれます。

◆ 参加

　生活・人生場面への関わりのことであり、生活機能を社会・人生レベルで理解する視点です。「参加」という言葉から社会参加をイメージしやすいですが、社会参加よりも広い概念で、趣味や地域の活動に参加することや、期待される役割を果たすことなどを含んでいます。

　具体的な課題や行為としては「食事の準備」など、活動と同様なものとなります。この場合、活動は単に食材を刻み、鍋を火にかけ、味付けをするという動作の総合を「食事の準備」として示す概念であることに対し、参加では家族という社会の中での期待される「食事の準備」という役割を果たすための行為と理解する概念です。

例：家族が喜ぶおいしい食事を作る、家族の健康を守るための調理。

◆ 参加制約

　個人が何らかの生活・人生場面に関わるときに経験する難しさであり、文字通り、

参加が制約されている状態です。これは、活動と同様「健康状態」や「機能障害」によりもたらされる場合だけではなく、通路の段差で買い物に行けない、鍋が重たくて持ち上がらないなどの物理的な障壁による制約でもあります。

⑤ 背景因子〜「環境因子」と「個人因子」

1 社会生活モデルの特徴的視点である「環境因子」

生活に使う道具や住環境など物理的なものに限らず、家族や支援者などの人の存在やそれらの人々の態度による人的な環境、法律や制度、風習、習慣など社会的なものまで、個人を取り巻く本人以外のすべての要素が「環境因子」です。それらの要素が存在すること、または存在しないことが、生活機能にプラス、またはマイナスの影響を与える要因となります。

自立支援のさまざまな課題を考えるとき、その人の生活機能は背景にある住居や家族構成、経済状況などの環境の要素に大きく影響を受けています。生活機能の背景に環境因子を位置づけたことは、社会生活モデルの最も大きな特徴といえます。

◆ 物理的な環境

住宅の中にある家具や設備、段差や広さなどの住環境、衣服や食器など身の回りにある道具、また坂道が多いなどの地形や交通量、人混みの程度などの生活範囲の地理的な特徴などです。福祉用具の選定にも大きな影響を与えます。

◆ 人的な環境

同居する家族や近隣の知人など私的に関係する人々はもちろんですが、支援者（主治医、介護支援専門員（ケアマネジャー）、リハビリテーション関連職、介護職、施設職員、福祉用具専門相談員など）や、それらの人々の態度（慣行、価値観、肯定的で敬意を示すふるまいや否定的で差別的なふるまい）などです。

◆ 社会的な環境

自治体などの公的な制度や政策で提供されるサービス（医療や福祉に関する介護保険や地域独自の支援メニューなど）や地域コミュニティによる見守り、公共的に提供される店舗での小売りや、公共交通機関や通信などの社会的なサービスです。

◆ 経済的な環境

受診するためのお金や、住環境を改修するための資金など、経済的な要因です。単に金銭や貯蓄の多寡のみではなく、サービスの対価となる保険への加入状況や資産が含まれます。

2 「個人因子」

生活機能に影響を与える、その人個人のもつ特徴であり、その人の生活や人生の特別な背景です。具体的には性別、年齢、ライフスタイル、習慣、生育歴、職業歴、性格、個人の気質などです。

▶困難への対処方法

加齢や疾病がもたらした不自由や困難さにどのように対処しようとするのか、その対処方法や行動様式にも、さまざまな考え方や人それぞれの特徴があります。

意欲や満足感など個人の感情を反映する要素は、不自由や困難への対処の推進力として重要ですが、人の生活機能を体系的に分類するための指標として策定されたICFでは、現段階では分類の対象とはされてはいません。

一方、困難に対処するための私たち支援者が求める本人の「意欲」とは、「課題の解決に積極的だ」「リハビリにも積極的に取り組んでいる」というような「積極的に困難に立ち向かう姿」を表現することが多く、「困難への対処方法（coping styles）」として個人因子ととらえています。

COLUMN

「意欲」の分類

分類としてのICFでは、「意欲」と訳される「motivation」を精神機能の一部として「心身機能」に分類しています。これは、たとえば高次脳機能障害によって現れた意欲の低下などを分類評価する項目です。

一方、困難に対処するための私たち支援者が本人に求める「意欲」を、「心身機能」の一部としてのみ扱うことは少し違和感があります。「意欲」と「motivation」の間には言語的なニュアンスの違いが存在していることが影響しているのかもしれません。

1 社会生活モデルは相互作用モデル

1 環境因子が生活機能に与える影響

　社会生活モデルの３つのレベル、および生活機能の中での３つの要素は、すべて相互に影響し合っており、何か一つの要素に変化があるとほかの複数の要素に影響し変化させます。

　影響はマイナスの場合もあるし、プラスの場合もあります。次の２つの事例から、環境因子の変化が、生活機能や健康状態に与える影響について見てみます。

2 マイナスの影響

【事例2】

　Bさんは車の運転ができません。ある日、若い頃から楽しく買い物をしていた近所のスーパーマーケットが閉店し、買い物を娘に頼むようになりました。Bさんは外出の機会が減ってしまい、ほぼ一日中こたつに座ったままの生活になってしまいました。すると、徐々に足腰の筋力が落ち、膝などに痛みを感じることが多くなりました。数か月後、Bさんはとうとう転んでしまい、骨折をして入院してしまいました。

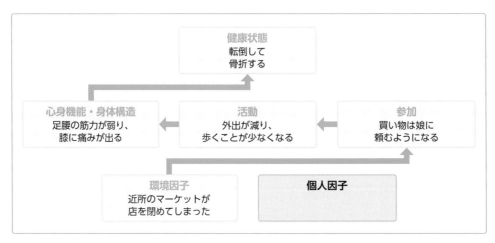

　近所のスーパーマーケットが閉店したという環境因子の変化が生活機能にマイナスの影響を与えています。買い物を娘に頼むようになったことで生活の中での楽しみが少なくなって外出することが減り、日中のほとんどをこたつに座って過ごすような生活では足腰の筋力が落ちます。いわゆる廃用症候群の状態から転倒、骨折、

入院へと悪循環に陥ってしまいます。

　「活動制限」という言葉は、機能障害の影響によって制限されるイメージが強いですが、高齢期の生活ではこのケースのように環境の変化が活動を低下させる要因となることも多くあります。環境の変化は物理的なものだけではなく、伴侶との死別など人的環境の変化にも注意が必要です。

③ プラスの影響

【事例3】

　Cさんには、大学生の孫がいます。ある年の敬老の日、孫から花柄のとてもおしゃれな歩行車をプレゼントされました。うれしかったCさんは、さっそく近所の友達に自慢したくなり出かけて行きました。それがきっかけで、Cさんは友達とほぼ毎日近所を散歩するようになり、徐々に歩く距離も増えました。以前は少しの距離でも息切れしていましたが、今はそんなこともなく、風邪もひきにくくなり元気になったと感じています。

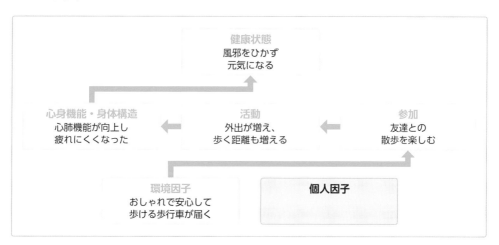

　Cさんが友達と散歩を楽しむきっかけとなったのは、孫がプレゼントしてくれたおしゃれな歩行車でした。「歩行車が生活の中に加わった」という環境の変化によって「外に出たい」「友達と散歩しよう」という意欲が芽生えます。それにより生活に主体性が生まれ、活動が増え心身機能も改善、風邪をひかない元気な日々を送れるようになります。

　社会生活モデルの相互作用を活用する視点では、Cさんのような福祉用具の導入をきっかけにした好循環を生み出す支援が求められます。

4 促進因子と阻害因子

　環境因子がほかの要素にプラスの影響を与え、課題の改善につながる作用を及ぼすとき、その要素を「促進因子」といいます。逆にマイナスの影響を与え、問題を悪化させる作用を及ぼすとき、その要素は「阻害因子」となります。

◆ 同じ要素でも人によって「促進因子」にも「阻害因子」にもなる

　同じ要素であってもそれが「促進因子」となるか「阻害因子」となるかは相互作用の結果であり、同じではありません。たとえば、【事例３】のＣさんにとって歩行車は促進因子でしたが、歩行車では越えられない段差や路面の状況などによっては、かえって行動範囲を狭める阻害因子にもなりかねません。

　点字ブロックは、視覚に障害のある人々にとっては目的地への誘導という点で生活機能の促進因子となります。しかし、極端なすり足での歩行をする歩行機能に機能障害をもつ人にとっては、そのわずかな凹凸により転倒を誘発しかねないという点で、生活機能の阻害因子となることも考えられます。

◆ 一つの要素が同じ人に「促進因子」にも「阻害因子」にもなる

　環境因子と生活機能の相互作用では、一つの要素が一人の人に対し、促進因子となると同時に阻害因子となることがあります。高齢で歩行能力に低下がみられる高齢者の車いすの利用は、転倒の不安を軽減し自分の意思での活動範囲が拡大するというプラスの効果をもたらすことがありますが、同時に歩行に関する筋力などの心身機能の低下につながるというマイナスの影響をもたらす場合もあります。

5 福祉用具は活動と参加の促進因子

　環境因子の一つである福祉用具の導入や住環境整備の実施は、本人の参加を促進する促進因子となります。Ｃさんのケースのように、好循環をもたらす相互作用によって生活機能や、ひいては健康状態を改善する働きかけが社会生活モデルによる自立支援の基本になります。特に環境因子である福祉用具の導入や住環境の整備は、それらを適切に行うことによって、参加や活動の向上に大きく影響を与えます。

② 「参加」の視点で考える福祉用具の意義

1 手段の選択と目的の達成

　福祉用具の利活用による自立生活の支援を進めるにあたって、本人や家族はもちろん、関係する支援者すべてが、福祉用具を使うことの意味や効果を理解することは大切です。しかし、現状では福祉用具に関して多くの誤解があり、効果への理解を共有できず、利活用が妨げられていることも現実です。

　代表的な誤解に「福祉用具を使うと歩けなくなる」という声があります。社会生活モデルの視点に立った福祉用具利活用支援を考えるにあたり、このような意見をどのように解釈すればよいのか、事例から考えてみたいと思います。

【事例4】

　パーキンソン病と診断されたDさん。薬の調整がうまくいっており、杖を利用しての歩行が可能で、要介護1の認定を受けています。意欲的な性格で自主トレとして行っている家の周囲の散歩は欠かしません。ケアマネジャーからは、「まだまだ杖で歩けるんだから歩行車は要らないわね」と言われていました。

　一方でDさんは、家族の食事を用意するために買い物に行きたいと思っていました。近所には八百屋がありますが、杖で歩いていたのでは食材を持ち帰ることができません。ケアマネジャーに相談し、かごの付いている歩行車を借りることにしました。歩行車はとても便利で重たい野菜でも持ち帰ることができ、夫の「旨いなあ」の声にも励まされ、料理が楽しくなってきました。

　しばらくして、「もっといろいろな食材を自分の目で選びたい」と思ったDさんは、少し離れた大型のスーパーマーケットに行けないだろうかと考えました。歩行車で行くには遠く坂の多い道のりですし、店の中では時々子供が走り回っており、万が一ぶつかってしまったら転んでしまう、と心配も絶えません。そこでDさんは、ハンドル形電動車いすを利用して買い物に行くことにしました。

私たちの生活では、道具を便利に使うことと引き換えに「できなくなってしまう」ことがたくさんあります。たとえば、家庭用計算機の普及でそろばんが使えなくなり、炊飯器の普及でかまどが使えなくなりました。しかし、それは「できなくなった」のとは少し違います。計算機を使っても計算の答えを得ることはできますし、かまどが使えなくてもご飯を食べることはできます。どのような道具を使うのかは手段の選択であって、大切なのは目的を達成できるかどうかです。

　この目的の達成を人生レベルの「参加」ととらえると、そろばんの利用やかまどでの炊飯など「できなくなった」ことは「活動」のレベルであり、「参加」とは区別して整理することが大切です。

　社会生活モデルに軸を置いた支援では、単に「活動」として歩くことができるかどうかを評価するだけでは十分ではありません。「参加」の視点、つまり「歩くこと」がどのような意味をもつのか、どのような役割を達成するための手段として生活の中に位置づけられているのかを考えることが重要です。

2 大切なのは目指す「参加」の実現

　【事例4】のDさんにとって歩くこと自体は目的ではありません。夫のために手料理をつくるという目標を達成するための「歩く」です。大切なのは目指す参加を理解することです。ここでは、夫においしい手料理をつくるための買い物です。Dさんはその目標のために電動車いすを利用しました。長距離を歩くことは少なくなると予想されますが、屋外での行動範囲が買い物だけではなく散歩や趣味などにも広がり、外出の機会は増えることが期待できます。

3 「歩行」という活動も一つではない

　ICFでは、歩行を「短距離の歩行」「長距離の歩行」「障害物を避けての歩行」のように、いくつかの観点に細分しています。このような細分は、たとえば、「活動と参加」のセルフケアの代表的な項目である「自分の身体を洗うこと」にもあり、「身体の一部を洗うこと」「全身を洗うこと」「身体を拭き乾かすこと」のように整理されています。

　Dさんにとって電動車いすは、「長距離の歩行」という観点では阻害因子になる可能性がある一方で、「短距離の歩行」に対しては促進因子となっていると考えられます。社会生活モデルの視点で活動を評価するためには、このように細分された複数の視点をもつ必要があります。

4 なぜ「福祉用具を使うと歩けなくなる」と考えてしまうのか

　車いすを利用し、歩く機会が減ることで筋力が低下することは容易に想像できますし、疾病からの回復を目指す意思を強くもつことの裏返しとして、車いすを虚弱の象徴のように拒否する姿を見ることも少なくありません。

　支援者は課題の解決に向け適切な福祉用具の利用を客観的に判断し、必要性を丁寧に説明しなければならない立場です。しかし支援者の中にも、食わず嫌いのような福祉用具に対する拒否が少なからずあるのは、なぜなのでしょうか。

◆ 医学モデルの亡霊

　ICF が社会生活モデルを示し、人生レベルも含めた障害の解決を目指す支援の重要性を明示した現在においても、医学モデル優位の考え方は一般の人々のみならず支援者の心に根強く残っています。「心身機能の改善なくして自立なし」のような支援、つまり人生レベルの課題に取り組む前に、まずは生活レベルの問題を解決すべき、そのためには機能障害の克服が不可欠と考える医学モデルに取りつかれ、福祉用具の利用は障害克服の断念を意味するかのような感覚をすり込まれてしまっているのではないでしょうか。

　人として、失った心身機能を取り戻し、本来あるべき姿に戻りたいという想いがあるのは当然ですが、支援者がその想いに同調するだけではよい結果は得られません。支援者自らが「医学モデルの亡霊」を取り払うことが大切です。

◆ 車いす乱用の過ち　　合わない靴を履かされたような高齢者

　車いすには、移動するための「クルマ」と座るための「イス」の 2 つの機能があります。しかし残念なことに高齢者介護では、車いすはもっぱら「クルマ」としての機能が求められ、高齢者施設に導入される車いすの多くは、不特定の人をより広くカバーできる備品として用意されています。一人ひとりの生活機能に合わせて選定されていない車いすの利用は、「合わない靴を無理やりに履かされているようだ」と指摘されています。

　歩行器など適切な歩行支援が得られれば歩けるにもかかわらず、移動の手間を省きたい、転倒予防を最優先とするなどの管理的な目的から、身体に合わない車いすに長時間座らされた結果、自ら移動することができず、適切な座位姿勢を維持することも困難な状態になります。活動の低下はさまざまな参加を妨げ、意欲の低下につながり、結果として床ずれ、拘縮、誤嚥などを引き起こし、「歩けなくなる」ことが起こります。

支援者が車いすの適切ではない利用を見慣れてしまうことで、「福祉用具を使うと歩けなくなる」という誤解が、経験則からの誤った真実になってしまっているのではないかと危惧されます。

③ 意欲を向上させ生活機能の好転につながる 福祉用具の利活用

１ 福祉用具は意欲に働きかける支援

　福祉用具など物理的な環境からの支援アプローチは、生活圏の拡大を実現し、支援者も驚くほどの生活の変化をもたらすことがあります。その原動力となるのは、できることが少しずつでも増えていくことへの自信であり、それによって高められる「意欲」です。一方で、福祉用具は単に利用すれば良い結果が出るという魔法の道具ではありません。

　入院中はほぼ同様の状態であったＥさん、Ｆさんの２人の事例から、福祉用具利活用の支援アプローチの中で、自信をもつこと、意欲が高まることの大切さについて考えてみたいと思います。

【事例5】

　交通事故で脊髄を痛めてしまったＥさん。足の自由が利かず訪問介護員（ホームヘルパー）に手伝われてやっと車いすに移ることができます。入院中はほとんどベッドでの生活で、車いすはあまり使っていなかったこともあり、退院後に使う車いすは、通院のときに車のトランクに収納できるコンパクトで軽量なタイプを選びました。30分くらい座っていると疲れてしまいますが、通院だけなので問題はないと考えました。

　退院後、Ｅさんは食事も含め日中のほとんどをベッドで過ごしていました。入院中にはリハビリテーションもありましたが、家ではほとんど身体を動かす機会がありません。ある日、通院に時間がかかり長い時間車いすに乗っていたため、お尻に床ずれの兆候が現れました。そこで、しばらくは車いすは利用せず訪問での診療に切り替え、エアマットも利用することにしました。

　Ｅさんにとってエアマットはあまり寝心地の良いものではありませんでした。なによりエアマットは柔らかく、以前はサイドレールにつかまって何とか自分でできていた寝返りができなくなってしまったことで、窓の景色も楽しめなくなっていました。半年後、Ｅさんは気分が落ち込み、妻に強く当たってしまうことも多くなり会話も少なくなっています。

【事例6】

　交通事故で脊髄を痛めてしまったFさん。足の自由が利かずホームヘルパーに手伝われてやっと車いすに移ることができます。車いすは病院の療法士の勧めで座り心地も重視して選定しましたが、座っていても特にすることがなく、30分くらいで疲れてしまいました。

　ある日、担当の福祉用具専門相談員の提案でスライディングボードを使ってみることにしました。何回か練習すると、思いのほか簡単に移乗ができます。それまではホームヘルパーのスケジュールに合わせて車いすに移乗していたFさんですが、スライディングボードを利用すると、妻だけの手伝いでも気軽に車いすに移れます。ベッドから離れて食事をするなど車いすで過ごす時間は楽しく、長い時間車いすに座っていても疲れずに過ごせるようになりました。

　日中、車いすに座っていることで奥さんとの会話が増えると、自然と買い物や散歩など外に出たいと思うようになり、スロープをレンタルすることにしました。妻の介助だけで外出できるので、天気のいい日に気軽に散歩することができるようになりました。車いすをこぐ機会が増えると、徐々に腕の力もついてきました。

　半年後、散歩の途中に、助手席が回転し外にせり出す福祉車両を見かけました。腕の力も強くなったFさん、この車ならスライディングボードを使って乗り移れるかもしれないと考え、展示場で試してみたいと思い始めました。

2 EさんとFさん、何が違ったのか

　入院中はほぼ同様の状態であった2人ですが、半年後の状況は大きく違っています。違いをもたらした要因、特に物理的な環境がどのように作用したのかについて考えてみましょう。

◆ 生活の広がりを前提としない車いすの選定をしてしまったEさん

　Eさんは車のトランクに収納できることを優先し、座ることに関しては重視していません。病院ではベッド主体の生活だったことで、自宅に戻っても生活の主体はベッドの上と考えてしまい、本人にも支援者にもどのような生活を構築していくのかの視点が欠けていたのです。その結果、日中はできるだけ車いすで過ごすなど「生活の広がり」という可能性を前提とした目標の設定ができなかったのでしょう。介助負担の軽減という目標の中で、軽量コンパクトという性能も無視できませんが、「生活の広がり」と両立する選定を模索することが求められていたのです。

◆ エアマットが柔らかく寝返りできなくなったEさん

　Eさんには本当にエアマットが必要だったのでしょうか？　座位でできた床ずれの兆候に対し、エアマットが必ず有効であるとは限りません。エアマットが必要であったとしても、寝返りができなくなってしまったことで、さらに「生活の広がり」を奪われる結果となったEさん。自信を失い意欲の芽生えも期待できません。

◆ できることが1つ増えたFさん

　Fさんも車いすでの座位姿勢では30分程度で疲れていましたが、その原因はEさんとはまったく異なります。車いすが物理的に身体に合わないEさんに対し、Fさんは、ホームヘルパーの来ている間の30分のみ車いすに座る意味、目的が見出せなかったのです。

　しかし、スライディングボードで妻の介助でも気軽に車いすに移ることができるようになると、車いすに座る意味や目的が明らかになります。奥さんと会話を楽しむ、一緒に食事をする、それらの参加はスライディングボードと座り心地の良い車いすがもたらした「生活の広がり」です。車いすで生活することに自信がもてるようになり、「さらに何か新しいことができるようになるかもしれない」という希望と意欲が芽生えています。

◆ 生活圏がどんどん広がるFさん

　負担が少なく移乗ができ、苦痛なく長い時間車いすに座って過ごせることで芽生えた希望と意欲は、気持ちが家の外へと向かう原動力となります。ホームヘルパーに手伝ってもらえばスロープを借りなくても外に出られるかもしれませんが、妻の介助だけで外に出られることに大きな意味があります。環境を整えることでできるようになることは、時間や天候などの制約、さらに遠慮などの精神的な障壁も小さくすることが可能で、活動範囲の拡大に向けた大きな力となります。

③ 自信と意欲を推進力とする好循環を目指す

　福祉用具の提供は、それ自体で生活を広げ自立を支援するものではありません。Eさんに対する福祉用具利活用支援では、課題を活動レベルだけでとらえ、車いすは通院に必要、移乗ができないからベッド中心の生活、床ずれができそうだからエアマットというふうに、提供された福祉用具が参加レベルでどのようにEさんの人生に影響を与えていくのかの見通しがないまま、悪い循環へと陥っています。

　それに対し、Fさんへの支援では「座り心地を重視した車いす」「できるだけベッ

ドから離れた生活をするためのスライディングボード」「妻の介助だけで気軽に外出できるスロープ」と、どのような人生を送りたいのか、また支援者がどのような人生を送ってほしいのかを前提とし、参加レベルでの支援が展開され、結果として良い循環をもたらしました。その推進力となったのは、小さなことでもできるようになることによる「自信」と、その自信がもたらす「意欲」です。

図1-5　Fさんの生活の広がり

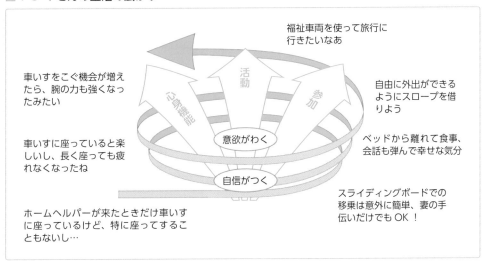

4 福祉用具は意欲と主体性を軸にした支援アプローチ

　適切な福祉用具の利用は、質的にも量的にも活動を向上させ、生活を広げます。生活の広がりによって意欲が芽生え、常に次の展開に期待や希望がもてることは主体的な生活につながります。

　人的な介助は同じ環境因子からの支援ではありますが、主体性の維持や意欲の芽生えの点で福祉用具による支援とは大きな違いがあります。介助は本人の活動レベルでのできないことを補完することには長けてはいますが、嗜好やライフスタイルを制限することで個人因子へのマイナスの影響も大きく、依存度が高まると人生レベルでの課題の解決からはかえって遠ざかってしまうこともあります。

◆ 個性の尊重

　支援の中では、本人の価値観やライフスタイルへのアプローチを求められることがあります。浴槽に入り十分に湯につかる入浴スタイルに価値をもつ人を、浴槽がまたげないという理由でシャワー浴にしたり、自宅でのんびりと入浴したい人にデイサービスでの入浴を提供したりすることなどです。しかし、「個性の尊重」を前提に考えると、価値観を否定したり生活リズムを変更することは、安易に容認すべ

きではありません。福祉用具を利用した環境整備の可能性や、本人の努力、介助者の負担等を考慮し、どのようなライフスタイルを目指すかについては、最終的には本人の自己決定によることが望まれる形です。いかなる支援も、個性を尊重し個別的であること、つまり個人因子と適合することが重要です。

COLUMN

共通言語としての社会生活モデル

　車いすの利用は、転倒の予防という観点では「促進因子」となりますが、下肢筋力の低下という観点では「阻害因子」にもなりえます。福祉用具の利用に対して支援者がどのように考え評価するのか、多くの異なる専門職が協働して支援を展開するにあたって、この点はとても重要です。介護職が「けがをしないことは大切」と考えても、リハビリ職からは筋力の低下を心配する声が上がることもあるでしょう。

　社会生活モデルは、人が生きることの要素とその相互作用を視覚化しています。このモデルによる課題の整理は、異なる立場の支援者が、自らの専門性のみを過大視することなく、広く関係者の支援の位置づけを明確化させ偏らない観点で専門職同士のコミュニケーションを促進させることに役立ち、「共通言語」とも呼ばれています。

　さらに、「共通言語」としての社会生活モデルは、本人や家族などの当事者にとっても、大切な意味をもっています。当事者は、環境の問題や個人の心の内側などを、「個人的なこと」「自分のわがまま」と勝手に思い込み、支援の視点では大切な事柄であっても、話題に出さないことも多くあります。また、住環境やふだん使う道具は、あまりにも当たり前に存在することから、自らが抱える課題とそれらの生活環境の相互作用に気がつかないことも多くあります。

　当事者からは、「こんな病気で脚が動かなくなってしまって、もう死んだほうがましだ」など、人生に絶望する言葉もよく聞かれます。しかし仮に治療ができず脚が動かなくとも、福祉用具の利用で移動が可能となったり、「レストランにも行けるし旅行も夢ではない」など促進因子に期待し、「まだまだ頑張るぞ！」と思えたりすることは、当事者も含めてチームとなって課題に対応するうえで大きな力となります。

① 参加は役割を果たすこと

１ 参加を理解するための「役割」というキーワード

　社会生活モデルにおける「参加」は、単に社会や地域活動への参加ではなく、広く（家庭も含めた）社会との関わりを示しています。「役割」という言葉は、人生や社会との関わりで「参加」を理解するための重要なキーワードです。

２ 生きるうえでの「役割」の意味

　人間が生活していくうえで、「何らかの役割を担える」「役割を担うことを周りから期待されている」という関係性をもつことは、その人の尊厳と自己実現の点からもとても重要です。「与えられた役割」「期待されている役割」を社会的に遂行することにより、自己肯定感が高まり、生きる意欲や喜びが湧き出てきます。「何をしてあげるのか」と考えるのではなく、本人に期待された、または本人が自ら期待する役割を明らかにし、必要に応じて設定し、それが「できる」ように支援することも、ケアマネジメントではとても重要です。

３ 社会や家庭から求められる役割

　福祉用具利活用支援は、一般にイメージする「ほかの人の役に立つ行為」としての役割を担うことができない重度の要介護状態の人に対しても重要です。支援の目標としての「参加」を考えるとき、そのような人々の「役割」をどう理解するのかを整理しておく必要があります。

　重度の要介護状態の人に対して、社会や家族が求める役割は、何か役に立つ行為だけではありません。どんなに重度の人に対してでも「社会や家族から求められる役割」はあります。それは、「長生きしてほしい」「病気にならないでほしい」「笑顔でいてほしい」などの期待に応える役割です。

４ 役割─評価─意欲の循環

　役割とは「社会から求められる」「家族から求められる」ものであり、それを担える機会をもつことが「参加」です。そのように整理すると、福祉用具は求められる役割を果たすための道具として位置づけられます。そして、役割を担い果たすこ

とは、社会や家族からの評価となり、意欲の芽生えにつながります。意欲は活動の推進力となり、参加、つまり人生レベルでの課題の解決につながります。「役割—評価—意欲」の好循環が、社会生活モデルの視点に立った福祉用具利活用支援の目指す姿です。

図1-6　役割—評価—意欲の循環

② 「活動」の視点と「参加」の視点

1 「活動」と「参加」のアセスメントは異なる

　福祉用具は、活動レベルの観点では「できることができなくなってしまう」というマイナスの影響を与える阻害因子になることでも、参加レベルでは目標を達成するための促進因子となることもあります。活動レベルの阻害因子だけを過大視することによって「参加」の目標が達成されないのであれば、その支援は適切であるとはいえません。「活動」を軽視していいということではなく、「活動」と「参加」、それぞれに独立した視点でアセスメントする意識をもつことが大切です。

2 「参加」「活動」「心身機能・身体構造」のピラミッド

　図1-7は、「参加」は「活動」に支えられ、「活動」は「心身機能・身体構造」に支えられているという階層性を表しています。

●参加は目標

　参加は期待される役割を果たす目標です。図1-7では、家族という社会の中での食事をつくるという役割を果たすことを目標として、参加と位置づけています。

●活動は参加実現のための手段

　参加は多数の活動で構成されています。家族の食事をつくるための活動は、メニューを考えて決定し、スーパーマーケットまでの往復の移動、必要な食材を選択し、経済的な取引によって購入、家では道具を選んで刻む、煮るなどの調理、食器

を選択して盛りつけ、テーブルまでの運搬などです。これらすべての思考や行為が活動です。これらの活動が滞りなく実施されることによって、目標とする参加である「家族の食事をつくる」は実現します。

● 心身機能・身体構造が活動を支える

　活動が滞りなく実施できるかどうかは、記憶や思考などの精神機能、視覚や味覚などの感覚機能、四肢の動きや筋力などの身体機能からなる心身機能と、四肢や手指の欠損の有無などの身体構造により左右されています。

図 1-7　「参加」「活動」「心身機能・身体構造」の階層

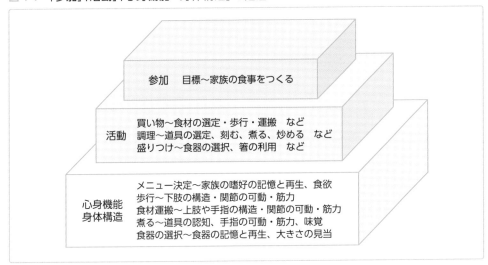

参加　　目標〜家族の食事をつくる

活動　　買い物〜食材の選定・歩行・運搬　など
　　　　調理〜道具の選定、刻む、煮る、炒める　など
　　　　盛りつけ〜食器の選択、箸の利用　など

心身機能
身体構造　メニュー決定〜家族の嗜好の記憶と再生、食欲
　　　　　歩行〜下肢の構造・関節の可動・筋力
　　　　　食材運搬〜上肢や手指の構造・関節の可動・筋力
　　　　　煮る〜道具の認知、手指の可動・筋力、味覚
　　　　　食器の選択〜食器の記憶と再生、大きさの見当

3 「参加」は「活動」の積み重ね

　「参加」と「活動」は目的と手段の関係であり、目標の実現には、そのための活動の一つひとつに目を向けて支援することの必要性が理解できると思います。

　このような「参加」と「活動」の理解は、福祉用具利活用支援をとても考えやすくします。「一人で入浴ができる」ことを支援の目標とすると、その目標を実現するためには、浴室までの移動や、衣服の着脱、浴槽をまたぐなど、さまざまな動作や行為が必要であり、それらの動作や行為一つひとつが「活動」であるからです。目標を果たすために必要な多くの活動のうち、どの部分が困難であるのかを明確にすることで、その活動に対してどのように支援を用意するのかの検討が可能となります。

4 「活動」を支える「心身機能・身体構造」

　このように目標とする生活や人生を「参加」、それを実現するための一つひとつの行為を「活動」ととらえると、それを妨げている直接的な理由が「機能障害」に

あることが理解しやすくなります。「参加」が多くの「活動」の集合体として構成されていたのと同様に、「活動」もまた多くの「心身機能・身体構造」の組み合わせで構成されているからです。

5 福祉用具の効果と心身機能・身体構造

困難となっている活動に対し福祉用具が効果をもつかどうかは、心身機能・身体構造に大きく影響されます。たとえば、バスボードによる浴槽をまたぐ活動への支援では、今までとは異なる新たな入浴方法を理解し記憶する認知機能や、浴槽の底に足が届くかどうかの体格、関節の可動や筋力など立ち座りに関する心身機能・身体構造などが影響を及ぼします。

③ 「心身機能・身体構造」と「活動と参加」

1 「心身機能」の改善の可能性を見極める

さまざまな課題を本人に内在する能力で解決すること、つまり福祉用具などを導入せず、今まで通りの環境でも自分の力でできることは、最も優先される課題解決の方法です。そのため、福祉用具や住環境整備による課題解決に先立ち、機能障害の改善の可能性を評価することはとても重要です。投薬や手術など医療的な対応での症状の緩和や、機能訓練による心身機能の向上、右手が麻痺したから左手で食事ができるように訓練することによる代替機能の獲得など、さまざまなレベルでの改善の可能性があります。その結果によって、福祉用具の利活用や人的介助の必要性を最小化することができます。

一方で、本人や家族が疾病や傷害の状況を冷静に判断することができず、「治療をすれば必ず治る」「リハビリを頑張れば歩けるようになる」というような希望的な観測から、生活環境の整備に消極的になり、住環境への影響が少ない人的な介助にのみ頼る場合も多く見られることから、心身機能に対する客観的な評価も重要です。

2 「心身機能・身体構造」と「活動と参加」を個別にアセスメントする意味

たとえば歩行のための心身機能・身体構造とは、主には下肢の構造（欠損など）や関節の機能（可動域や痛み）、筋の機能（強さや持久性）、平衡機能などですが、視覚機能や路面の凸凹に対する注意力などの精神機能なども関連しています。仮に、まったく同じ歩行機能の2人がいたとしても、その人の歩いている環境は必ずしも

同一ではありません。路面や段差の状況が異なれば歩行状態は異なりますし、家族などの関係性（たとえば一人暮らしなど）によっては、無理をして、または危険を冒してでも歩かざるを得ない状況もあります。心身機能が同じであっても、環境因子などからの影響で活動と参加は異なります。

◆「訓練でできる」は心身機能レベル

リハビリテーションのような訓練の中で評価される「心身機能」と、実際の生活の中での歩行能力、さらに食材を買いに行くための歩行やものを運ぶというような「活動・参加」場面での能力は、同じ歩行に関する評価であっても観点が異なります。「訓練室の中で歩ける」ことが、イコール「家の中でも自由に歩ける」「役割を果たすための歩行ができる」ではない点にも注意し、個別にアセスメントすることが大切です。

◆ 動作の理由を知るために

「段差を上るのは必ず右足から」「立ち上がりのときは座面を押して」など、その人それぞれに動作の特徴があります。もちろん癖がそうさせている場合もありますが、「心身機能・身体構造」を知ることで、その動作の理由をより深く理解することもできます。

たとえば、左脚の膝が痛ければ、それをかばうために右脚の力で段差を上るような動作になります。また、座位の姿勢で骨盤が後ろに傾斜していたり腰痛があるなどの理由で、立ち上がりに必要な重心の前方への移動（いわゆる立ち上がりの前のお辞儀）が十分にできず、座面に手をついて、手でお尻を持ち上げるような動作を行う場合もあります。

このように動作の理由を理解することができれば、その動作に適する手すり位置などの住環境や福祉用具を考えることが可能となります。一見当たり前で簡単に思えるアセスメントの内容ですが、動作を見ているだけではその動きの理由に気づきにくい場合もあります。健康状態と同様に心身機能・身体構造を丁寧にアセスメントし情報を得ることは、福祉用具や住環境整備の支援を進めるうえで重要なポイントとなります。

④「している活動」と「できる活動」

1 活動を評価する4つの観点

「病院のトイレでは排泄が一人でできたのに、家のトイレではできない」という場面を経験することがあります。支援のために生活環境を検討するにあたって、このような状況をどのようにアセスメントし理解するかはとても重要です。そのためには、活動を「実行状況」と「能力」の観点で、さらに福祉用具や住環境整備、人的な介助などの「支援あり」と「支援なし」の観点を加えて表1-1のようにとらえる必要があります。

2 「している活動(実行状況)」

本人が現在の生活で行っている活動が「している活動(実行状況)」です。

支援なしの「している活動」は、まさに目の前で展開されている現在の状況です。支援の対象となっている人は何らかの生活上の不自由を抱えていますので、表1-1では「支援なし」となっていますが、現実にはすでに何らかの支援が入ってはいるが、その内容や量が適切ではない場合も同様にとらえる必要があります。

ケアマネジメントの目標は、必要な人に適切な支援を加え、適切な環境を提供することによって、潜在的にもつ能力を活かした「している活動(実行状況)」を作り出すことです。一方で、その目標とする「している活動(実行状況)」は、「できる活動(能力)」を100%フルに発揮した最高レベルの生活機能とは異なり、その範囲の中で必要に応じて余力や選択の余地を残したものであり、「する活動」と表現されることもあります。

表1-1 活動の評価の観点

	している活動 (実行状況)	できる活動 (能力)
支援なし	個人が現在の環境のもとで行う活動や参加	標準的な環境で福祉用具等を用いない個人の真の能力
支援あり	福祉用具等で高められた環境のもとで行っている活動や参加	福祉用具等で高められた達成できる最高レベルの生活機能

3 「できる活動(能力)」

◆ 環境を調整し必要な支援があれば「できる活動(能力)」

「できる活動(能力)」は2つの観点でとらえます。

一つ目は、現在の環境ではできていないが、環境を調整し必要な支援があれば「で

きる活動（能力）」です。ここでいう支援とは、福祉用具や人的な支援を意味しています。杖があれば移動できる、声かけがあればトイレに行ける、時間をかければ移乗できる、のように環境からの促進因子を用意することで、「できる活動（能力）」を向上させることが可能な活動です。

◆ 「能力はあるけれどしていない活動」

　二つ目は、現在の環境で行っている「している活動（実行状況）」と、本来もっている「できる活動（能力）」とは、必ずしもイコールではない、「能力はあるけれどしていない」という活動があるという観点です。

　たとえば、料理が得意なおばあちゃんがいたとします。料理をする能力は十分にありますが、息子が結婚し嫁が家に入ると台所には立たなくなりました。「している活動（実行状況）」ではなくなった、ということです。背景には、嫁との同居という環境因子や、嫁への遠慮という個人因子が影響しているのです。この場合、「料理をしていない」という実行状況と「料理ができない」という能力は区別されるべき観点であることがわかります。

　この観点に立つことが重要なのは、実際に介護の現場では「していない」ことと「できない」ことの区別があいまいなまま、本来は「できる活動（能力）」にまで介助しているケースが少なくないからです。

4 実行状況と能力のギャップを埋める福祉用具

　多くの場合、「できる活動（能力）」は潜在的です。本人や家族は気づいてはいないばかりか、支援者でも、知識や技術、経験を身につけることで初めて把握できることも多くあります。しかし、気づきのきっかけは少なくはありません。「リハビリ室の階段訓練では上れるのに家の玄関は上れない」「ベッドでは立ち上がれるのにトイレでは立ち上がれない」というような異なる環境での「している活動（実行状況）」を比べることによって、違いに何が影響しているのか、そのギャップを埋めるためにはどのような環境が必要なのかを考察することが可能となります。

⑤ 生活機能に影響を与える「健康状態」

1 これからを知るために

　健康状態をアセスメントすることは、その情報から生活機能の特徴を把握することや、今後を推察することができる点で重要です。歩行に関する機能障害や、活動

制限の様子は同じように見える場合でも、それをもたらす健康状態は、関節症など
による筋力の低下といった筋や骨格系の疾患によるものなのか、脳の病変などによ
る平衡機能の障害といった神経系の疾患によるものなのかさまざまです。その違い
を把握することによって、治療や機能訓練などによる改善の可能性、進行による悪
化など、今後予測される生活機能の変化に関連する情報を得ることにつながります。

2 個別性に合わせるために

　手すりは歩行を支援しますが、どの程度の高さに設定するのかには個別性があり
ます。もちろん、身体構造である身長に合わせる必要はありますが、それだけでは
ありません。関節症などの疾患では下肢への荷重を軽減する目的で上から下方向に
力をかけやすいことを重視しますが、神経系の疾患では平衡機能を補うために水平
方向（押す引く）に力をかけやすいことを重視して、手すりの高さを高めに設定す
ることもあります。また、日内変動や投薬の影響など、個別性に合わせるための情
報として、その機能障害がどのような健康状態に由来するものなのかを把握するこ
とが重要です。

3 症状は人それぞれ

　健康状態の把握のために疾患名をインターネットで検索すると、症状の解説や生
活上の注意点、予後などさまざまな情報を得ることができます。一方で、それらの
情報を得ることだけでその人の健康状態や生活機能を十分に理解した気になってし
まうことは弊害であり、注意が必要です。得られる情報は、あくまで平均的で典型
的な状態像を解説しているものであり、進行の速さや症状の現れ方などは人それぞ
れ異なります。

　疾患への対応も人それぞれ異なります。脊柱管狭窄症などの痛みを伴う疾患では、
痛みを「我慢してでも活動する」人がいる一方、「我慢できずに寝込む」人もいます。
痛みという課題にどのように対処するのかという個人因子が大きく影響していま
す。

　健康状態から得られる情報と、自らのアセスメントで得た心身機能や活動などの
生活機能の状況を区別して整理することが重要です。

第 2 章

福祉用具利活用支援の
アプローチと実務

福祉用具利活用支援は、本人の意欲と主体性を軸にした支援アプローチであり、適切な利活用は、質的にも量的にも本人の活動を向上させ、生活を広げます。しかし、このような効果は、あくまで適切なケアマネジメントに基づく成果であり、単純に福祉用具を利用することだけでもたらされる効果ではありません。この章では、生活環境に存在するさまざまな阻害因子がその人の能力を妨げているという視点に立ち、支援方針の決定からプランニングへのアプローチ、福祉用具専門相談員との連携など、ケアマネジメントにおける実務レベルでのポイントをまとめています。

福祉用具利活用支援のアプローチ

① 「求めと必要と合意」に基づく自立支援方針の決定

1 目指す「参加」を決めるのは「どのような生活・人生を送りたいのか」

　福祉用具利活用支援は、「参加」つまり「生活や人生の広がり」を目指して行われるものであり、単に「お風呂に入れない」「トイレに行けない」といった活動レベルでの困りごとを代替する視点になってはいけません。一人ひとり生活環境が違い、異なる人生を送ってきたことを前提に考えると、活動レベルで見れば同じような課題でも、参加レベルでは個人個人で違う意味をもっています。

　支援者は専門家であり、課題を活動レベルでとらえれば「この課題にはこの福祉用具」と容易にイメージできるかもしれませんが、このような対症療法的で無機質な支援は、しばしば上から目線の押しつけになり十分な効果につながりません。福祉用具の支援を「目指す参加」、つまり「生活や人生の広がり」につなげるためには、心身機能や日常生活動作（ADL）の視点に偏らない、社会生活モデルでのアセスメントに裏打ちされた、本人の「求め」と、支援者が判断する「必要」と、その両者の「合意」に基づく自立支援方針の決定が重要です。

◆ 「求め」は希望や意欲、生きがい

　福祉用具利活用支援の目標は「人生の再構築」としての参加を実現することです。当然、人生は一人ひとり異なるものなので、支援の方針を決める過程では本人からの「求め」、つまり「これからどのような人生、生活を送っていきたいのか」という希望や想いを基礎におくことが不可欠です。この基礎があるからこそ、福祉用具の利活用によって主体的な生活への関わりが実現し、新たな意欲が芽生えるという好循環が始まります。

◆ 「必要」は支援者からのアドバイス

　福祉用具に限らず、多くの人々は福祉サービスに慣れてはいません。当然のことながら、「求め」の中には目標に照らして適切ではない要望も混在することが普通です。さらに、限られた経験や思い込みなどによって、福祉用具を使うことによる生活向上の姿を想像し見通すことができない、または「（障害をもってしまった）こんな身体で街に出たくない」などの負の感情を乗り越えた先にある人生の可能性

に気がつかないことも多くあります。「求め」がないことへの補完、また、「求め」に対する支援の具体像として支援者からなされるアドバイスが「必要」です。

2 「合意」のプロセスが大切

「合意」によって支援方針を策定する過程で大切なことは、この過程が同時に本人や家族が主体性を獲得する姿勢を確立させるプロセスでもあるという点です。福祉用具提供に関わる福祉用具専門相談員などの専門職が経験を積むことで、「この福祉用具は間違いなく使える、効果も上げる」と見込めるケースは多いです。一方で、結論を急ぎ一方的に提供し使わせることで、本人の満足や次につながる意欲の醸成にマイナスの影響を与えてしまうことがあります。

「合意」のプロセスは、本人や家族の「求め」に歩調を合わせて福祉用具の特徴や使い方を説明し、時に試用期間を設けるなどして、結果的に「継続して使いたい」という主体的な意思につなげていくための貴重な時間として位置づけることが重要です。

② 福祉用具利活用のプランニング

1 「参加」を「活動」に細分する

福祉用具利活用支援の目標は、一人ひとりの「参加」を実現することです。そして、「参加」は「活動」の積み重ねです。

「参加」としてとらえた支援の目標を実現するために、その「参加」に必要な一つひとつの「活動」に目を向けて解決していく必要があります。さらに「心身機能・身体構造」が活動を支えているという視点も大切です。

福祉用具利活用のプランニングは、目標とする「参加」に対し、それを構成している「活動」に細分して把握することから始めます。

入浴であれば、脱衣室までの移動　→　脱衣（ボタンの着脱や片足立ちでの姿勢保持など）　→　浴室への移動（ドアの開閉や段差の通過）　→　いすへの着座　→　水栓や洗面器、石鹸などの利用　→　立ち上がり　→　浴槽のまたぎ（外から）　→　浴槽内での着座　→　浮力の調整　→　立ち上がり　→　浴槽のまたぎ（内から）　→　脱衣室への移動　→　身体を拭く・乾燥　→　着衣　→　部屋への移動などが「細分された活動」です。さらに単身生活などの生活状況によっては、浴槽に湯を張る、湯沸し器の操作、浴槽のふたの開け閉め、浴室や浴槽の掃除、などの活動も課題となります。

2 「細分された活動」ごとのアセスメント

　細分された活動の中で、総体としての参加（ここでは入浴）の実現に支障となっている活動について、社会生活モデルからアセスメントします。つまり、その支障は、①関節の可動や筋力、もしくは認知力などの心身機能からの影響、②風呂の入り口の段差や浴槽の深さなどの環境からの影響、③その支障をカバーしてくれる家族などの支援がないことなどの相互作用でもたらされている、という視点でのアセスメントです。

　当然ながら、細分された活動の中での本人の「できること」に支援が介入することには慎重さが必要です。「安全第一」そして「手厚い介助」は、時として活動を低下させ、生活や人生への主体性を損なう阻害因子にもなります。

　福祉用具による支援は、マンパワーのみによる介助と比較して主体性を重視しながら安全性や安楽、活動の継続に寄与できることが多くあります。マンパワーによる介助で解決するのではなく、本人の主体性を尊重し確立するためにも、生活の中に福祉用具の利活用を位置づけるプランニングが重要です。

3 アセスメントで多用される2つの評価軸

　一般に生活機能のアセスメントで利用される評価軸には、2つのパターンがあります。一つは下記の①のように「自立・見守り・一部介助・全介助」に区分するもので、実行状況を把握する評価軸です。もう一つは②の「つかまらないでできる・何かにつかまればできる・できない」のような「どのような状況があればできるのか」の能力の評価をするものです。

　注意しなければいけないことは、たとえば「寝返り」を評価する際に、実行状況の評価での「全介助」と能力の評価での「できない」はイコールではないという点です。「何かにつかまれば寝返りができる」にもかかわらず、その「何か」が存在しないことによって寝返りに介助を受けているという状態が存在するのです。

アセスメント評価軸
① 自立 ― 見守り ― 一部介助 ― 全介助 〜 実行状況の評価軸
② つかまらないでできる ― 何かにつかまればできる ― できない 〜 能力の評価軸

◆ 介助の量を把握する実行状況の評価軸

　課題を整理分析するケアマネジメントの初期段階では、屋内外での移動や排泄な

どの活動について「している活動（実行状況）」を把握する視点が重視され、「自立・見守り・一部介助・全介助」という評価軸を利用することが多くあります。これは相互作用の結果として現れている生活機能の状態です。たとえば「排泄は一部介助」という評価は、その人の心身機能と、物理的・人的な環境因子、意思や意欲などの個人因子の相互作用により、結果として「一部介助」という状態が現れているということです。

　一方で、この「結果」としての現状は、それに影響を与えている要素の中のいずれか一つでも変化させることで、現状とは異なる生活機能が実現する可能性をもっており、そのための方法を具体化させるプロセスがプランニングです。

◆ 福祉用具利活用支援に活かす能力の評価軸

　能力の評価軸により、実行状況の評価軸では「全介助」であっても、「できない」のではなく、「何かにつかまればできる」にもかかわらず「何か」が不足していることで、結果として「全介助」になっている、という状況を理解することが可能となります。実務の中では、「何か」をどのように準備するのか、というプランニングの思考につながります。

　福祉用具に代表される生活環境の整備支援は、現状の生活機能に影響を与えている要素の中に福祉用具や住宅改修という手段を加え（または変更したり追加し）、物理的な生活環境を変化させることによって活動が向上することを目指します。

　しかし、当然のことながら環境を変えれば活動が必ず向上するということではなく、プランニングを進めるうえでは向上の可能性である「活動の能力」、つまり「支援があればできる活動」を把握する能力の評価軸でのアセスメントが重要となります。

4 「できないのは環境が整っていないから」と考えてみる

　プランニングのためのアセスメントでは、能力があるにもかかわらず「していない活動」を、能力を活かした「できる活動」にするために必要なのは「何か」ということを考えます。できるための条件は一つとは限りません。多くの場合、さまざまな視点から複数の条件を考えることができ、またそれらが相互に影響を与え合っているのが普通です。

　前述のように、能力の評価軸で「できる」と「できない」の間にある、「何かにつかまればできる」のような評価は、福祉用具利活用のプランニングに直接的に役立ちます。ですから、「できない」という選択肢を使うのではなく、「できる」をキー

ワードとして、「何かにつかまれば」のような「できる」につながる条件を、数多く洗い出してみることが大切です。

「（歩行など）段差がなければできる」「（座位など）支えがあればできる」などの物理的な環境の要因のほか、「尿意があればできる」「痛みがなければできる」などの心身機能面での条件、「やる気があればできる」などの個人因子の面からの条件も考えられます。

トイレに手すりを設けても、尿意がなければ排泄の課題を解決できないというように、複数の条件を同時に解決する必要がある場合もありますので、プランニングのためのアセスメントは、「できる」ための条件整理とも考えることができます。

図 2-1 「できる」ための条件整理

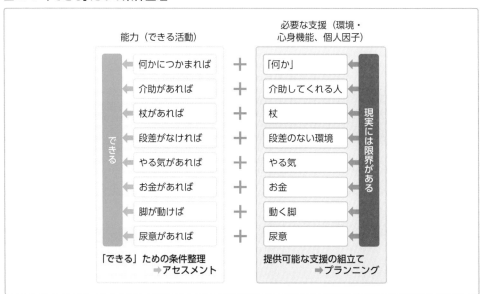

5 限界のある現実の中で可能性を探す

「できる」ための条件整理では、とにかくいろいろな可能性を考えてみることが重要です。支援者側の価値観や思い込みで勝手に可能性を否定しないようにすることが求められます。特に「介護保険の枠から外れる」という理由だけで、プランの候補から外してしまうことは避けたいものです。

どれか一つの可能性だけで解決できる課題は多くはありません。現実にはさまざまな制約や限界があり、多くの場合は複数の解決策の組み合わせによる相乗的な効果を図ることが必要になります。それは、たとえば段差を解消したうえで歩行器を利用するというような「合わせ技」もありますし、浴槽をまたぐところだけは手伝ってもらう、電動車いすを利用するにあたり充電は家族に頼むというような人的な介

助との連携もあります。

6 福祉用具利活用支援は福祉用具戦略モデル

　福祉用具利活用による支援アプローチでは、人的支援は福祉用具利活用の補完的な役割として位置づけます。これは、本人の主体性と生きる意欲を尊重して、できうる限り自分自身の能力で活動を実現し、不足する部分のみに対しマンパワーで補うという考え方です。

　また、介護負担の軽減を目的とする福祉用具の利活用についても、人手による介助を、身体的な負荷（持ち上げるなどの力を必要とする介助）と、手と目と声（手を添える程度や機器の操作、声かけや見守り）に分けて考え、身体的な負荷の大きな介助は福祉用具に担わせる戦略でもあります。

　介護支援には、いくつかのモデル的な支援アプローチがあります。人による介助を主とした「ヘルパーモデル」、整備された環境に通う「デイサービスモデル」等です。福祉用具の利活用を手段とする「福祉用具モデル」のメリットについては、本書の中でさまざまな観点からすでに触れていますが、自らの人生に対し主体的に関わる範囲が広がることが、他の支援との大きな違いであり、最大の特徴です。

7 プランの最終決定は本人や家族

　「求め」と「必要」と「合意」はプランの最終決定でも重要です。さまざまな可能性には当然、経済的な負担が大きい、家族の生活に影響を与えるなどのデメリットを伴う手段もあります。支援は目標が明確で共有しやすいので、メリットはあまり説明しなくとも理解を得られることも多く、「専門の人にお任せします」のような依存的な結論になりやすいですし、逆にデメリットには気づきにくいものです。

　支援者はデメリットも含めて丁寧に説明することが大切であり、デメリットが明確になることで本人や家族が「自分のこと」と考え、自己選択・自己決定につながりやすくなります。

③ 目指すは生活機能と適合する生活環境づくり

1 福祉用具利活用支援は生活機能と環境因子の適合

　福祉用具利活用による支援は、本人の心身機能を前提として、活動の能力を発揮できるように、物理的な環境因子である福祉用具や住環境の要素を変化させ、生活機能の一つひとつに適合させることにより自立を支援するアプローチです。

◆ 心身機能・身体構造との適合

　心身機能には、関節の動きや痛み、筋力の強さ、平衡感覚など運動に関する身体機能だけではなく、注意力や記憶力のような福祉用具を安全に使うために必要な精神機能、スイッチボタンの色を判断したり操作音や介助者の声を確認する視覚や聴覚などの感覚機能が含まれます。

　身体構造との適合を重視する福祉用具としては、義手義足など身体の欠損を補う補装具、杖や車いすなど身体構造そのものである身長などの体格に合わせる必要のある用具や、手すりの高さなどの住環境があります。

◆ 活動との適合

　活動との適合を考えるとき、目標とする参加を、その参加を構成する活動に細分し、その一つひとつの活動に適合する福祉用具や住環境を考えることが重要です。

　トイレでの排泄を考えた場合、廊下の移動では歩行という活動の能力に適合した歩行器を利用することで可能となっても、それだけで排泄という行為を実現させることが難しい場合もあります。移動した後に必要なドアの開閉という活動に対しては、どのような適合を考えるのか、歩行器でドアの手前まで移動すると、歩行器が邪魔をしてドアが開かないという新たな問題が出てくるかもしれません。ズボンを下ろす、座るなど、必要なすべての細分された活動に対し課題を明確にし解決していく必要があります。

◆ 人的な環境因子による補完

　福祉用具や住環境整備といった物理的な環境の整備だけで、すべての活動に対し解決策が得られるとは限りません。その場合は、人的な環境因子である介助者による支援を組み合わせる必要があります。ドアをあらかじめ開けておく、ズボンの上げ下げは介助者が手伝う、などの対応です。

　「介助者が必要なのであれば、最初からすべての動作を手伝ってしまえばよいではないか？」という考え方に立つことは、「自分でできることは自分で行う」という自立支援の基本から外れ、依存を助長するなど適切な支援ではありません。

2 福祉用具とほかの環境因子との適合

　福祉用具の利用は本人だけではなく、介助者が操作したり事前の準備を必要とするものも多くあります。また、新しく導入する福祉用具や手すりなどの住環境は、既存の環境と適合しなければ効果を発揮させることはできません。福祉用具などの

生活環境を整備する支援では、住環境や家族の生活、経済状況などほかの環境因子の要素との適合を図ることも大切な視点です。

▶ 介助者との適合

移乗用リフトなど介助者が手技や操作方法を習得して活用する用具や、スロープの傾斜のような介助者の体力との関係で利用が制限されるものなど、福祉用具には介助者の認知・理解・記憶などの精神機能や、筋力のような身体機能との適合が必要なものも多くあります。

▶ 介助者以外の人との適合

家庭内で利用する福祉用具の存在は、同居する家族の生活にも影響を及ぼします。玄関に設置する床置き式手すりや浴槽に設置する入浴用リフトなど、家族が共有するスペースでの利用には、同居する家族の理解を得ることが必要になります。

▶ 住環境との適合

福祉用具導入の前提となる住環境も千差万別であり、個別性の大きな環境因子です。入浴補助用具は浴室や浴槽の広さや床の素材、ドアの形状などに影響を受け、車いすや歩行器も、廊下の広さや畳など床の素材により使い勝手は大きく異なるなど、住環境との適合は不可欠です。

▶ 経済状況との適合

福祉用具や住環境整備にかかる費用を負担するための経済状況も環境因子の要素であり、その個別性を前提にして可能な経済的負担の中で支援することが大切となります。これは一律に安価であればよいわけではなく、許容できる経済的な負担と、その負担によって得られる生活の自立や利便性の評価は、それぞれ個々に異なります。時には、介護保険制度のような公的給付の枠を超えた支援プランが最適であり、提案、検討が必要な場合があります。

④ 福祉用具利活用のモニタリング

　ケアマネジメントの中で福祉用具は、ケアプランに示す総合的な援助の方針に従い、長期・短期の目標を達成するために利用されます。その中間確認であるモニタリングは、方向性と到達度の２つの視点から確認・評価することが重要です。

1 方向性の確認

　一つは目標への到達度は不十分ながらも、方向性は間違っていない、という確認です。それにはまずは福祉用具が生活の中に定着しているかどうかの確認が必要です。家族は使っていても訪問介護員（ホームヘルパー）は使っていないという問題はしばしば起こります。最終的に福祉用具を使って少しでも自立した動作を獲得することや、家族の介助のみで生活を送ることが目標であれば、介助にあたるすべての人が統一して福祉用具を使うことが大切です。

　また、適切な使い方ができていないことが問題なのはもちろんですが、使えていても過度に頼ってしまうことが問題になることも想定されます。

2 到達度の確認

　もう一つの視点は到達度です。当然、目標に近づくことを期待して福祉用具を利用するわけですが、心身機能は常に変化し、その変化はマイナスの場合もあります。方向性は合っていても、場合によっては別のプランに切り替える必要が生じる場合もあります。

　福祉用具利活用、特に介護保険の福祉用具貸与での利活用では、状態に合わせて適切な用具の利用が可能となる可変性が大きな特徴です。活動に自信がつき、できるようになったことで用具が不要になる、または目標の達成が困難になったことで、別の用具に切り替える、そのためのチェックがモニタリングです。

1 福祉用具専門相談員との連携

　福祉用具利活用支援を行ううえで、福祉用具貸与事業所、および福祉用具専門相談員との連携は不可欠です。福祉用具専門相談員（以下、専門相談員）は、福祉用具の提供に関する専門的な知識を有するものであり、多くは50時間の指定講習を履修することで資格を取得し、業務に就いています。

　公益財団法人テクノエイド協会では、介護保険開始前から、福祉用具の選定・適合を図る専門的な知識と技術をもつ人材として、福祉用具プランナーを養成しています。福祉用具プランナーは、北欧の福祉用具供給体制を参考に、看護師や療法士などの基礎資格を前提として、そのうえに福祉用具の専門的な知識を積み重ねる考え方で構築されており、現在では専門相談員の上級資格としての位置づけも担っています。

1 専門相談員個人の能力が重要

　福祉用具の専門的な知識や技術は専門相談員個人の能力に帰属します。もちろん完璧な人は存在しませんが、人によって支援力に大きな差が生じているのが現状です。事業所（企業）によっては、福祉用具プランナー資格を積極的に取得させるなど、全体のレベルアップを図っているところもありますが、十分な専門性をもたずに現場に出る専門相談員も少なからず存在します。

　福祉用具利活用支援は、福祉用具自体のもつ機能と、用具を活かすための選定・適合・活用方法の伝達の技術の2つがそろって、初めて効果を発揮する支援です。ケアチームに信頼のおける専門相談員が存在することで、支援のバリエーションが飛躍的に拡大します。

　専門相談員には、ケアマネジメントの一翼を担う自覚とともに、支援者の立場で関わりをもつ姿勢、福祉用具と関連制度の知識、福祉用具を活用する手技などの技術も含め要点をとらえたわかりやすい説明力の3点が求められます。

◆アセスメントの視点

　福祉用具利活用支援には、介護支援専門員（ケアマネジャー）とは異なる視点でのアセスメントが必要です。心身機能などの面から本人や介助者が用具を使うこと

ができるか、広さや段差の状況など用具に合う住環境であるかなど、福祉用具利活用支援の独自の視点があります。ケアマネジャーに指示された用具を届けて、組み立て、説明するだけでは、役割の半分も果たしていません。福祉用具独自のアセスメントの視点をもち、支援者としての立場で福祉用具を提供できる専門相談員がケアチームには必要です。

◆ 福祉用具と関連制度の知識

　福祉用具の選定と適合には、とても奥深いノウハウがあります。たとえば、床ずれはできる箇所により対応する用具が異なり、紙おむつの着用は排泄だけではなく車いすの座位にも影響を与えます。座位姿勢は嚥下の課題につながり、座位を考えることはベッド上でのポジショニングや移乗方法にもその範囲が及びます。また、誤った使い方や適応外の人が使うことによる事故のリスクを常に考慮し、最小限にとどめる対応も必要です。制度の適用に関しても、介護保険制度での軽度者への利用制限など正確に理解するために努力を要する内容もあります。

　これらの知識をすべてケアマネジャーが自身で把握することは難しく、専門相談員がしっかりとサポートすべき分野です。

◆ 説明のポイントとわかりやすさ

　最終的に福祉用具が支援の力になるかどうかは、適切に使えるかどうかにかかっており、専門相談員の説明力は重要です。説明は専門用語を使わないなどのわかりやすさのほかに、説明の要点を踏まえているかどうかも重要です。特殊寝台の説明は、「ボタンを押すと動く」という操作方法の説明だけでは不十分であり、「立ち上がるときには高さを調整する」「背上げの前に脚を上げる」などの場面ごとの使い方や、「背上げの圧迫を取り除く背抜きの方法」など、利用者の心身機能から判断して必要な情報を伝える個別的な対応も大切です。

◆ 実演や練習の対応

　事業所の中には、利用者の身体に触れない前提で適合や説明をするルールをもつところもあります。介護福祉士等の介護の資格をもたないことから介助場面を疑似的に再現した操作説明、実演や練習はできないという判断です。当然、説明のわかりやすさにも影響します。安全や万一の責任回避を優先した事業所判断ですので尊重すべきではありますが、支援者はそのような事業所があることを念頭に置くことも必要です。

② 福祉用具サービス計画の活用

　福祉用具サービス計画（以下、サービス計画書）は、「利用者の希望、心身の状況及びその置かれている環境を踏まえ、指定福祉用具貸与の目標、当該目標を達成するための具体的なサービスの内容を記載した」ものです。必ずケアプランの「総合的な援助の方針」と連動して作成され、第2表に示された「生活全般の解決すべき課題」のうち、援助内容のサービス種別に「福祉用具貸与」が位置づけられている課題に対して福祉用具利活用支援の内容を記載します。

　具体的には、①課題解決に向けた「長期目標」「短期目標」に対する、福祉用具選定のためのアセスメント、②具体的な福祉用具の選定提案、③本人や家族の心身状況や生活環境を前提にした利用計画、④福祉用具の機能維持と目標の達成状況の確認であるモニタリングのプロセス、を示す4つのフォーマットから成ります。

　サービス計画書には、このプロセスを踏むことにより、個々の目標に対し福祉用具が、どのように解決に向けて機能していくのかの見通しを示し、長期にわたる支援の過程の中で現れるプラスとマイナスの変化の評価、記録をします。さらに評価に対する計画の変更を継続的に視覚化し、支援に関連する家族や各専門職との情報共有と共通理解を確立する基盤として位置づけられています。

③ 福祉用具サービス計画のプロセスと内容

　サービス計画書は統一された様式はなく、必要な内容を満たしたうえでそれぞれの事業所が任意に作成することが可能です。全国福祉用具専門相談員協会（ふくせん）では、専門相談員の取り組みを標準化し、サービス計画の実効性を高めることを目的としてサービス計画書の作成ガイドラインを策定し、「ふくせん様式」を定めています。

◆ 基本情報　　福祉用具利活用支援に向けたアセスメント

　支援の導入からアセスメントの過程を示すフォーマットです。本人や家族、またはケアマネジャーからの相談内容、身体状況・ADL、介護環境等、意欲・意向などのアセスメント情報が記載されます。また、ケアプランと連動するために、「利用者及び家族の生活に対する意向」および「総合的な援助方針」が、ケアプランから転記されます。

◆ 選定提案　　福祉用具が必要な理由の明確化と選定支援

　選定の前提となるのは、ケアプラン第2表の「生活全般の解決すべき課題（ニー

ズ）」であり、サービス計画書では、この課題（ニーズ）を「福祉用具が必要な理由」と位置づけます。

　専門相談員は原則として、課題の解決につなげる複数の福祉用具を提案することが義務づけられており、それぞれに対し、その用具の特徴など提案する理由を記載します。本人や家族はこの記載を参考に、説明や試用などを通して、利用する用具を決定します。

◆ 利用計画　　選定理由と留意事項の共有

　決定された福祉用具に対し、利用目標とともに、その機種が選定された理由を記します。さらに選定された用具を利用するにあたって、利用者の心身機能や生活環境などの個別性を前提として留意すべき事項を記載します。この利用計画が本人または家族に交付され、またケアマネジャーや実際に介助にあたるホームヘルパー等にも共有されることで、用具の機能が活かされ、さらに本人の心身機能や生活環境に合わせた、安全な福祉用具の活用が可能となります。

◆ モニタリングシート　　目標達成状況の確認と評価

　福祉用具に関するモニタリングのタイミングは、ケアプランの短期目標の期間が目安となります。この期間に福祉用具の利用目標がどの程度達成されたのか、その評価を記載します。また、福祉用具の点検も実施し、結果を記録します。

　ケアマネジャーは、専門相談員によるモニタリングの結果を共有することで、福

図 2-2　**福祉用具サービス計画のプロセス**

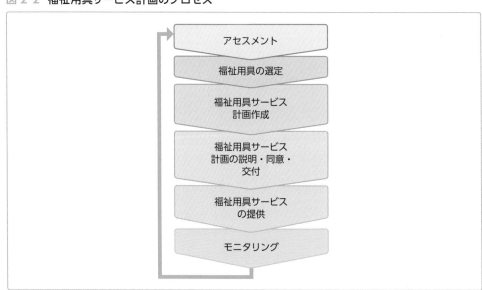

アセスメント

福祉用具の選定

福祉用具サービス
計画作成

福祉用具サービス
計画の説明・同意・
交付

福祉用具サービス
の提供

モニタリング

祉用具の利用状況、課題の達成状況についての情報を得られ、福祉用具に関するケアプランの確認や見直しにつなげることができます。

4 サービス担当者会議

　福祉用具は、本人や家族との関わりはもちろんですが、それを利用して介助にあたるホームヘルパーやデイサービス送迎スタッフの使いやすさや、安全な利用も大切です。サービス担当者会議（以下、担当者会議）は、専門相談員とそれらのサービスを提供する支援者の間で、直接的に情報や意見の交換を行うことができる場であり、専門相談員が積極的に関与することはとても重要です。

◆ 軽微な変更

　担当者会議は、軽微な場合を除き、ケアプランに変更があるごとに開催することになっており、福祉用具ではたとえベッド柵の返却のみでもケアプランの変更となり、原則的には担当者会議の開催が必要になります。これは、本人の心身機能や介助者の状況、生活環境が変化したことなどにより必要な福祉用具にも変化が現れた、という理解に基づくためです。

　福祉用具利活用支援に関しては、同一種目における機能の変化を伴わない用具の変更については、軽微な変更に該当する場合があると考えられるとしています。

◆ 先を読んだ検討が大切

　福祉用具利活用支援では、「使えるかどうか、実際に使ってみなければわからない」、また短期間で目標を達成することも少なくないなど、用具の変更は比較的高頻度で行われ、そのつど担当者会議を開催するのは現実的には負担が大きいものです。想定される展開を2〜3手先まで予測した検討とそのときの対処を、あらかじめ話し合っておくことで、福祉用具の変更などの対応が行いやすくなることがあります。

　　　ケース1：認知症の人に歩行器を貸与するケース。実用的に使えるかどうかを判断する期間として1か月を設定し、使えなかった場合を想定して、そのときには手すりを取り付けるなどの対応を事前に決めておく。
　　　ケース2：家族による通院で、浪人中の孫が手伝える間はスロープなしでも対応できるが、受験に成功して学校に通うようになったらスロープの貸与を開始することを事前に決めておく。

ケース１、２はあくまで例示であり、実際にこのような対応で担当者会議の開催を不必要とできるか否かについては、一連のケアマネジメントプロセスの必要性から判断すべきものです。

② 軽度者に対する福祉用具利活用の制限

1 介護保険の福祉用具利活用支援は相互扶助の枠の中

　前章で紹介した【事例４】のＤさんの例のように、荷物がなければ杖を利用して歩行できるレベルでは買った物を持ち帰ることができません。このような状態の人では、ハンドル形電動車いすを利用することで活動範囲が一挙に広がることを容易に想像できますが、介護保険の福祉用具貸与では、要介護１と認定されるＤさんは、電動車いすの介護保険制度での利用は認められないのが原則です。

　公的な負担と相互扶助の考えに基づく介護保険では、「参加」につながる福祉用具利活用ではあっても、すべての範囲で支援の対象となるわけではありません。

▶ 福祉用具の選定の判断基準（ガイドライン）

　軽度者の福祉用具利用に一定の制限を設けるルールの発端となった2004（平成16）年の「介護保険における福祉用具の選定の判断基準について」（以下、ガイドライン）では、「要介護度の軽い者に対する特殊寝台、車いすの貸与など、利用者の状態像からその必要性が想定しにくい福祉用具が給付され、介護保険法の理念である自立支援の趣旨に沿わない事例が見受けられる」とあります。

　介護保険が開始された当初、軽度の認定の人も含め「借りられるのだったら借りておこう」「いつ必要になるかわからないから置いておこう」のような軽い気持ちで福祉用具を希望する人も多く、またその必要性や生活機能への影響を十分に考慮することなくケアプランに盛り込むことも少なからず存在していました。そのような不適切な利用による介護保険への財政的な影響も見過ごすことができず、このような基準がつくられ、この後数年かけて見直しがされながら制度化されました。

2 軽度者に対する福祉用具給付制限のルール

　ガイドラインでは福祉用具の種目別の特性から、要介護認定調査項目に対応させた「使用が想定しにくい状態像」と介護度を示しましたが、2006（平成18）年には強制力のある給付制限として制度に盛り込まれました。この制度では軽度の認定者であっても、要介護認定調査の結果から利用が可能な例外が規定されました。

しかし、認定調査自体が、寝返りや起き上がりなどの活動に対し、日によってまたは時間によってできない状況があったとしても、頻回に見られる状況のほうで判断するなど、認定調査結果には表れていないできない状況もあることから、翌2007（平成19）年に見直しがなされました。

▶ 要支援・要介護1の者等への給付制限（平成18年）

要介護認定の認定結果に基づく例外的な者を除き、車いす、特殊寝台などが給付されないこととなりました。対象となる福祉用具ごとに例外に該当する状態を例示し、要介護認定結果による判定基準を明示しました。しかし、該当する認定調査項目がない場合、主治の医師から得た情報や、専門相談員などの専門職が参加する担当者会議等を通じた適切なケアマネジメントにより必要と判断されれば給付が可能となりました。

表 2-1 **対象となる福祉用具と例外となる要件**

軽度者に給付が制限される種目	例外として給付が認められる状態像	給付が認められる基本調査の結果
車いすおよび車いす付属品	次のいずれかに該当する者①日常的に歩行が困難な者	基本調査 1-7（歩行）「3. できない」
	②日常生活範囲における移動の支援が特に必要な者	該当する基本調査なし→適切なケアマネジメントによる判断
特殊寝台および特殊寝台付属品	次のいずれかに該当する者①日常的に起き上がりが困難な者	基本調査 1-4（起き上がり）「3. できない」
	②日常的に寝返りが困難な者	基本調査 1-3（寝返り）「3. できない」
床ずれ防止用具および体位変換器	日常的に寝返りが困難な者	基本調査 1-3（寝返り）「3. できない」
認知症老人徘徊感知器	次のいずれにも該当する者●意見の伝達、介護者への反応、記憶・理解のいずれかに支障がある者	基本調査 3-1（意思の伝達）「1. 調査対象者が意見を他者に伝達できる」以外　または基本調査 3-2 ～ 3-7 のいずれか（毎日の日課を理解、生年月日や年齢を言う、短期記憶、自分の名前を言う、今の季節を理解する、場所の理解）「2. できない」　または基本調査 3-8 ～ 4-15 のいずれか（徘徊、外出すると戻れない、物を盗られたなどと被害的になる、作話、泣いたり笑ったりして感情が不安定になる、昼夜の逆転がある、しつこく同じ話をする、大声をだす、介護に抵抗する、「家に帰る」等と言い落ち着きがない、一人で外に出たがり目が離せない、いろいろなものを集めたり無断でもってくる、物を壊したり衣類を破いたりする、ひどい物忘れ、意味もなく独り言や独り笑いをする、自分勝手に行動する、話がまとまらず、会話にならない）

		「1. ない」以外 その他、主治医意見書において、認知症の症状がある旨が記載されている場合も含む。
	●移動において全介助を必要としない者	基本調査 2-2（移動） 「4. 全介助」以外
移動用リフト （吊り具部分を除く）	次のいずれかに該当する者 ①日常的に立ち上がりが困難な者	基本調査 1-8（立ち上がり） 「3. できない」
	②移乗が一部介助または全介助を必要とする者	基本調査 2-1（移乗） 「3. 一部介助」または「4. 全介助」
	③生活環境において段差の解消が必要と認められる者	該当する基本調査結果なし→適切なケアマネジメントによる判断
移動用リフトのうち段差解消機		該当する基本調査結果なし→適切なケアマネジメントによる判断
移動用リフトのうち昇降座椅子		基本調査 2-1（移乗） 「3. 一部介助」または「4. 全介助」
自動排泄処理装置	次のいずれにも該当する者 ●排便が全介助を必要とする者	基本調査 2-6（排便） 「4. 全介助」
	●移乗が全介助を必要とする者	基本調査 2-1（移乗） 「4. 全介助」

※1 移動用リフトのうち「段差解消機」については、該当する基本調査結果がないため、サービス担当者会議等の結果で判断します（平成18年4月改定関係Ｑ＆Ａ（Vol.2））。
※2 移動用リフトのうち「昇降座椅子」については、「立ち上がり」ではなく「移乗」で判断します（平成19年3月30日 厚生労働省事務連絡）。

◆ 例外に該当する状態像の追加（見直し）（平成19年）

　2006（平成18）年の規定で福祉用具の種目によって給付の対象とならない場合でも、実際は必要性の認められる利用者が存在することから、福祉用具を必要とする「一定の条件」を明示し、確認のための「手続き」を規定しました。

【一定の条件】
疾病その他の原因により次のいずれかに該当するもの
・疾病その他の原因により、状態が変動しやすく、日によって又は時間帯によって、頻繁に例外として給付が認められる状態像に該当する者（例：パーキンソン病の治療薬によるON・OFF現象）
・疾病その他の原因により、状態が急速に悪化し、短期間のうちに例外として給付が認められる状態像に該当することが確実に見込まれる者（例：がん末期の急速な状態悪化）
・疾病その他の原因により、身体への重大な危険性または症状の重篤化の回避等医学的判断から例外として給付が認められる状態像に該当すると判断できる者（例：ぜんそく発作等による呼吸不全、心疾患による心不全、嚥下障害による誤嚥性肺炎の回避）

【手続き】

①〜③のすべての要件を満たすこと

① 一定の条件のいずれかに該当する旨が医師の医学的な所見に基づき判断されていること

② サービス担当者会議等を通じた適切なケアマネジメントにより、福祉用具貸与が特に必要である旨が判断されていること

③ ①②の結果を踏まえていることを、保険者が書面等確実な方法により確認していること

3 給付制限のまとめ

2007（平成19）年に出された給付制限は、前年に出された制限で福祉用具の給付が認められなかった人に対する救済措置の位置づけとなっており、図2-3のような縦につながる関係です。給付可否の検討にあたっては、まずは2006（平成

図2-3 給付制限の適用有無の判断の流れ

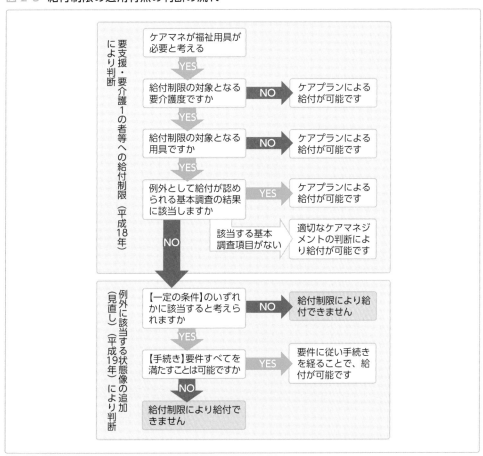

18）年の制度で判断し、利用が制限される場合に限り 2007（平成 19）年の制度での給付が可能かどうかを確認する流れが基本的な対応になります。

4 介護保険制度が阻害因子にならないために

　介護保険制度でカバーされる福祉用具の利用目的の範囲は、本来福祉用具がもつ自立支援の可能性と同一ではなく、限定された一部分のみが介護保険制度の対象になっているにすぎません。しかし、制度の対象とならない福祉用具についての情報は利用者の元にはなかなか届きませんし、その選定や適合の支援も十分であるとはいえません。介護保険制度の存在が阻害因子とならないために、支援者は制度適用の有無に左右されない広い視野で福祉用具の知識を身につけることが大切です。

COLUMN

福祉用具の範囲

　福祉用具をどのような道具と定義するのかは、機関や制度によって異なります。国際標準化機構（ISO）は汎用品も含め障害のある人の生活に役立つ用具すべてとしているのに対し、ICF や日本の「福祉用具の研究開発及び普及の促進に関する法律」では、生活機能の改善を目的として生産された用具としています。

　介護保険法では、「起居や移動等の基本的動作の支援を目的とする」「経済的負担感があり、給付対象とすることにより利用促進が図られる」「取り付けに住宅改修工事を伴わず、賃貸住宅の居住者でも利用に支障のない」などの判断要素によって、一部の福祉用具を給付の対象として指定しています。

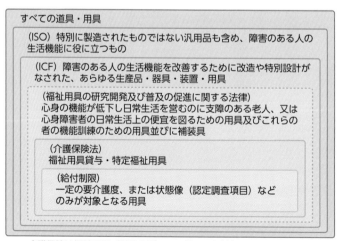

介護保険は福祉用具（利用方法）の一部のみを対象としています

③ 退院時リハビリテーション指導の活用

1 退院時リハビリテーション指導とは

退院時リハビリテーション指導（以下、退院指導）は、入院していた患者の退院に際し、機能訓練などでの回復した心身機能を前提として、自宅の家屋構造、介護力等を考慮しながら、本人またはその家族、ホームヘルパー等の退院後の生活支援にあたる関係者に対して行われます。多くのケースで退院後に生活する住環境を実地に確認しながら、家屋の適切な改造や福祉用具の利活用などについて、リハビリテーションの観点からのアドバイスを受ける機会となります。

2 支援の方向性の共有

退院指導は診療報酬の算定のもとで実施され、「指導する側」と「される側」が明確なので、ケアマネジャー等退院後の支援者がどうしても受け身になってしまいがちです。一方「指導する側」の理学療法士や作業療法士等は、限られた訪問時間の制約の中で退院後の生活イメージをもてないまま、生活に必要な個々の動作の確認作業や、目標を明確にしないままに対症療法的な手すりなどの具体的な住環境づくりの検討に、時間を費やしてしまうことが少なくありません。

限られた時間の中で成果を上げるためには、前提として本人がどのような希望や意欲をもち、退院後の「参加」つまり人生レベルでの目標に対し、家族や関係者がどのように支援をしていくのか、またはどのような点を課題と感じているのかを共有し、事前に必要な準備をしておくことが大切です。そのためには、ケアマネジャー等在宅での支援者と病院での理学療法士や作業療法士等の支援者の早い段階からの連携が重要です。

3 「活動と環境の適合」の視点からの環境調整

福祉用具利活用支援の基本的な考え方は、「活動と環境の適合」です。退院指導では、この「活動」についての具体的で的確な情報が理学療法士や作業療法士等からもたらされることが、最も大きな意義となります。

▶ 前提となる「できる活動」「している活動」の評価

「訓練室の中で歩けている」「訓練台からだと立てる」という評価が、そのまま在宅という環境の中での「している活動（実行状況）」にはなりません。「している活動（実行状況）」と呼べるのは最低でも病棟で日常的に「している」状態ですが、

病棟では、転倒予防などの管理的意向が強く働き、活動が制限されていることもあるので、これも単純に判断すべきではありません。訓練室の中では杖で歩いていても、病棟で歩行車を利用していれば、理学療法士や作業療法士はリハビリテーションという専門的な見地からその違いを評価したうえで、退院指導に臨むことが必要です。

▶「参加」のために必要な「活動」

「参加」は「活動」の積み重ねです。人生レベルでの目標に取り組むためには、目標とする「参加」を念頭に置いて、細分された具体的な「活動」ができるかどうかの視点が大切です。たとえば洗濯物を取り込んでたたむという「参加」のためには、日課として時間を配分すること、洗濯バサミをつまむ細かな手の使用、洗濯物を手に持って運ぶ移動、種類ごとに整理してたたむ作業などの「活動」が必要となり、その一つひとつの課題に対して検討を進めます。

事前に訓練等でそれらの能力を評価、確認できていると、短い訪問時間の中でも成果を上げることができるのではないでしょうか。

▶退院時リハビリテーション指導は実地での適合検討

一方、「洗濯物をかごに入れて運ぶ」ことが、訓練室で模擬的にできたとしても、それがそのまま在宅での「している活動（実行状況）」にはなりません。住環境は訓練室の環境とは異なり、それぞれの特徴があるからです。段差の状況や広さ、運ぶ距離など物理的な特徴はもちろんですが、「時々孫がランドセルを廊下に放り投げており、歩行の支障になることがある」などの障害を想定する必要があるかもしれません。退院指導では、そのような実地の環境の中で、「できる活動」である能力をできうる限り発揮するための物理的な環境整備、さらに人的な環境整備による補完について検討します。

4 退院時リハビリテーション指導の専門性

特に住宅改修の指導で、一般的なバリアフリー基準の説明に終始している場面を少なからず見かけます。「手すりの高さは75〜80cmの間に」「玄関の手すりは上がりかまち段差の真上で縦方向に」などです。バリアフリー基準は虚弱レベルの高齢者に傾向的にみられる状態像に対し、平均値を前提として提案される住環境であり、生活機能の個別性を前提としてはいません。ですから、退院指導の場では、バリアフリーの基準をそのまま住居に反映させることはリハビリテーションの専門性

をもつ立場からの指導としての意味をもちません。

　退院指導に求められる専門性とは、「この人は右足から段を上がります」のような動作の特徴や、「上がれる高さは10cmまでで、それ以上は右手に手すりが必要です」のような「できる活動（能力）」の情報など、活動の評価を前提とした環境に関する個別性をもった必要条件を明示できることです。そして、「環境を整えたうえで、後ろから腰を支える介助が必要です」のような、必要に応じた人的環境の補完をアドバイスできることも大切です。

5 最終的には本人や家族の自己決定

　第1節で基本的な自立支援方針に「合意のプロセスが大切」と記しましたが、退院指導での具体的な福祉用具も含めた生活環境整備のプランニングにおいても同様に、意欲の醸成にプラスの影響をもたらすプロセスにするという視点が重要です。

　退院指導では、退院までの期日が限られた段階で、専門職主導で、短時間に福祉用具や住宅改修などの検討がなされることから、「合意のプロセス」が軽視される傾向があります。本人や家族にとって理学療法士や作業療法士は、「病院でお世話になっている先生」という意識が強く、「私たちは素人だから、わからないから」と意見をはさむことにも遠慮しがちです。

　「合意のプロセス」に本人や家族が積極的に関与するために、時間をかけることも当然必要ですが、福祉用具や住宅改修のデメリットを伝えることも効果があります。特に住宅改修は、福祉用具のように「使わなければ返却」とはいかないものなので、活動の評価を前提とした必要性の説明とともに、ほかの家族への影響や経済的な負担の大小などを、可能な場合は福祉用具などでの代替案とともに説明することで、主体的に考える機会をつくることにつながります。

第 3 章

生活機能からの
福祉用具利活用支援
アプローチ

社会生活モデルが示すように、人の生活機能やその背景にある環境、ライフスタイルなどはさまざまであり、症状や課題など一面的な観点のみで福祉用具を当てはめていく支援は適切とはいえません。一方で福祉用具を具体的に検討するためには、ケアプランで示す目標と生活機能から、福祉用具の基本的でモデル的な活用像をイメージでき、利用に至る課題を整理できることが重要なスキルとなります。

この章では、生活場面ごとの福祉用具利活用支援の考え方を整理し、生活機能に合わせた「たたき台」ともいうべきモデル的なアプローチと利用に向けた課題を、4つの状態像に分けて考えてみました。

生活場面から見る 福祉用具利活用支援のポイント

① 起居・移乗

1 起居・移乗と関連用具

　起居とは、寝返り、起き上がりから端座位、立ち上がりなど一連の姿勢の変換を示し、そのための動作が起居動作です。移乗とは、ベッドから車いすなど、ある場所からある場所へ乗り移ることを示し、そのための動作が移乗動作です。起居動作には、ベッドからの立ち上がりからいすへの着座などの移乗動作も含まれます。

　福祉用具の利活用支援では、特殊寝台やマットレスなどの寝具、食事などの生活行為や日中を過ごすためのいすなど、安楽で安定した姿勢を維持するための用具を考えることと同時に、寝返りや起き上がり、立ち上がりなど、その姿勢から次の生活行為への移行方法を考える必要があります。マットレスの硬さによる寝返りへの影響であったり、座位保持の性能が高い車いすの場合は介助者による移乗介助が必ずしもしやすいわけではないなど、姿勢、起居、移乗は相互に関連する課題でもあるため総合的に検討する必要があります。

2 特殊寝台はベッドから離れるための道具

　ベッドは寝具であり、快適に安眠するための道具ですが、自立支援の目的で利用する特殊寝台では、「ベッドから離れた生活を実現するための道具」という視点を欠くことはできません。いわゆる「寝たきり」の状態は心身機能の障害の結果ではなく、離れづらい寝具の利用や、ベッドから離れた居場所がないという環境が要因であるという意識をもつことが大切です。

　そのうえで、重度の要介護者の場合では、更衣などの介助や胃ろうなどベッド上で余儀なくされる生活行為の負担軽減や、床ずれ予防とともに、移乗用リフトなど負担の少ない移乗環境の整備をし、できる限りベッドから離れた生活を目指します。

◆ 寝たきりはなぜ良くない？

　寝たきりの状態は、精神的にも身体的にもさまざまな悪影響をもたらします。たとえ、ベッドから離れることが困難で、物理的には寝たきりの状態であったとしても、それらの悪影響といかに闘い、その人らしい生活の姿である「参加」を目指すのかは支援者の双肩にかかる課題といえます。

寝たきりの悪影響
①不活発な生活が、心身機能の低下につながる（廃用症候群）
　・筋力の低下や関節が動かしづらくなることで、活動できにくくなる。
　・骨密度や皮膚の耐性が低下し、けがをしやすくなる。
　・心肺機能が低下し、体調を崩しやすくなる。
②刺激が少なく意欲が低下する
　・意欲が低下し、依存的な生活になる。

３ 介護現場では移乗介助が飛躍的に増加

　過去、寝たきりゼロを目指していた時代は、移乗介助で腰痛を発症する介助者は目立ちませんでした。近年、介護現場は移乗の頻度を高めることで、寝たきりゼロというQOL（quality of life：生活の質）の向上を獲得してきましたが、その代償として、介護職員に頻発する腰痛という労働災害状況を作り出してしまいました。

　また、介護される立場の人にとっても、脇の下に入れられた腕でぶら下げられるような介助や、ズボンが臀部に食い込むような方法は、決して安楽ではなく、危険を伴う状況にあり、皮膚を傷つけたり過度な緊張からの拘縮が生じてしまいます。

　このような「人の手による移乗介助」には多くの問題があり、決して適切な方法ではないことは、すでに介護現場の共通の認識となっています。本人と介助者の双方が安全で苦痛のない移乗のために、福祉用具の利活用は必要です。

４ 移乗の頻度は生活の質に直結

　「参加」を目指す支援では、生活範囲の広がりをつくっていくことが重要です。食事、排泄、日中の活動など、日常の生活にはそれぞれに本来ふさわしい場があります。その場に移動することが生活範囲の広がりを目指す支援となり、移乗の頻度を増やすことは欠くことのできない要素です。そのためには本人の生活機能に合わせた福祉用具等の導入により、本人、介助者双方の身体的・精神的な負担を軽減し、移乗を苦にしない環境をつくることが大切です。

① 移動と関連用具

　移動は、移乗と並んで生活範囲の広がりを支える大切な動作です。人は何かの目的を達成するために移動します。つまり、移動自体は目的ではなく、「何のために移動するのか」という参加レベルでの目標を前提に、その目標を達成するために必要な移動の距離や荷物の有無、移動にかけられる時間など、具体的な活動の要素を明確化させることが大切です。

　移動を支援する用具は、大きく3つに大別されます。同じ心身機能であっても、移動の目的や、段差や距離などの物理的な環境によって、参加としての移動の姿は異なります。屋内は手すり、屋外は歩行車など目的に応じて複数の移動支援の方法を使い分ける必要もあります。

◆ 手すり

　屋内外で、壁に固定または床に置くなどして利用できる手すりは、固定性が高いことから、歩行器や杖よりもより安定した歩行が得られる支援手段です。その反面、生活に必要な行動範囲すべてを手すりでカバーすることは現実的ではなく、手すりのみに頼る環境づくりには限界があります。行動範囲の物理的な環境を、階段、段差、平面と区分することで、どのような動作に対し手すりが必要なのか、転倒予防の観点も含めて整理することが大切です。

◆ 歩行を支援する歩行器・歩行補助つえ

　何らかの疾病により歩くことができなくなると、まずは「歩きたい」「歩かせたい」という、歩くという活動そのものが目標になることが少なくありません。このこと自体は否定できませんが、本人や家族の想いのみに引きずられ、「杖は使いたくない」「できるだけコンパクトなものがいい」などの希望をうのみにして、「歩く」ことのみに終始する支援は適切ではありません。人生を広げる目的をもった「参加」としての歩行の姿を常に意識した支援が大切です。

◆ 座位で移動する車いす

　車いすは本人の能力に左右されない移動支援の手段ですが、一方で段差の状況や広さ、屋外では路面の状況など物理的な環境の影響を強く受ける手段でもあります。また、移動の手段であると同時に、姿勢を保持するいすとしての機能と身体との適

合も求められ、選定や利用のために考慮すべき要素の多い福祉用具であるといえます。

２ 住環境の要素からのアプローチ

　手すりも含めた直接的に動作を支援する用具の視点と合わせて、移動する経路についての検討も重要な支援要素となります。

　屋内では、寝室や居室をトイレの近くに移動するなどの経路の短縮、家具の配置変更などで経路の障害物を整理したり、または手すりの代わりとなる支持物として家具を利用する等の工夫があります。そして、敷居の段差にスロープを設ける、滑りにくい床材にすることで安全性を向上させるなど、住環境からのアプローチも大切です。

３ 無理なく外出できる環境整備

　「参加」の視点で移動を見ると、無理なく外出できる環境の整備は地域社会との関わりをもつうえでとても重要な支援です。「何のために外出するのか」を明確化させることは大切ですが、通院とデイサービスだけで満足すべきではありません。

　人は誰でも社会との関わりをもって人生を送っています。高齢になっても多様な社会との関わりをもつことは、気分転換や楽しみ、家族以外の人と関わる緊張感、買い物や趣味など目的を達成したときに得られる満足感など、日常の生活に主体性と意欲をもたらす要素がたくさんあります。

　介護支援専門員（ケアマネジャー）等の支援者が、「デイサービスはスタッフさんが抱え上げるから大丈夫」「通院は数か月に一度だから負担は少ないだろう」と考えてしまうと外出支援の優先順位も高くないと思ってしまいます。しかし、本人の能力で安全に、または家族の過大な負担にならない介助で外出できる環境を整えることができれば、外出の目的は自然と広がり、生活の拡大につながります。

③ 排泄

１ 排泄と関連用具

　排泄は日常生活の中で、誰もが一日に何度か繰り返す頻度の高い行為です。たとえ軽度の尿失禁であっても排泄に問題を抱えると、排泄ばかりを気にして外出を控えるなど生活範囲が縮小し、生活が不活発な状態になります。一方で、排泄は「下の世話だけにはなりたくない」という言葉に代表されるように「されたくない介護」

の代表格であり、可能な限り自らの能力で完結できることを目指して支援することが求められます。

◆ 排泄は本人のペース

排泄は介助者の都合で時間を設定することが難しく、夜間も含め本人のペースに合わせての介助が必要な行為です。また、本人のペースを確認するためのコミュニケーションも重要な要素となります。尿意や便意を感じること、伝えるための言語機能や聴力、認知機能に関連するアセスメントも重要です。

◆ 家族全体の QOL に影響

排泄物を放置することは、尿路感染や皮膚トラブルなど本人の健康に大きな影響をもたらすのと同時に、においによって家族の QOL の低下をもたらします。ポータブルトイレや尿器では、利用して初めてにおいが大きな問題となることに気づくといわれています。

◆ 多様な排泄支援用具

排泄を支援する用具は多様です。軽度の尿漏れをサポートするパッドから、便器に設置する手すりであるトイレフレーム、ベッドサイドでの排泄を可能とするポータブルトイレ、ベッド上での紙おむつや自動排泄処理装置まで、心身機能の状態に合わせてさまざまな福祉用具が用意されています。

2 福祉用具支援の前に医療的な対処を

排泄の課題を「年のせいだから」と決めつけ、安易に紙おむつなどの支援を進めることは良くありません。膀胱が過敏になる、尿道を締める筋肉が緩む、腸の働きが低下するなど、投薬などの医療的な対応で改善する可能性がある排泄障害に対しては、積極的な治療や症状のコントロールが求められます。

3 複数の心身機能、活動からのアセスメント

福祉用具の選定にあたり関連する要素は、排泄に関する心身機能のみではありません。尿意や便意があり一定時間排泄を抑制することができたとしても、トイレまでの移動に課題があることも多くあります。排泄は図 3-1 のような細分された活動で成り立つ行為であり、膀胱の充満感などの尿路機能、トイレに行こうとする精神機能、移動のための運動機能など、複数の心身機能と活動の要素から、課題をア

セスメントしていく必要があります。

4 移動支援も含めたアプローチ

　トイレまでが遠い、階段や段差などの物理的な支障がある、ベッドでの起き上がりや歩行能力からトイレへの移動に時間がかかるなどの理由で、ポータブルトイレの利用を検討する場合があります。しかし、移動面での解決を模索することなく、安易な対症療法としてベッドサイドでの排泄を選定することは、生活範囲の縮小をもたらし、適切な支援であるとはいえません。移動支援も含めたアプローチが大切です。

図 3-1　排泄行為の流れ

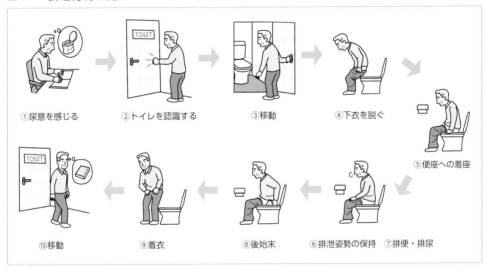

①尿意を感じる　②トイレを認識する　③移動　④下衣を脱ぐ　⑤便座への着座

⑩移動　⑨着衣　⑧後始末　⑥排泄姿勢の保持　⑦排便・排尿

5 排泄は人の尊厳に深く結びついた課題

　排泄の自立や介護は、生活への意欲を大きく左右する要素となります。人の介在を最小化できる福祉用具は羞恥心を軽減できる支援であり、自尊心への影響を少なくすることが可能です。支援者には、単に排泄トラブルの解決だけではなく、課題を乗り越えることによる意欲の向上、さらに外出などの参加につなげる生活範囲の拡大など、好循環の起点となる精神機能への支援という視点が求められます。

④ 入浴

１ 入浴と関連用具

　入浴は、単に身体を清潔にするという目的のみでなく、精神的にも肉体的にも緊張を解きほぐし、リラックスした状態に心身を戻してくれます。疲労の回復や食欲の増進など、さまざまな点で健康で意欲のある生活の構築には欠かせない行為であるといえます。「ゆっくりと風呂に入るのは楽しみの一つ」と感じる高齢者も多く、入浴自体が人生レベルの「参加」ともなりうる行為としてとらえる視点も求められます。

２ 入浴を支援する福祉用具と住環境整備

　入浴の支援は主に４つの要素に大別されます。

図 3-2　**入浴行為の流れ**

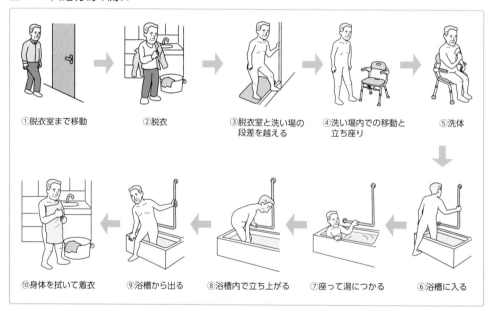

① 脱衣室まで移動　② 脱衣　③ 脱衣室と洗い場の段差を越える　④ 洗い場内での移動と立ち座り　⑤ 洗体

⑥ 浴槽に入る　⑦ 座って湯につかる　⑧ 浴槽内で立ち上がる　⑨ 浴槽から出る　⑩ 身体を拭いて着衣

◆ 浴室への移動

　一般的に脱衣室と浴室の間には、排水のための段差が存在します。また浴室の床は滑りやすく、安定した移動には手すりが用いられます。特に入り口の段差に対応する手すりは、ドアなどの建具の形状により設置できる箇所が限られており、片麻痺などで昇降の支持となる足が左右どちらかに限られている場合では、動作に合わせた工夫が必要です。

　歩行が困難なケースではシャワーキャリーなどによる移動で対応しますが、同時に浴室内すのこなどによる段差の解消が必要になります。

◆ 浴槽の出入り

　浴槽をまたぐ動作は片足立ち、足の挙上、洗い場と浴槽底との間の段差の昇降の３つの要素が求められます。福祉用具の対応では、片足立ちを安定させるための手すり、片足立ちを不要にする用具としてバスボード等の移乗台があります。また、段差を軽減する用具として浴槽台（浴槽内いす）や浴槽内すのこがあります。滑りを軽減する滑り止めマットも安全性を向上させ、より円滑な浴槽の出入り動作を引き出す用具です。

◆ 浴槽内での立ち座り

　浴槽内では基本的に「床からの立ち上がり」動作となります。しかし、浴槽内という狭いスペースでは床面に手をつくなど基底面を広げる動作が制限され、湯があることで体幹の前傾による重心の移動にも制約を受け、立ち上がりを難しいものにしています。

　浴槽の出入りに対応する福祉用具は、立ち上がりしやすい高さを確保する浴槽内いすやバスリフトがありますが、浴室は共有スペースでもあり、家族への影響も考慮する必要があります。

◆ 身体を洗う動作

　安定した座位と立ち座りは洗身の動作には欠かせません。入浴用いすはそのための高さを確保する機能を基本とし、ひじ掛けや背もたれ、折りたたみ、座面の回転など多様な機能が選択できます。洗身は静的に座るだけではなく、足を上げたり前傾になるなどの姿勢変換も考慮に入れる必要があります。

　上肢機能に障害があることで、特に背中などを洗えない場合はボディブラシなどの自助具を利用することで自分で洗える範囲が広がります。

③ 入浴用リフト

　入浴用リフトは移動、浴槽の出入り、立ち座りのすべての動作に対する介助負担の軽減に大きな効果を発揮し、本人と介助者双方に負担のない入浴を実現します。大規模な改修もなく貸与で利用可能な場合がほとんどです。

　浴室の広さや形状に合わせた機種の選定、本人の生活機能や介助者の操作能力に合わせた吊り具の選定がポイントとなり、導入には知見をもつ支援者のサポートが重要になります。

第 **2** 節 生活機能の状態像から見る
福祉用具利活用支援のポイント

① 生活機能別の福祉用具利活用マップ

　福祉用具の利活用は、生活機能だけで決定されるものではありません。健康状態を要因とする将来の変化や、意欲やライフスタイルにより求められる生活も異なります。また、生活機能自体も、環境などの背景因子に影響を受けており、心身機能に比例的に変化するものではありません。一方で、生活機能の個別性のみに焦点を当て、個々のケースごとにゼロからの対応を求めることは、福祉用具の利活用支援を難しいものにしてしまいます。

　福祉用具の利活用イメージをまとめるにあたり、生活機能の状態像を4つのレベルに区分し、状態像ごとに、そのポイントを整理してみました。表3-1は、前後のレベルとの関連も参照する必要から、全体像を一覧にしたものです。

　実際の支援では、認知機能の程度、痛みの状況、日内変動などの心身機能、性格や意欲などの個人因子、介助者の状況や住環境などの環境因子に大きく左右されますので、個々のアセスメントと合わせ、基本的な支援モデルとして参考にしてください。認知機能については、「認知症高齢者の日常生活自立度」のランクⅠ（何らかの認知症を有するが、日常生活は家庭内及び社会的にほぼ自立している）程度の状態を前提としています。

生活機能からの福祉用具活用支援アプローチ

表 3-1 生活機能状態ごとの福祉用具活用イメージ

生活機能		レベルI 生活自立（ランクJ）歩行に軽度の困難	レベルII 準寝たきり（ランクA）歩行に重度の困難	レベルIII 寝たきり（ランクB）座位寝返り可能だが車いす利用	レベルIV 寝たきり（ランクC）ほぼ全介助で車いす利用
状態像	障害高齢者日常生活自立度	何らかの障害等を有するが、日常生活はほぼ自立しており独力で外出する 1 交通機関等を利用して外出する 2 隣近所へなら外出する	屋内での生活は概ね自立しているが、介助なしには外出しない 1 介助により外出し、日中はほとんどベッドから離れて生活する 2 外出の頻度が少なく、日中も寝たり起きたりの生活をしている	屋内での生活は何らかの介助を要し、日中もベッド上での生活が主体であるが、座位を保つ 1 車いすに移乗し、食事、排泄はベッドから離れて行う 2 介助により車いすに移乗する	一日中ベッド上で過ごし、排泄、食事、着替えにおいて介助を要する 1 自力で寝返りをうつ 2 自力では寝返りもうてない
福祉用具利用支援の基本的な方針		・活動的な生活の維持 ・屋内外での転倒予防 ・膝腰負担軽減、痛みの発生を抑える ・多様な参加の生活支援	・外出機会のできない支援 ・主体性を尊重した生活環境を目指す ・腰やひざ「おっくうだ」を軽減 ・意欲の参加を見逃さない支援	・生活圏のない環境づくり ・車いすが阻害要因にならないように ・過大な介護負担を見逃さない ・意欲の参加を意識した関わり	・廃用症候群の予防 ・移乗や移動の環境を整えることがQOL向上に直結 ・介助量の軽減 ・介助方法の統一
起居・移乗	課題	布団や床面からの立ち上がり	ベッドの起き上がり、立ち上がり 布団や床面からの起き上がり、立ち上がり	ベッドでの寝返り、起上がり ベッドからの立ち上がり、立位での移乗 立ち上がりから近距離の移動の介助 座位での移動	ベッドでの安楽な姿勢と拘縮の予防 臥位での移乗 床ずれの予防
	検討する福祉用具など	床置き式手すり	特殊寝台・マットレス・サイドレール・ベッド用手すり 床置き式手すり 体位変換器（敷き布団併用タイプ） 昇降座椅子	特殊寝台・マットレス・ベッド用手すり 介助用ベルト・ターンテーブル 車いす スタンディングリフト スライディングボード・スライディングシート	特殊寝台・マットレス・サイドレール 移乗用リフト本体・スリングシート エアマットレス・静止型床ずれ防止マットレス 体位変換器（パッドタイプ・クッションタイプ） 体位変換機能付きマットレス・スライディングシート
移動	課題	屋内歩行の安全確保 外出のための環境整備	安定した屋内の歩行 外出のための環境整備 屋外の安全な歩行移動	屋内の歩行移動 屋内での車いす移動 外出のための環境整備 屋外での移動支援	座位保持能力に対応する車いすの選定と調整 床がすべての対応 外出のための環境整備
	検討する福祉用具など	一本杖・歩行補助つえ 階段の手すり 玄関ポーチの手すり・滑りにくい床材への変更 歩行補助つえ・シルバーカー	歩行器・歩行車 手すり（床置き式手すり・住宅改修での手すり）・踏み台 段差スロープ（スロープ）（住宅改修） 玄関ポーチの手すり・滑りにくい床材への変更 電動アシスト歩行器	手すり（床置き式手すり・住宅改修での手すり） 車いす・車いす用クッション いす型段差昇降リフト スロープ（住宅改修） ハンドル型電動車いす・簡易型電動車いす 車いす（自走用標準型・パワーアシスト型・介助用標準型）	車いす（姿勢変換機能付き） クッション・車いすの除圧操作 スロープ（可搬型・住宅改修）・テーブル型段差昇降 昇降リフト
排泄	課題	軽度失禁への対応 夜間用のトイレ移動の安全確保 和式トイレを腰掛式にする	トイレまでの移動 便座での立ち座り動作	便座へのアプローチ 便座での立ち座り動作 トイレ以外の場所での排泄	ベッド上での排泄
	検討する福祉用具など	パンツタイプ紙おむつなど 階段の手すり（住宅改修） 集尿器 便器の交換（住宅改修）	歩行補助具・手すり・衣服の工夫 ポータブルトイレ・尿器 手すり（床置き式・住宅改修）・補高便座	手すり（床置き式手すり・住宅改修） トイレ用車いす 段差解消や扉の交換（住宅改修） 補高便座・昇降便座・スタンディングリフト ポータブルトイレ	紙おむつ・尿瓶・自動排泄処理装置 便器 自動排泄処理装置
入浴	課題	安全な入浴環境 浴槽縁を安全にまたぐ	浴室入り口の段差昇降 浴身の際の立ち座り 座位での洗体またぎ 浴槽内での立ち上がり	浴室までの移動 浴槽内での立ち上がり	自宅浴室での入浴
	検討する福祉用具など	手すり（浴槽用手すり（住宅改修）・入浴用いす すべり台 滑りの防止（滑り止めマット）（住宅改修）	手すり（住宅改修）・浴室内すのこ 入浴台（床置き式（住宅改修）・補高便座 手すり・バスボード・移乗台 浴槽用いす	浴室内すのこ・浴室内すのこ ドアの交換（住宅改修） 浴槽用昇降機	浴室用リフト本体 吊り具

② レベルⅠ：歩行はできるが段差など 一部の動作に不安

1 想定する状態像

◆ 障害高齢者の日常生活自立度の「生活自立（ランクJ）」

何らかの障害等を有するが、日常生活はほぼ自立しており独力で外出する。

1　交通機関等を利用して外出する
2　隣近所へなら外出する

◆ 主な日常生活動作のイメージ

寝返り：つかまらないでできる

起き上がり：つかまらないでできる

立ち上がり：つかまらないでできる

移乗：自立（介助なし）

座位：できる

屋内歩行：つかまらないでできる

屋外歩行：何かにつかまればできる

移動：自立（介助なし）

排泄：自立（介助なし）

入浴：自立（介助なし）

食事：自立（介助なし）

更衣：自立（介助なし）

◆ 生活のイメージ

・寝返りから立ち上がりまでの動作や段差のある場所での歩行は、「つかまらないでできる」能力があるが、実際には手近な何かを頼りにすることが多い状態像。

・階段の昇降については壁などに頼り、場合によっては手をついて上がったり、お尻をついて降りるようなこともある。

・外出は、移動距離や買い物などの目的にもよるが、杖やシルバーカーを利用しているケースも多くある。

・入浴については、自立はしているものの家族が心配をして時々声をかける程度の見守りを含む。

浴室・脱衣室
◆ 浴槽の縁に手をついたり、遠くの壁や窓枠に手を伸ばして、ふらついたりしていませんか？
◆ 浴室入り口の段差を上り下りするときに、ドア枠や壁などを頼っていませんか？
◆ 浴室や浴槽の床が滑りやすく、不安を感じてはいませんか？

トイレ
◆ 和式トイレで、膝や腰の負担を我慢してはいませんか？
◆ 便座からの立ち上がりの際に、壁に手をついたり、紙巻器などを頼ることはありませんか？
◆ 夜間のトイレ移動で、ふらつくことはありませんか？
◆ くしゃみをした拍子に尿が漏れるようなことはありませんか？

居室・寝室
◆ 布団など床からの立ち上がりで、膝に痛みを感じるなど苦労していませんか？
◆ 座布団の上を歩いたり、広告紙など滑りやすいものが床にあるような環境ではありませんか？

玄関（外）〜屋外
◆ 段差でつかまるところがなく、不安を感じてはいませんか？
◆ 雨の日に、タイルが滑りやすくなり、転びそうになったことはありませんか？
◆ 買い物などでの外出がおっくうになったり、荷物が持てないことなどで外出機会が減ってはいませんか？

階段
◆ 階段の昇降で膝や腰に痛みがあったり、つらいと感じてはいませんか？
◆ 階段の壁に手をついたり、降りるときに後ろ向きになって床に手をついたりしていませんか？
◆ 階段でふらついて転びそうになったことはありませんか？

廊下〜居室などの入り口
◆ 無意識に壁に頼り、壁に手あかがついているような箇所はありませんか？
◆ 敷居の段差でつまづきそうになったことはありませんか？
◆ 廊下が滑りやすくはないですか？
◆ 足元が暗いなど、夜間の歩行に危険はありませんか？

玄関（内）
◆ 上がりかまちの昇降や、靴の脱ぎ履きのときに、壁や下駄箱に手をついていませんか？
◆ 膝や腰に痛みを感じたり、手で膝を押すなど、脚を腕で助けるような動作をすることはありませんか？

生活機能からの福祉用具利活用支援アプローチ

　この状態像では、ほとんどの行為が自立しており、主観的には課題を感じていない場合も多くあります。一方で屋内外での活動機会も多く、また単身で暮らすなど「せざるを得ない」立場から多少無理をしているところもあり、転倒などにより急激に生活機能の低下を招く可能性の高い状態像でもあります。

　「できている」実行状況だけで「良し」とすることなく、身体的な負担の多い場所や動作、転倒の危険を把握するアセスメントが求められます。

3 福祉用具利活用支援の基本的な考え方
●活動的な生活の維持を目指す
　屋外での活動（買い物や趣味での外出、庭の手入れなど）や、家庭内での役割が継続できるよう環境を整えます。

●屋内外での転倒の危険を減らす

　心身機能は徐々に低下するという前提に立ち、危険な場所や動作の検討を行います。けがには至っていないものの、転倒したことがある、ヒヤッとしたことがある場所や動作を聞き取り、その場所や、同様の動作を行う場所に手すりや滑り止め等の対応を検討します。

●膝や腰の負担を軽減し、痛みの発生や助長を予防する

　膝や腰の関節の負担が大きい、身体を上下に動かす動作を強いられる場所（玄関の上がりかまち段差、便座や浴室での立ち上がり、階段など）での関節への負担軽減を検討します。

●身の回りの小さなことでも工夫により解決する

　できないことが重なることで依存的な精神状態を助長することもあります。ペットボトルの蓋が開けられないなど身の回りの小さな行為でも、あきらめたりせずに工夫をするようにします。「うまくいった、便利になった」という成功体験から、主体的な生活への意識を維持できるよう支援することが大切です。

4 福祉用具利活用支援のポイント
⑴ 起居・移乗

　最近では、健康なうちからベッドを寝具として選ぶ高齢者も多くなりましたが、レベルⅠの頃に布団をやめてベッドの利用を考え始める人も少なくありません。今後の起こりうる生活機能の低下を考えると、この時期にベッドでの就寝に移行することは望ましい面も多くあります。一方で、ベッドの利点だけを強調するのではなく、布団の利点、ベッドの欠点にも目を向けてアドバイスすることも必要です。

　布団にしても、ベッドにしても、トイレ利用などでの夜間の起き上がり動作など、覚醒時とは異なることも踏まえて検討します。

◆ 布団や床面（畳など）からの立ち上がり

　動作の安定の観点はもちろんですが、関節の痛みがある場合の増悪の予防、大腿骨頸部骨折の予後などでの床に座る姿勢の制限などを考慮します。

●床置き式手すり（→p.194）

・手すりの位置

　　立ち上がりの場所、その後の移動動線を把握して設置する位置を決定します。

・部屋が狭く手すりを置くスペースが取れない場合

　　天井突っ張り式の手すりの可能性を探ります。家具などを手すりの代わりに配

置する場合は、力を加えても安定しているかの確認が不可欠です。

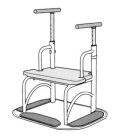
支持台付きの床置き式手すり

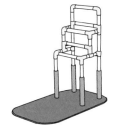
階段状の床置き式手すり

座卓と天井突っ張り式手すりを利用した立ち上がり

⑵ 移動

転倒の予防に留意しつつも、単に歩行の能力に合わせるのみではなく、移動の目的にも対応した移動支援を行います。

◆ 屋内歩行の安全確保

屋内では、階段や段差、夜間のトイレへの動線など、危険性の高い箇所を中心に安全な移動方法を検討します。

● 一本杖（→p .187）・歩行補助つえ（→p .189）

一本杖や歩行補助つえは、握りの太さや、杖全体の長さ、重さなどから身体に合うものを選びます。多点杖は狭いトイレの中では使いづらいこともあります。トイレ内は手すりを設けるなど杖と手すりの使い分けも必要です。

● 階段の手すり（→p .238）

階段の手すりは特に重要です。転倒予防の目的では、降りるときに利き手側、またはらせん部分外側の広い面を歩くように計画します。

◆ 外出のための環境整備

一般的に、玄関の中には上がりかまちの段差、外にはポーチの段差があります。段差は高さによって身体への負担や危険度が異なりますので、心身機能や動作の様子から手すりや踏み台でのサポートの必要性を検討します。

● 玄関ポーチの手すり（→貸与p .193、住宅改修p .238）

・上がりかまちの手すり

　住宅改修を伴う固定式のもの、貸与で利用する床置き式のものもあります。

・床置き式手すり

　踏み台が付属する製品もありますが、介護保険の対応は保険者によって異なっ

ています。屋外ポーチ段差に対応する手すりも、住宅改修によるものと貸与で利用可能な床置き式のものがあります。

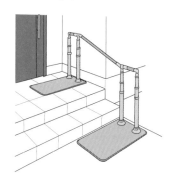

複数段に対応できる連結型の床置き式手すり

●**床材の変更**（→p.244）

　雨や、地域によっては霜の影響で滑りやすい状態を想定し、滑り止めの設置や床材を交換するなどの対応を検討します。

◆ **屋外歩行**

　活動レベルでの歩行能力に加え、買い物など歩行の目的、歩行する環境にも目を向けて、主体的な生活につながる支援を行います。

●**歩行補助つえ**（→p.186）

　杖の利用では片手がふさがってしまうので、財布などの小物は肩から下げられるポーチを利用するなど、持ち物の工夫も大切です。

●**シルバーカー**（→p.193）

　シルバーカーは支えがなくても歩行できる人を対象とした福祉用具であり、歩行を補助する用具ではありません。買い物などで荷物の運搬が必要であったり、途中で座って休憩したりする目的で利用します。歩行能力によっては、歩行車の利用に切り替える必要があります。

シルバーカー

⑶　排泄

　トイレに行くことができていても、頻尿や軽度の失禁などで安眠できない、外出を控えるなど参加が制約されていることも考えられます。

◆ 軽度失禁への対応

● 紙おむつ（→p .258）

　紙おむつはパンツタイプなど、歩行などの動作に影響の少ないタイプを選定します。

◆ 夜間のトイレ移動の安全確保

　2階が寝室で1階にしかトイレがない、トイレへの動線で玄関など段差の近くを通過するなど、夜間歩行のふらつきなどを想定した安全確保の検討をします。

● 手すり（→貸与p .193、住宅改修p .238）

　夜間の利用では蓄光のタイプなど視認のしやすさにも配慮します。

● 集尿器（尿瓶タイプ）（→p .216）

　尿の場合は、集尿器の利用で1階に下りずに済ませることができます。女性用はあて方のコツをつかむ練習が必要です。集尿器を使いづらい女性や、便にも対応するためには、ポータブルトイレを利用します。

集尿器（尿瓶タイプ）　　　　　　　　　自然落下型集尿器

◆ 和式のトイレを腰掛式にする

　工事を伴う住宅改修のほか、特定福祉用具での対応も可能です。

● 便器の取り替え（→p .247）

　住宅改修により便器を取り替える場合は、入り口段差の撤去や手すりなどの必要性も同時に検討します。

● 変換便座（→p .212）

　変換後の便座の高さが立ち上がりに適切かどうかを確認し、必要に応じて補高便座を併用します。

⑷　入浴

　ヒートショックによる意識喪失などが原因でおぼれたり、転倒することがあります。家庭内での死亡事故は入浴中に起こることが多いため、安全確保の観点から浴室環境を整備します。

◆ 安全な入浴環境

　浴槽の深さや入り口段差の高さ、床の滑りやすさなど住宅によって大きな違いがあり、個々の確認が必要です。

●手すり (→貸与p .193、住宅改修p .238)

　浴槽用手すりは工事を伴わず、システムバスも含めほとんどの浴槽に対応が可能です。住宅改修により手すりを固定する場合は、入り口の段差昇降、浴槽またぎなど動作に合わせて検討します。

浴槽用手すりと入浴用いす

●入浴用いす (→p .218)

　入浴用いすは、立ち座りの負担を軽減します。

●浴槽内いす (浴槽台) (→p .224)

　浴槽縁の高さや浴槽の深さを調整する踏み台として利用可能な浴槽内いすを利用します。吸盤固定式は浴槽内専用です。

●滑りの防止 (→保険対象外p .229、住宅改修p .244)

　浴槽内外とも浴室用滑り止めマットにより滑りを軽減できます。

　住宅改修による対応では、タイルを滑りにくいものに張り替える、または張り重ねる方法、既存のタイルの上に浴室用の防滑塩化ビニールシートを貼り付ける方法があります。

③ レベルⅡ：歩行や動作が安定せず、常に転倒が心配

1 想定する状態像

◆ 障害高齢者の日常生活自立度の「準寝たきり（ランクA）」

屋内での生活はおおむね自立しているが、介助なしには外出しない。

1　介助により外出し、日中はほとんどベッドから離れて生活する

2　外出の頻度が少なく、日中も寝たり起きたりの生活をしている

◆ 主な日常生活動作のイメージ

寝返り：つかまらないでできる

起き上がり：何かにつかまればできる

立ち上がり：何かにつかまればできる

移乗：見守りや声かけがあればできる

座位：自分の手で支えればできる

屋内歩行：何かにつかまればできる

屋外歩行：何かにつかまればできる（場合によって一部介助が必要）

移動：見守りや声かけがあればできる（場合によって一部介助が必要）

排泄：自立（場合によって見守りや声かけが必要）

入浴：見守りや声かけがあればできる（場合によって一部介助が必要）

食事：見守りや声かけがあればできる

更衣：見守りや声かけがあればできる

◆ 生活のイメージ

・単独での外出が難しい状態であるが、短い距離で同行者がいれば歩行補助用具での歩行移動が可能な状態。移動距離が長い場合や路面の状況、混雑状況によっては車いすを利用するレベル。

・屋内は、壁やドアノブなどに頼りながら歩行する様子が見られ、手すりや杖、歩行補助用具があれば見守りなしでも歩行移動ができる状態。

・入浴は、深い浴槽など制約の大きい環境では一部介助を要するケースもある。

・トイレ利用での排泄は立ち座りに困難さが見られ、何度かの失敗を経験しパンツタイプの紙おむつを利用することも多い。

・疾患の状況によっては、時間帯などによる状態の変化が大きく、車いすの利用や、

より介助が必要な状態になる場合がある。

2 アセスメントポイント

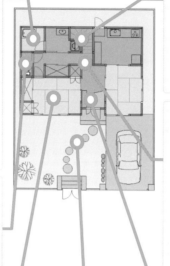

浴室・脱衣室
◆ 入り口の段差を上り下りするときに、ドアの取っ手などを頼ってはいませんか?
◆ 浴槽には入れていますか?
◆ 浴槽をまたぐ際に、蛇口などを頼ってはいませんか?
◆ 浴槽の中で立ち上がれずに困ったことはありませんか?
◆ 洗い場の低いいすでの立ち座りが大変だと感じてはいませんか?

トイレ
◆ 移動やズボンの上げ下げに時間がかかり間に合わないことはありませんか?
◆ 和式なのに無理に腰かけたりはしていませんか?
◆ 便座からの立ち上がりの際に、便座に手をついたり、紙巻器などを頼ることはありませんか?
◆ 夜間のトイレの移動で、危険を感じることはありませんか?

居室・寝室
◆ 立ち上がらずに、はって移動することはありませんか?
◆ ベッドや布団からの起き上がりや立ち上がりで手を借りることはありませんか?
◆ ベッド以外に日中を過ごす、楽に座っていられる場所はありますか?

玄関(外)〜屋外
◆ 段差で、植木など手近なものを頼ることはありませんか?
◆ 不整地や飛び石状の通路のため杖や歩行車などが使えず、介助の負担になっていませんか?
◆ すぐに疲れてしまったり、移動途中で座りたいと思うことはありませんか?

階段
◆ 階段で四つんばいになったり、お尻をついたりしてはいませんか?
◆ 階段の昇降に介助を受けている、または介助することに負担を感じてはいませんか?

廊下〜居室などの入り口
◆ ドアノブに体重をかけて頼り、ドアノブがぐらついてはいませんか?
◆ ドア開閉のときなど、歩行器から手を離して歩くところはありませんか?
◆ 歩行器で入って行けない狭いところはありますか?
◆ ドアや引き戸が重くて、自分では開けられない、無理をしたり開けたままにしている、ということはありませんか?

玄関(内)
◆ 立ったままの上り下りが不安で、上がりかまちに腰を下ろしてはいませんか?
◆ 上がりかまちからの立ち上がりで頼るところがなく、無理な動作になっていませんか?
◆ 段差の昇降の際に、介助者の手を借りることがありませんか?

　この状態像では、入浴など生活行為のいくつかに見守りや介助が求められる状態です。外出機会も減り、家庭内外での活動に制限が増えますが、積極的で適切な福祉用具の利用や環境の整備によって、日常生活での役割や、自立での生活行為を維持できる可能性が高いレベルでもあります。

　この段階での過剰な人的サービスは、本人の主体性を阻害し依存を強めることにつながります。本人ができること、やりたいことを大切にし、意欲の向上や動機づけなど精神機能の面からも丁寧なアセスメントが求められます。

③ 福祉用具利活用支援の基本的な考え方

● 外出機会を減らさない支援

外出機会の減少は意欲の低下へとつながります。安全の確保を行いながら生活の縮小につながらない環境づくりを支援します。

● 主体性を重視した生活環境を目指す

人的な介助に頼る前に、福祉用具や環境整備での解決策を検討します。そのためには「できない」行為を総体として見るのではなく、その行為を構成する一つひとつの動作（活動）に視点を当てて、解決のための用具や住環境を考えます。

● 「疲れやすい」「おっくうだ」は廃用症候群のサイン

現在「できている」動作でも、危険予防や負担の軽減の観点から見直し、より安全で負担の少ない動作方法を提案します。たとえば、浴槽をまたぐ動作を座位で行ったり、布団からベッドに変更したりするなどです。「楽をするとできなくなる」ではなく、「楽ならこれからも長くできる」という視点で提案しましょう。用具を利用して安楽に活動を継続することで廃用症候群の予防につながります。

● 多様な参加に目を向ける

日中はできるだけベッドから離れることを目指すのは当然ですが、「ベッドから離れてどのような生活をするのか」の視点が重要です。ベッドではない日中の居場所や過ごし方などを環境の面から支援するようにします。外出は困難でも、家の敷地内に出ることができれば、草取りなどの役割も可能になります。安全面に配慮しつつ、参加の継続を目標にしましょう。

④ 福祉用具利活用支援のポイント

⑴ 起居・移乗

日中をできるだけベッドから離れて過ごすためには、ベッドから離れて過ごす目的と、目的にふさわしい居場所、安全な移乗、移動ができる環境が必要です。そして何より「楽しみ」があることが重要です。

◆ ベッドでの起き上がり、立ち上がり

家具のベッドを利用する場合は、手掛かりとなる手すりがないことで、自力では困難な状況になる場合があります。

● 特殊寝台・特殊寝台付属品（→p .148）

特殊寝台では、付属品であるサイドレールやベッド用手すりの利用が可能になります。ベッドでの就寝に慣れていない人や家族が同室で布団で就寝する場合は、低

床のタイプを選択すると布団との高低差が緩和されます。

● **床置き式手すり（→p.194）**

　家具のベッドの利用を継続する場合は、床置き式手すりを検討します。引き出しがついているベッドでは、開け閉めができなくなる場合があります。天井突っ張り式は床に段差ができず、高い安定性を得られます。

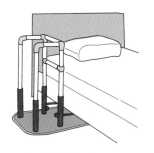
ベッドと組み合わせた
床置き式手すり

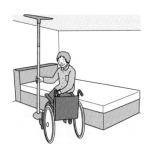
ベッドと組み合わせた
天井突っ張り式手すり

◆ 布団や床面（畳など）からの起き上がり、立ち上がり

● **体位変換器（敷き布団併用タイプ）（→p.167）**

　体位変換器（敷き布団併用タイプ）は、布団の上で使用するものであり、家具のベッドでは手すりがなく転落のおそれがあることから利用できません。

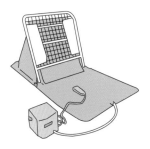
布団での起き上がりを補助する体位変換器

● **電動昇降座いす（→p.202）**

　電動昇降座いすは座面の昇降に加え、前後スライドや回転などの機能をもつタイプもあり、こたつなど狭いスペースでの立ち上がりに便利です。

電動昇降座いすを利用した立ち上がり

（2）　移動

　歩行が徐々に困難になり介助量も増えるレベルですが、福祉用具や環境の整備が主体的な生活の維持に大きく影響します。生活範囲を縮小させない支援が重要です。

◆ 安定した屋内の歩行

　歩行の支援には、歩行器などの歩行補助用具と、床置き式などの手すり、住宅改修によって壁に固定する手すりの３つの手段があります。「どれを選ぶか」ではなく、特性を活かして「どう組み合わせるのか」の視点で検討しましょう。

● 歩行器・歩行車（→p.190）

・住環境への配慮

　　生活機能とともに、方向転換できる広さや敷居の段差などの住環境にも着目して用具を選定し、必要に応じて段差の解消など住環境の整備も検討します。

・動作場面に応じた使い分け

　　扉の開閉では用具が邪魔になることがあります。扉の周囲や歩行器が入れないトイレなどは部分的に手すりでの移動とするなど、動作や場面に応じた支援手段の使い分けが必要です。

● 床置き式手すり（→p.194）

　床置き式手すりは、壁の有無に関係なく設置することができます。天井突っ張り式は床に段差ができず、高い安定性を得られます。

連結型の床置き式手すり

● 手すり（→p.238）

　手すりは、歩行を補助する用具として最も安定している点が特徴です。折り上げ式など可動する機能によって、ドアなどで分断しない連続した手すりを設けることが可能な場合もあります。

● 段差スロープ（→貸与p.196、住宅改修p.241）

　敷居の段差でのつまずきの防止の目的で、段差スロープによる段差の解消を検討

します。多点杖をスロープ上につくと不安定になるなど、段差スロープが適さない場合もあるので注意が必要です。

段差スロープに足がのると不安定になるので、より遠くにつく必要がある

◆ 外出のための環境整備

玄関の上がりかまちの段差、玄関外のポーチの段差について、段差の解消や手すりの設置などを検討します。

● 手すりと踏み台（→貸与p.193、住宅改修p.238）

床置き式手すり等福祉用具での対応と、手すりや踏み台を取り付ける住宅改修での対応があります。

● 床材の変更（→p.244）

滑りにくいタイルに張り替えるなど、滑りを予防する改修が可能です。屋外通路が不整地や飛び石で、杖や歩行器での移動が困難な場合には、コンクリートなどでの舗装を検討します。

● 段差の解消（→p.241）

スロープ上の歩行を安全に行うためには、一般に車いす利用時よりもさらに緩やかな傾斜にすることが必要です。転倒や転落の予防のため手すりの併用を基本とします。

◆ 屋外の安全な歩行移動

外出の目的を達成する手段としての歩行補助用具を検討します。

● 歩行車

・適切な操作の確認

歩行の能力とともに、いすの開閉や駐車ブレーキの操作が適切に行えることなどを確認します。

・外出先の環境の考慮

買い物などでの外出では、通行する路面の状況や運搬する荷物の重量なども考慮し、必要な歩行距離によっては、途中で腰掛けるためのいすの有無も選定要素

になります。

● 電動アシスト歩行車

・坂道が多いなどの路面状況

　ロボット技術により上り坂でアシスト、下り坂で抑速の機能が働く電動アシスト歩行車が有効です。歩行経路に段差や凸凹道がある場合は、自動化された制御がかえって歩行を妨げる場合もあるので、実際に試用して確認しましょう。

電動アシスト歩行車

⑶　排泄

　トイレに間に合わないなどの排泄トラブルも徐々に現れるレベルです。移動も含めてトイレでの排泄が継続でき、さらに頻尿や軽度の尿失禁などの心配から外出が減り、参加が縮小されないように支援します。

◆ トイレまでの移動

　歩行補助用具や手すりによりトイレまでの移動や更衣時間の短縮を図ります。夜間や早朝のトイレ移動は転倒などの危険が日中よりも大きくなることも考慮し、トイレに近い部屋を利用することも解決策の一つです。

● 歩行補助用具 （→p .186）

段差や扉の開閉など使用環境の確認も重要です。

● 手すり （→貸与p .193、住宅改修p .238）

夜間の利用では、照明の工夫で見やすくするなどの対応も必要です。

● 衣服の工夫 （→p .263）

　脱ぎ着のしやすいズボンを着用する、ファスナーにリングをつけ、つまみやすくするなどの工夫が有効な場合もあります。

◆ トイレ以外での排泄

　居室などトイレ以外の場所での排泄を検討する場合は、ポータブルトイレなどの

対応を検討します（p.104 参照）。

◆ 便座での立ち座り動作

　トイレ内での動作は、家族でも見る機会が少ないことから課題は顕在化しづらいといえます。ベッドやいすでの立ち座りの様子や、紙巻器のぐらつきを確認することなどで、何かに頼った動作となってはいないかを推察することができます。

● **床置き式手すり（→p.194）**

　貸与ではひじ掛け型のトイレフレームが多く利用されますが、立位の補助など縦手すりが必要な場合は天井突っ張り式の手すりを検討します。手すりの一部が高い位置にあるトイレフレームも開発されています。

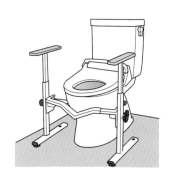

トイレフレーム型の床置き式手すり

手すりの一部が高い位置にある
トイレフレーム型の床置き式手すり

床置き式手すり（天井突っ張り式）を
利用したポータブルトイレへの移乗

● **手すり（→p.238）**

・便座前方の縦手すり

　身体を前傾させてからの立ち上がり動作では、便座前方の縦手すりの位置が重要です。身体に近いと立ち上がりがしづらくなります。

・便座正面の横手すり

　狭いトイレでは、便座正面の横手すりが下衣の着脱と立ち座りに有効です。1本の横手すりで立位動作から立ち座りまでをカバーするためには、立位での適合範囲と座位での適合範囲の双方を満たす高さを検討します。

図 3-3　便座前方の縦手すりと便座正面の横手すり

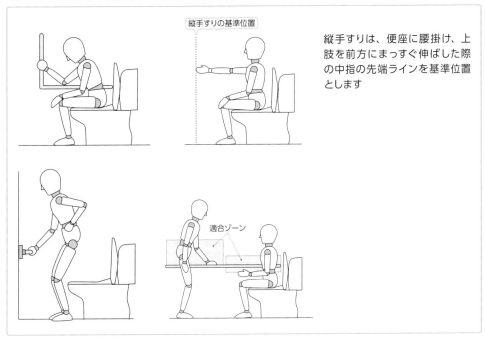

縦手すりは、便座に腰掛け、上肢を前方にまっすぐ伸ばした際の中指の先端ラインを基準位置とします

● 補高便座 (→p.212)

・便座の高さのかさ上げ

　補高便座で便座の高さをかさ上げすると、立ち上がりやすくなります。高すぎると足が床につきづらくなり、便座への腰掛けが浅くなるので注意します。

・補高便座のタイプ

　便器と便座の間に挟むタイプは、陰部洗浄機能に影響はありませんが、便座の

便座の上に置くタイプの補高便座　　　便器と便座の間に挟み込むタイプの補高便座

上に置くタイプは影響します。また、既存の便座と適合しない場合があります。手すり、補高便座での対応が困難な場合には、昇降便座等の対応を検討します（p.103参照）。

⑷　入浴

自宅での入浴は、心身の緊張を解きほぐす生活習慣としても大切です。

◆ 浴室入り口の段差昇降

一般に浴室入り口には15cm程度の段差があり、手すりを設けて段差昇降の補助を図ります。また、滑り止めマットを利用すると安全性が高まります。

● 手すり（→p.238）

「右足から降りる」など下肢機能に左右差がある場合は、動作と整合する位置の検討が必要です。建具の交換によって手すりの取り付け可能範囲が広がることがあります。

● 浴室内すのこ（→p.227）

浴室内すのこは、浴槽をまたぐときにも影響を与えるので、入り口段差と浴槽縁高さの両面から、適切な高さを検討します。

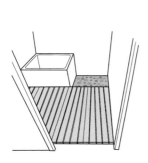

浴室内すのこ

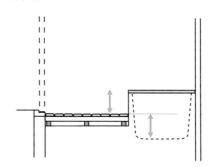

浴室内すのこの設置によって矢印部分の段差が変化する

◆ 洗身の際の立ち座り

一般の浴用いすでは立ち座りが困難な場合は、入浴用いすを利用します。背もたれや折りたたみなどの機能や、座面の大きさなどから選定します。

● 入浴用いす（→p.218）

入浴用いすからの立ち上がりで座面に手をつく場合には、その分の広さも考慮します。背もたれやひじ掛けは、座位の安定や立ち座りの際の手すりとして有効ですが、洗身の際に邪魔になることがあります。床に置いた洗面器が使いづらい場合は、

洗面器台の利用などの工夫が必要です。

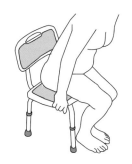

座面に手をついた立ち上がり　　　　　洗面器台の利用

◆ 座位での浴槽またぎ

　手すりを利用してもまたぐ動作が不安な場合は、座位での動作を検討します。座位でのまたぎは、片足立ち動作がなくなるという点で安定性が高まります。新たに立ち座りの動作が発生するので必要に応じて手すりなどを配置します。

● バスボード（→p.226）

　バスボードは、浴槽の縁に架けて使用するもので、浴槽幅のサイズに合わせ選定します。浴槽に身体を入れる際に支障となるので、入浴動作の過程で介助者が跳ね上げるなどの操作が必要となることがあります。

● 移乗台（→p.226）

　移乗台は、浴槽に横付けして使用する台で、縁に架けるタイプは座面が高くなります。入浴用いすを移乗台として兼用することもあります。座面の回転機能を活用することで、より負担の少ない動作が可能な場合もあります。浴槽の縁に架ける構造のないものは、介護保険では入浴用いすに分類されることがあります。

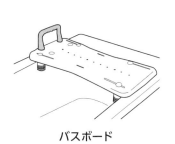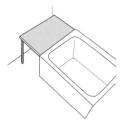

バスボード　　　　　　　　　　　　　　移乗台

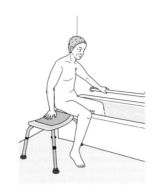

入浴用いすを利用した座位またぎ

◆ 浴槽内での立ち座り

　床からの立ち上がりができる人でも、浴槽は狭く立ち上がりの際の重心移動が制約されることから、立ち上がりが困難になる場合があります。

● 浴槽内いす（浴槽台）（→p.224）

・重心の移動をしやすくする

　この目的での浴槽内いすの利用では、10cm程度の低い高さでも効果が出る場合があります。

・立ち上がるための筋力の低下を補う

　この場合の座面の高さは、心身機能によって異なります。浮力の影響も受けるので実際に試すことで適切な高さを判断することが望まれます。手すりと浴槽内いすでの立ち上がりが困難な場合は、入浴用リフトなどの対応を検討します。（p.106参照）

④ レベルⅢ：移動や、排泄などの行為の一部に 介助が必要

1 想定する状態像

◆ 障害高齢者の日常生活自立度の「寝たきり（ランクB）」

　屋内での生活は何らかの介助を要し、日中もベッド上での生活が主体であるが、座位を保てる。

1　車いすに移乗し、食事、排泄はベッドから離れて行う

2　介助により車いすに移乗する

◆ 主な日常生活動作のイメージ

寝返り：何かにつかまればできる

起き上がり：何かにつかまればできる

立ち上がり：何かにつかまればできる（場合によって一部介助が必要）

移乗：何かにつかまればできる（場合によって一部介助が必要）

座位：支えてもらえればできる

屋内歩行：一部介助

屋外歩行：一部介助

移動：一部介助

排泄：一部介助

入浴：一部介助

食事：一部介助

更衣：一部介助

◆ 生活のイメージ

・寝返りから起き上がり、立ち上がりは本人の動作が主で、手を引くなど補助する程度の介助が必要な状態。

・座位は両足が床につき、背もたれなどで支えられることで安定する。

・屋内の移動は、ごく短距離で手すりがある場所では一人で歩くことが可能なものの、手すりが途切れた場所では手を引いたり、身体を支えたりするなどの介助が必要である。

・広く段差がないなど条件の良い屋内では、車いすを自ら操作して移動することができる。

・排泄は便座での立ち座りに困難があり、下衣の着脱などとともに介助を要する場合もある。

・入浴は動作全体に介助が必要で、浴槽内での立ち上がりでは介助者の負担が大きくなる。

・屋外の移動は車いすを利用した介助による移動が多い状態。

2 アセスメントポイント

浴室・脱衣室
◆ 浴槽の出入りや浴槽の中での立ち上がりなどで、介助者が持ち上げたりしてはいませんか？
◆ 介助者や福祉用具のスペースがなくて困ってはいませんか？
◆ 家でお風呂に入りたいと思っているのに、あきらめてはいませんか？

トイレ
◆ ズボンの上げ下げなどの介助の際にしっかりと立っていられず、転びそうになったことはありませんか？
◆ 便座からの立ち上がり介助が大変ではありませんか？
◆ 扉の開閉に車いすや歩行器が干渉したり、便器に接近できないということはありませんか？
◆ 夜間のトイレ介助が負担で、介助者が寝不足になってはいませんか？

居室・寝室
◆ ベッドや車いす以外に、日中を過ごす安楽ないすはありますか？
◆ ベッドでの寝返りや起き上がりに苦労してはいませんか？
◆ 車いすなどへの移乗で、介助者が持ち上げてはいませんか？

階段
◆ どうしても階段を利用しなければならない住環境ですか？
◆ 階段を背負って昇降介助するなど、危険で過剰な負担になってはいませんか？

廊下〜居室などの入り口
◆ ドアや引き戸が重くて、自分では開けられない、開けたままにしている、ということはありませんか？
◆ 車いすで敷居の段差で立ち往生したり、介助の負担になっていませんか？
◆ 近い移動では手すりを使う場合でも、途中で途切れるなどで危険な歩行をしていませんか？

玄関（内）
◆ 段差の昇降で、介助者が抱え上げるなど、過剰な負担になっていませんか？
◆ 玄関外に置いた車いすまでの移動で抱え上げるなど、無理な介助になっていませんか？

玄関（外）〜屋外
◆ 車いすや歩行車を使いたいと思ってはいても、段差や凸凹な通路であきらめてはいませんか？
◆ 舗装されてはいるものの左右方向に傾斜があり、歩行車や車いすが直進せずに困ってはいませんか？
◆ お尻が痛くなるなどで車いすに長く座っていられないことで、外出が嫌になっていませんか？

　この状態像では、入浴や排泄に加え、更衣で袖を通してもらう、食事でおかずを刻んでもらうなど、生活行為の全般に見守りや介助が求められ、介護負担が増加します。そのため負担軽減のみを重視し、できるだけベッドの周囲だけで生活行為を済ませようとすると、ポータブルトイレや紙おむつなどの利用が増え、生活圏が縮

小し、廃用症候群が進む可能性が大きくなり注意が必要です。

　歩行車や車いすなどの利用で生活範囲を広げるために、残された心身機能や活動を丁寧に把握します。たとえベッド上であっても、生活行為の一部分でも、自立してできるようにすることで、本人の意欲と生活機能の維持向上を目指します。

3 福祉用具利活用支援の基本的な考え方

●生活圏を縮めない環境づくり

　洗面所で顔を洗うのではなく寝室に洗面器を運ぶ、トイレに行くのではなく部屋にポータブルトイレを置くなど生活圏の縮小は、活動の低下から廃用症候群の進行につながる可能性が高くなります。そのことを念頭に、ベッドから離れる、寝室から出るための移乗、移動の支援を重視します。

●車いすが阻害因子にならないようにする

　生活圏の縮小を避ける目的で車いすを利用しても、長時間連続して座っていることによる姿勢の崩れや関節の拘縮、段差や広さなど住環境の制約により自分の意思での移動が制限されるなど、車いすが阻害因子となる可能性も少なくありません。福祉用具の導入と同時に、その使用環境、場面や時間、使用方法にも注意が必要です。

●過大な介護負担を見逃さない

　本人の主体的な生活を可能な限り重視しつつ、一方でベッドから離れて行う生活行為は家族の介護を前提に考えざるを得ない部分も多くあります。介護は、身体的なものと同時に時間的な制約も大きな負担となり、どの程度の負担を許容できるのかは、家族それぞれの事情によります。福祉用具の活用で負担を減らしつつ、理想と現実のバランスをとることも必要です。

●意欲の向上を意識した関わり

　「してあげる」介護が主体になりがちなレベルですが、依存的な生活は廃用症候群を進行させる大きな要因となります。小さなことや、介助の中の一つの動作でも自分でできることを定着させ、役割と評価を通して意欲の向上を目指します。

4 福祉用具利活用支援のポイント

⑴　起居・移乗

　できるだけベッドから離れた生活を続けるために、本人や介助者ともに安全で負担の少ない移乗環境づくりが大切なポイントとなります。起き上がりなどの動作では、本人の能力を最大限に発揮できるよう、特殊寝台の背上げ機能の活用方法につ

いても本人、家族に積極的に伝えていくことが大切です。

◆ ベッドでの寝返り、起き上がり

　ベッド用手すりなどでの支持や特殊寝台の背上げ機能を活用します。

● 特殊寝台・マットレス・ベッド用手すり (→p .148)

・硬めのマットレスを選ぶ

　　柔らかいマットレスは動作がしづらく、端座位も安定しません。床ずれのリスクも考慮し、心身機能や好みから可能であれば硬めのマットレスを選定します。

・ベッド用手すりの利用

　　サイドレールは布団等の転落防止のための柵です。動作の支持点とする場合はベッド用手すりを利用します。手すりのみでは起き上がれない場合は、背上げ機能を活用します。

・寝返りの工夫

　　足の位置をあらかじめ寝返る方向に移動させておくことや、膝を立てるなど、少ない力で寝返りが可能となる動作の工夫も大切です。

ベッド用手すり

◆ ベッドからの立ち上がり、立位での移乗

　ベッド用手すりや高さ調整機能を活用します。

● 特殊寝台・ベッド用手すり (→p .148)

・ベッドの高さを調整する

　　足を床につけたまま腰の位置を高くするために、足が床についている状態で臀部を前にずらした後にベッドの高さを調整する操作をします。

・姿勢が安定しない場合

　　ベッド用手すり、端部の硬いマットレス、足元の滑り止めマットの利用を検討します。

図 3-4　ベッド用手すりを利用した移乗の基本動作

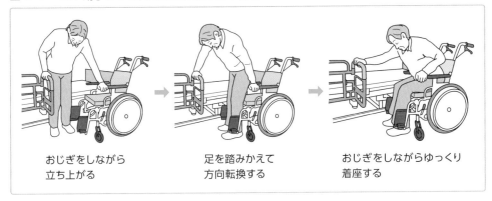

おじぎをしながら
立ち上がる

足を踏みかえて
方向転換する

おじぎをしながらゆっくり
着座する

◆ 立ち上がりの介助

　ベッドの高さ調整や体幹前傾での重心移動などを行ったうえで、自然な立ち上がり動作を引き出す介助が大切です。持ち上げてはいけません。

● 介助ベルト（→p.161）

　持ち上げるための用具ではなく、重心の移動やふらつきの予防を目的に使用します。本人の骨盤に巻くように装着するほか、介助者に装着して本人が握る使い方もあります。

介助ベルト

● ターンテーブル（→p.161）

　立ち上がった後、身体の方向を変えるときに本人の足がうまく運べない場合は、ターンテーブルを利用します。

● 車いす（→p.167）

　フットサポートが着脱できる車いすを選定します。立位での移乗介助ではフットサポートが足元の邪魔になり、または足と干渉してけがをしてしまう事故が多く発生しています。フットサポートを外すなどし、足元を広く確保したうえでの安全な移乗介助ができる環境を整えます。

◆ 立ち上がりから短距離の移動

　立ち上がりから、身体の向きを変えて車いすやポータブルトイレに座るまでの移乗、移動動作を補助するスタンディングリフトを検討します。

● スタンディングリフト（→p.201）

・膝の固定

　　膝をパッドで支え固定することで立ち座りをしやすくしますが、膝関節に疾患

のある人には注意が必要です。

・スタンディングリフトでの移動

　キャスターで移動するので、フローリングなどの硬質な床面が必要です。また、ベッドへのアプローチでは、ベッドフレームの下にキャスターの入る隙間があることも、利用の条件です。

・スタンディングリフトのタイプ

　手すりを利用して立たせるタイプ、胸や脇の下を支え前方に寄りかかる前方サポートタイプ、背中側に回ったベルトに寄りかかる後方サポートタイプがあります。

 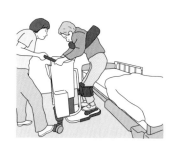

後方サポートタイプ　　　　**前方サポートタイプ**

◆ 座位での移乗

　ベッド用手すりやベッドの高さ調整では立ち上がれない場合でも持ち上げることはせず、座位での移乗を検討します。座位での移乗を安全に行うためには、体幹を前傾させて、身体の重さが足にのる程度の安定した端座位がとれることが必要です。また、臀部の床ずれの有無やリスクについての評価も重要です。

　特殊寝台の高さ調整、車いすのアームサポートの着脱など関連する用具にも条件があります。

骨盤が前傾している座位での移乗が原則　　　骨盤が後傾している座位では、困難な
　　　　　　　　　　　　　　　　　　　　　　場合が多い

● **スライディングボード（→p.160）**

・横方向への移乗の補助

　表面が滑りやすいボードで、臀部が持ち上がらなくとも自立もしくは介助で滑ることによって横方向への移乗を補助します。本人の足が床につかないときは足台などを用意します。

・着衣の状態での利用

　スライディングボードは、着衣の状態で滑ることを可能としているので、ズボンを下ろしてからのポータブルトイレへの移乗はできません。

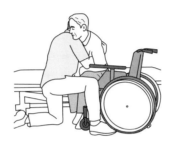

| 自立での移乗動作 | 前方からの介助 | 後方からの介助 |

● **スライディングシート（→p.159）**

・横方向への移動

　とても滑りやすいシートで横方向への移動を行います。シート同士が接する面が滑るので、二つ折りにするなどして使用します。前方からの介助が基本です。

・滑走面に多少の凸凹がある場合

　移乗は可能ですが、ベッドと車いすの間の隙間の広さや臀部の皮膚の状況などから、タオルなどで隙間を埋めるなどの調整が必要な場合があります。

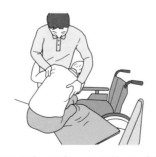

スライディングシートを使った介助

⑵　**移動**

心身機能や歩行に関する能力を前提として、屋内外の移動環境、移動の目的や頻

度などから、手すりを使った歩行と車いすを適切に使い分ける支援が必要です。

◆ 屋内の歩行移動

　トイレへの移動は頻度も多いので、できるだけ手すりなどを活用した歩行移動が継続できるよう支援します。

● 手すり (→貸与p .193、住宅改修p .238)

　目的の場所まで連続した手すりが必要な場合は、折り上げて開閉する手すりでつなぐなどの工夫が必要です。手すりが連続しないときは、途切れる部分を介助者が補助するなどの対応を具体的に検討しておく必要があります。

◆ 屋内の車いすでの移動

● 車いす・車いす用クッション (→p .167)

　適切な座位、移動、移乗の３つの観点から以下の視点で選定します。

・移動については、本人の心身機能による駆動能力と、廊下の広さや段差などの住環境の両面からの検討が必要です。

・不良な姿勢は、駆動力の低下、拘縮や床ずれ、誤嚥などの原因となり、さらに呼吸や消化などの内臓機能にも悪い影響をもたらします。

・車いすの利用には車いす用クッションは必須です。尾骨や座骨などの突出や痛みの状況から適切な体圧分散効果のあるものを選定します。

・介助用車いすは自力での移動ができないだけでなく、車いすの向きを自分で変えることもできません。少しでも操作できる可能性がある場合は、車輪の大きな自走型の選定を基本とします。

・ハンドリムでの駆動が困難な場合は、両足での駆動なども検討します。駆動方法によって、本人の能力を引き出す選定や調整は異なります。

・移動の目的を達成するためのドアの開閉など、必要な動作を具体的に洗い出し、対応策を検討します。

レッグサポートを外した両手両足での駆動操作

◆ 外出のための環境整備

　手すりなどによる上がりかまち段差の昇降が難しい場合は、いす型段差昇降リフトやスロープによる方法を検討します。

● いす型段差昇降リフト（→p.205）

　上がりかまち段差の昇降に対応する移動用リフトです。車いすを利用する場合、移乗が必要です。屋内と屋外で車いすを乗り換える場合は、屋内用車いす→昇降リフト→屋外用車いすの順に移乗します。

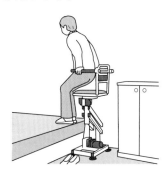

いす型段差昇降リフト

● スロープ（→貸与p.196、住宅改修p.241）

　玄関のポーチ部分の段差を歩行車で昇降する場合などでは、住宅改修でのスロープ設営を検討します。

・歩行車等を利用した昇降

　　スロープ上の移動を安全に行うためには、一般に傾斜角度を車いす利用よりもさらに緩やかな傾斜とし、転落防止のための手すりを設けます。

・貸与で利用できる可搬型スロープ

　　車いす用であり、原則として歩行車等での歩行利用はできません。可搬型スロープやテーブル型段差昇降用リフトの利用については、レベルⅣの対応を参照してください（p.113参照）。

● 車いすの段差乗り越え操作

　1段の単純な段差はティッピングレバーの操作で昇降が可能です。

◆ 屋外での移動支援

　目的地までの距離や地形的な条件等から手動車いすでは目的が達成できない場合の対応として、ハンドル形などの電動車いすの利用を検討します。

● ハンドル形電動車いす（→p.172）

　認知機能、交通状況等を適切に判断し、安全に操作できる能力を評価したうえで

導入支援を行います。普通型電動車いすなどに比べ運転操作は習得しやすいです。

● **簡易形電動車いす** (→p .172)

　ジョイスティックでの操作は多少の練習が必要です。ハンドル型に比べ小回りが利きます。

● **パワーアシスト形車いす** (→p .170)

　電動で駆動の補助や直進性を維持する機能があります。ハンドリムをこぐ操作は自走用と同様です。

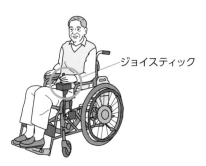

ジョイスティック

ハンドル形電動車いす　　　　簡易形電動車いす

◆ **介助を受けての屋外移動**

　介助を受けるとはいえ、短い距離の移動や方向転換が自分でできる場合は、自走用標準型車いすの選定を基本とします。

● **自走用標準形車いす** (→p .170)

　車輪が大きいので多少荒れている路面状況でも介助しやすく、本人の乗り心地も向上します。

● **介助用パワーアシスト形車いす** (→p .171)

　長距離や坂道などで、電動のパワーアシストが介助負担を軽減します。

● **介助用標準形車いす** (→p .171)

　車両のトランクに収納するなどの目的で軽量コンパクトが求められる場合に選定します。

介助用パワーアシスト形車いす　　　介助用標準形車いす

(3) 排泄

ベッドから離れた排泄に向け、移乗と移動の課題も含め支援します。

◆ 便座へのアプローチ

車いすによりトイレまでの移動が可能である場合には、便座への移乗の環境を整えることができるかを検討します。

● 手すり (→貸与p .193、住宅改修p .238)

手すりによる短距離の歩行移動が可能な場合には、車いすの立ち座りから便座での立ち座りまでの手すりを設けます。

● トイレキャリー (→p .215)

・便座近くまで寄れる

　介助用車いすよりもさらに小型で、便座近くまで寄ることができます。

・住宅の便器上に組み合わせて使用できる

　ベッド上などであらかじめズボンを脱いでおけば、介助によって、座ったまま便座まで移乗することが可能です。便座の温水洗浄装置は設定が必要です。便座によっては利用できないものもあります。

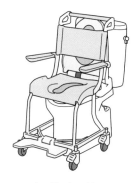

トイレキャリー

● 段差の解消や扉の交換 (→p .241、 p .245)

敷居段差の解消や扉の交換など軽微な改修で便座への移乗のアプローチが改善できる場合もあります。移乗動作により、便器と車いすの位置関係に制約がある場合があり、住宅改修のプランを計画する段階での把握が重要です。

◆ 便座での立ち座り動作

● 手すり (→貸与p .193、住宅改修p .238)

便座まで近寄れる用具や環境が整ったうえで、立ち上がり、身体の向きを変える動作、ズボンの上げ下げの際の立位保持のための手すりの設置を検討します。

● 補高便座 (→p .212)

便器からの立ち上がりが困難、またはその介助負担が大きい場合には、便座の高さをかさ上げすることで、負担の軽減になります。高く上げすぎると、本人の足が床につきづらくなり、便座への腰掛けが浅くなるので注意します。

● 昇降便座 (→p .213)

・補高便座で適した高さを得られない場合

昇降便座を検討します。電動で便座の高さを上下に調整できる用具です。

・昇降のタイプ

便座が水平に昇降するか、臀部を斜め前方に押し出すように昇降するかの選択が可能です。斜めになるタイプは、前方に滑りそうになることがあるため、身体の重さを下肢でしっかりと支える必要があります。

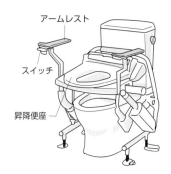

アームレスト
スイッチ
昇降便座

昇降便座（水平昇降タイプ）

便座が斜めに上がるタイプ

●スタンディングリフト（→p .201）

・便座への移乗に利用

臀部を持ち上げた姿勢でのズボンの着脱が可能なので、便座への移乗に利用することができます。

・トイレが狭い場合

離れた広い場所で車いすからリフトに移る、下衣を脱ぐなど、使用方法に工夫が必要です。キャスターが小径なので段差が走行の支障になります。段差解消も同時に検討が必要です。

スタンディングリフト

◆トイレ以外の場所での排泄

トイレまでの移動が困難な場合は、居室などでの排泄方法を検討します。

●ポータブルトイレ（→p .214）

・更衣と移乗が介助なしで可能な場合

　居室内での自立した排泄を目標にポータブルトイレやベッド用手すり、床置き式手すりなどの環境の整備を行います。

・移乗が介助者の身体的な負担になっている場合

　スタンディングリフトやスライディングシートの利用を検討します（p .159、p .201 参照）。

・ポータブルトイレの処理

　ポータブルトイレは、そのつどバケツ内の汚物を処理することが基本です。介助者の不在などで処理できないと、においの問題が発生します。ロボット技術で汚物を自動的に処理する機能をもつポータブルトイレの場合は、スイッチ操作で汚物処理が可能です。

ベッド用手すりを利用した
ポータブルトイレへの移乗

床置き式手すり（天井突っ張り式）を
利用したポータブルトイレへの移乗

⑷　入浴

　このレベルでは、浴槽内での立ち上がりが困難なケースも多く、本人・介助者双方の身体的な負担を少なくするための福祉用具の利活用を検討します。

◆ 浴室までの移動

　車いすでの移動が困難な場合には、浴室内すのこ等で段差を解消し、シャワーキャリーの利用を検討します。そのままシャワー浴をすることが可能です。

●浴室内すのこ（→p .227）

　浴室内に置いて浴室と脱衣室の段差を解消します。設置によって浴槽底と洗い場の段差が大きくなるなど、家族の浴槽のまたぎにも影響します。洗い場の大きさに合わせてのオーダーメイドが基本となります。

● **住宅改修による入り口段差の解消**（→p .241）

浴室内で使用した水が脱衣室側に流れ出ないように、グレーチング（蓋つき側溝）を設けるなどの工夫が必要です。

● **シャワーキャリー**（→p .221）

・浴室入り口の段差への対応

　すのこを入れるなどの対応をしても数cmの段差が残ってしまう場合は、低い段差を乗り越えられる機能をもつシャワーキャリーを選定します。

・シャワーキャリーのタイプ

　後輪固定輪タイプは小さな段差を越えやすく、四輪キャスタータイプは小回りが利きますが小さな段差でも支障となりやすいです。

後輪固定輪タイプ　　　　　**四輪キャスタータイプ**

● **ドアの交換**（→p .246）

浴室ドアが内側に開く関係でシャワーキャリーが入れないときや、入るとドアが閉められないときには、ドアを折れ戸に交換することで浴室内を有効に使用することができます。

◆ 浴槽内での立ち上がり

浴槽内いすや手すりでの立ち上がりが困難な場合、入浴用リフト浴槽固定型による立ち上がりの補助を検討します。

● **入浴用リフト浴槽固定型**（→p .203）

座面が昇降し立ち上がりを補助します。浴室の広さや浴槽の形状によっては、設置できない場合もあります。バッテリーの充電などの保守管理が必要になります。

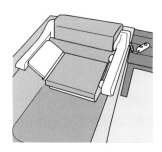

入浴用リフト浴槽固定型

⑤ レベルⅣ：移動などほぼすべての生活行為に介助が必要

1 想定する状態像

◆ 障害高齢者の日常生活自立度の「寝たきり（ランクC）」

　一日中ベッド上で過ごし、排泄、食事、着替えにおいて介助を要する。

1　自力で寝返りをうつ

2　自力では寝返りもうてない

◆ 主な日常生活動作のイメージ

寝返り：一部介助（場合によって全介助が必要）

起き上がり：できない（全介助）

立ち上がり：できない（全介助）

移乗：できない（全介助）

座位：支えてもらえればできる（場合によって全介助が必要）

屋内歩行：できない（全介助）

屋外歩行：できない（全介助）

移動：できない（全介助）

排泄：できない（全介助）

入浴：できない（全介助）

食事：一部介助（場合によって全介助が必要）

更衣：一部介助（場合によって全介助が必要）

◆ 生活のイメージ

・寝返りはサイドレールなど環境が整うことで可能になる場合もあるが、何もつかまらない状態では困難である。

・起き上がりから立ち上がり、移乗は、介助による動作が主で、本人は介助のタイミングを合わせる程度の協力が可能な場合がある。

・屋内の移動は基本的には車いす利用だが、車いすを利用できない狭い環境などではしっかりと抱え込む、または持ち上げるような介助が行われている。

・排泄は便座への移乗が困難で、ポータブルトイレや紙おむつの利用が多くなる。

・浴室内での立位移動は困難で、シャワーキャリーによる移動介助でシャワー浴が主となっている。

浴室・脱衣室
◆ 浴室への移動や浴槽への出入りで、複数の介助者で持ち上げる介助をしていませんか？
◆ 介助者や福祉用具のスペースがなくて困ってはいませんか？
◆ 家で風呂に入りたいと思っているのに、あきらめてはいませんか？

トイレ
◆ 尿意・便意は確認できますか？
◆ 車いすで十分に便座に接近できず、抱え上げるような介助をしていませんか？
◆ トイレに十分な広さがなく、無理な姿勢での介助になってはいませんか？
◆ 紙おむつから尿が漏れて困っていませんか？

居室・寝室
◆ ベッドから車いすやポータブルトイレへの移乗で、持ち上げるなど介助者の過剰な負担になってはいませんか？
◆ 寝返りができないなど床ずれの心配はありませんか？
◆ ベッドで背中を上げると姿勢が崩れてしまうことはありませんか？

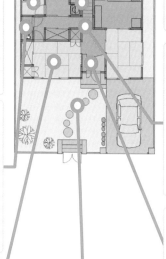

階段
◆ 階段を利用できるレベルではありません。
◆ どうしても階段を利用しなければならない住環境ですか？

廊下～居室・寝室の入り口
◆ 車いすで曲がれない廊下や、入っていけない狭いところはありますか？
◆ 車いすが引っかかってしまい、ドアの開閉ができないという場所はありませんか？
◆ 車いすでの敷居の段差乗り越えが介助の負担になっていませんか？

玄関（内）
◆ 段差の昇降で、介助者が持ち上げるなど、過剰な負担になってはいませんか？
◆ 段差や玄関ドアの幅が狭いなど、車いすの移動に支障はありませんか？
◆ 気軽な外出をあきらめてはいませんか？

玄関（外）～屋外
◆ 舗装されていない路面で、介助者が無理に車いすを押すなど、過剰な負担や転倒などの危険はありませんか？
◆ 段差などで車いすが利用できず、無理に持ち上げて移動したりしていませんか？

　入浴や排泄など生活行為の全般に介助が求められます。介助者の有無によっては一人になる時間の排泄など、時間帯ごとに課題を把握する必要があります。福祉用具の利用や環境を整えることで「できる」ようにすることは、介助負担の軽減と同時に、本人の意欲の維持につながります。

　玄関周りの住環境や車いすなど外出の環境を整えることで、買い物に行くなど社会との関係維持を目指す支援も大切です。

3 福祉用具利活用支援の基本的な考え方

●廃用症候群の予防

　臥位や座位での緊張の少ない安楽な姿勢の保持、適切な時間ごとの姿勢の変換で拘縮や床ずれを予防します。訪問でのサービスが入る時間帯だけの対応で十分とするのではなく、家族の介助で可能な範囲も踏まえたうえで、必要な福祉用具の導入

を検討します。

● 移乗と移動の環境を整え、QOL の向上を目指す

移乗や移動の介助負担が大きいと、できるだけたくさんの生活行為を寝室内やベッド上で済まそうと考えてしまいます。介助者が家族であっても移乗が可能で、ベッドから離れる生活、寝室から出られる生活、さらにデイサービスだけではない外出の機会がもてる環境づくりを目指しましょう。

● 介助負担の軽減

廃用症候群の予防に不可欠な移乗・移動環境は、人的な介助力だけでは実現しません。座位保持性能の高い車いすは人の力による移乗介助が難しいなど用具の短所にも目を向けるようにします。福祉用具個々の機能を活かしつつ、さらに短所を補完する用具を検討するなど、総合的な環境づくりで介助負担の軽減を図ります。

● 介助方法の統一

医療・介護職などを含め多くの人がケアにあたることが考えられますが、各々の技術や体力に合わせて、それぞれが異なった方法で介助を行うことは、本人にとって大きなストレスであり、本人からの介助への協力も期待できなくなります。介助は、家族も含めてすべての人が同じ方法で行うことが原則であり、福祉用具の利活用は介助方法の統一という点においても重要な要素となります。

4 福祉用具利活用支援のポイント

⑴ 起居・移乗

拘縮や床ずれ予防を含めた安眠や安楽な姿勢と、できる限りベッドから離れて生活するための移乗しやすい環境の整備がポイントです。

◆ ベッドでの安楽な姿勢と拘縮の予防

用具の選定と同時に背抜きなど適切な使い方の介助者への周知が大切です。

● 特殊寝台 (→p .148)

目的に応じた背上げ角度を得るために、背と脚が独立して操作できるタイプの選定が基本です。不適切な背上げ操作は身体がずれ、苦痛です。背上げ操作前の寝ている位置の確認や背抜き（マットレスと身体の間に発生するずれ力を取り除く）（p .162 参照）などの適切な使い方を伝えることが大切です。

● マットレス (→p .156)

硬さを本人の好みに合わせることは、安眠を得るためには重要です。そのうえで、床ずれへの対応や寝返りのしやすさなど、課題に対応できるものを選定します。

肩を交互にあげる背抜きの例

◆ 臥位での移乗

　本人、介助者双方が安全で負担が少ない移乗用リフトを利用して、ベッドから離れる時間を増やし、外出など生活圏の拡大につなげます。

● スリングシート（→p.231）

　頭部の支持力や車いす上でのシート着脱の要否などから選定し、試用するなどの適合確認も重要です。

● 移乗用リフト本体（→p.200）

　次のような選定や対応のポイントがあります。

・レール走行型やベッド固定型などのタイプがあります。部屋の広さや床面素材などが選定の要素となります。

・床走行型は横移動時の身体の揺れが大きく、呼吸器等の管類がある場合には介助者を2名体制にするなどの対応の検討が必要になることがあります。

・見よう見まねで使える用具ではありません。本人の心身機能や部屋の広さなどに即した使い方が必須であり、介助者全員が適切に使用できるよう福祉用具提供事業者のサポートが特に重要な用具です。

レール走行型移乗用リフト

◆ 床ずれの予防

直接的な要因である圧迫（圧力とずれ力）の影響を軽減する目的で利用されるため、床ずれの程度や寝返り動作の可否などが選定の要素となります。

● エアマットレス（→p.164）

次のような選定のポイントがあります。

・自力での寝返りがしづらくなることに注意して選定します。

・拘縮や変形が強い、極度に痩せている、難治性の床ずれがある場合などでは厚みが大きい高機能エアマットレスを選定します。

・継続的な体位変換が必要で、介助力が十分に確保できない場合には、自動体位変換機能の付いた機種の選定を検討します。

● 静止型床ずれ防止マットレス（→p.166）

製品によって素材や構造がさまざまですが、一般にエアマットレスよりも寝返り動作などがしやすい特徴があります。腰痛のある人に対しては腰部が沈み込みにくいものを選定します。

● 体位変換器（→p.166）

寝返りの介助と側臥位の保持を楽に行うための用具です。クッションタイプは、四肢や体幹など身体の重さを広い面積で支えるポジショニングの機能も有し、筋の緊張を解き拘縮の緩和の目的でも使用されます。

体位変換器（パッドタイプ）　　　　　体位変換器（クッションタイプ）

● 体位変換機能付きベッド、エアマット（→p.165）

自動で体位変換を行う機能が付属する用具で、介護保険上は特殊寝台やエアマット、体位変換器に分類されています。

● スライディングシート（→p.159）

寝ている位置を修正する介助で発生するずれ力が、仙骨部や肩甲骨などの床ずれの原因となる場合があります。スライディングシートの利用でずれ力を軽減します。

(2)　移動

　ティルト・リクライニング式など姿勢変換機能付き車いすは、座位の可否にかかわらずほとんどのケースでベッドから離れることを可能とします。一方、バックサポートが高いなどの形状から、人手により持ち上げる移乗介助では適切な位置への着座が難しく、また車体が大型であるため、移乗方法や移動動線の整備など、総合的な支援が求められます。

◆ 座位保持能力に対応する車いすの選定と調整

　座位保持性能の高い姿勢変換機能付き車いすを選定したうえで、体格や関節の可動状態に合わせ調整します。また、リクライニング操作に伴うヘッドサポートの位置調整など、日常の使い方について介助者に理解してもらうことが大切です。

● 姿勢変換機能付き車いす (→p.174)

・ティルト機能の活用

　リクライニングに合わせ座面を傾斜させるティルト機能によって、臀部の前へのずれを防ぎ座位が安定します。

・選定のポイント

　背を起こした姿勢で頭部の保持が必要な人では、リクライニングの角度によってヘッドサポートの高さの調整が必要となるため、簡易な操作で調整できる機種を選定します。

　レッグサポート昇降の可動軸が膝関節と並ぶように配置された機種は、レッグサポート角度調節による下腿の長さとフットサポートの長さのずれが少なく、実用的な調整が可能です。

◆ 床ずれへの対応

　ずれ力などを軽減する移乗時の配慮に加え、座位での圧迫を少なくすることが重要です。

● 車いす用クッション (→p.183)

　坐骨、尾骨、仙骨部分の圧力を軽減する圧分散効果の高い車いす用クッションを利用します。

● 車いすの除圧操作 (→p.179)

　ティルト・リクライニング機能を活用し、臀部にかかる重さを背部に移す除圧操作を行います。

圧分散効果の高い空気室構造のクッション　　車いす姿勢変換機能での除圧操作

◆ 外出のための環境整備

　屋外だけ車いすという移動が考えにくい状態像のため、屋内から公道や駐車場まっでを考えた外出しやすい環境づくりが大切な支援ポイントです。

● 可搬型スロープ（→p.197）

　姿勢変換機能付き車いすは大型で重量もあるので、一般的な目安より緩やかな傾斜になるよう長めのタイプを選定します。

可搬型スロープ（一体型）

● テーブル型段差昇降用リフト（→p.204）

　設置場所の広さの制限や車いすの移動方向によっては、テーブル上で90度方向転換を行うタイプを選定します。コンクリートなどで舗装された床面が必要です。

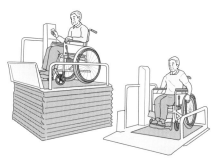

テーブル型段差昇降用リフト

● スロープの施工 (→p.241)

・必要な広さの検討

　車いすの大ささではなく、移動時のリクライニングやレッグサポートの角度を前提として回転半径などを測定し、必要な広さを検討します。

・傾斜の設定

　傾斜は可搬型スロープ同様に一般的な目安よりも緩やかに設定し、介助者の車いすを押し上げる筋力に合わせる視点も必要です。

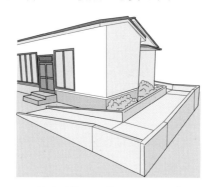

住宅改修で設営したスロープ

⑶　排泄

　安定した座位がとれない場合はベッド上での排泄を前提とし、尿意の有無、介助者の負担から福祉用具を選定します。夜間は、安眠や介助負担の低減など日中とは異なる対応が求められる場合もあります。

◆ ベッド上で排泄

　尿意の有無や介助者の状況から検討します。

● 紙おむつ (→p.258)

　紙おむつの原則的な利用方法は、テープ止めなどの排泄アウターと、排泄インナーとしての尿パッド1枚の組み合わせです。尿漏れがみられる場合、排泄アウターのサイズが大きすぎる、排泄インナーの尿パッドが排泄アウターに合っていないなどの原因が考えられます。

● 尿瓶・自然落下型集尿器 (→p.216)

　尿意があり自分で尿器を当てられる、または尿意を伝えることができて介助者も対応できる場合に利用が可能です。介助負担の軽減などの理由で、何回分かの尿をためておきたい場合には、自然落下型集尿器を選定します。

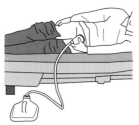

自然落下型集尿器

● 差し込み式便器 (→p.217)

臀部の下に挿入するベッドパンタイプでは、身体が反り気味になります。腰痛への影響を考慮した腰上げの少ない形状のものもあります。

● 自動排泄処理装置 (→本体p.209、交換可能部品p.217)

尿処理専用のタイプと、尿と便を処理するタイプがあります。

尿処理専用のタイプでは、尿意を感じたときに、本人または介助者がレシーバーを陰部にあてる使い方が基本です。尿と便を処理するタイプは、ベッド上での体動が少ない場合に利用が可能です。

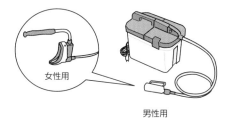

女性用
男性用

自動排泄処理装置 (尿処理専用タイプ)

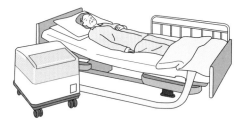

自動排泄処理装置 (尿と便を処理するタイプ)

⑷　入浴

本人や家族があきらめ、最初から自宅での入浴を希望しないことも少なくありません。入浴用リフトは、ほとんどのケースで大規模な改修なく利用が可能です。

◆ 自宅の浴室での入浴

入浴用リフト本体と吊り具の選定が必要です。ベッドとシャワーキャリーの間についても移乗用リフトを利用することで、移乗の負担を大幅に軽減できます。

● 入浴用リフト本体 (→p.203)

設置を検討する際には次のようなポイントがあります。

・脱衣室からの吊り上げが可能なものでは、浴室入り口に段差があっても支障はありません。

・取り付け方法は浴室のつくりによって異なりますので、メーカー等の担当者が現地を確認し、設置の可否などを判断します。

・支柱などの配置が介助動作や家族の入浴に支障にならないか確認し、支障がある場合は別の機種を検討します。

・やぐらを組むタイプでは、入り口の建具が折れ戸や開き扉の場合には交換が必要な場合があります。

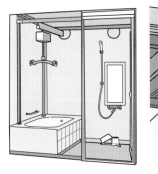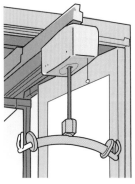

やぐらを組むタイプの入浴用リフト。脱衣室側にレールが伸びる機能を持っている

●吊り具（→p.231）

　次のような選定のポイントがあります。

・スリングシートは水切れの良いメッシュ生地ものの選定が基本となります。

・シート型スリングシートでは、ベッド上での脱衣後に装着したスリングシートを入浴でもそのまま利用します。

・脚分離型スリングシートは車いす上で装着可能です。

・スリングシートを利用する場合、身体を洗うための入浴用いすが必要です。

・シャワーキャリー型吊り具は、移動のためのシャワーキャリーと浴槽に入る吊り具、身体を洗うときの入浴用いすとして兼用できます。
　ベッド等からシャワーキャリー型吊り具への移乗方法についての検討が必要です。

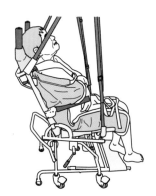

シャワーキャリー型吊り具

第 4 章

健康状態からの
福祉用具利活用支援
アプローチ

第1節　健康状態から見る福祉用具利活用支援のポイント

生活機能は健康状態から大きな影響を受け、疾患の種類と程度により特徴づけられます。"その人"に適合する福祉用具を考えるにあたり、前章で整理した生活機能からの視点と合わせ、健康状態からの視点で福祉用具の利活用モデルを整理し、イメージできることもまた大切なスキルとなります。

この章では、支援対象として比較的多いケースとなる疾患ごとに、生活機能の特徴に合わせた福祉用具利活用支援のモデル的なアプローチを考えてみたいと思います。

健康状態から見る
福祉用具利活用支援のポイント

① 床ずれ（褥瘡）

　床ずれ（褥瘡）は治りにくく、一度できてしまうと座位で過ごす時間を制限されるなど、生活の質に大きな影響を与えてしまいます。単に用具を選定し使用するのではなく、床ずれに対する正しい理解を前提に、現状と要因を探り、介助方法や過ごし方なども含めた総合的な視点で対応を検討していくことが大切です。

1 「なぜできたのか」を踏まえた対処が重要

　床ずれ防止用具は、床ずれができそうな状態や、できてしまった人に対する悪化の予防、それらの人に対する介助負担の軽減を目的として利用されますが、床ずれへの福祉用具利活用での支援は床ずれ防止用具だけではありません。

◆ 床ずれの原因

　骨の突出部など身体の一部分に重さなどの力が集中し、圧迫を受けた部分の血流が悪化したり毛細血管が損傷したりすることが床ずれの直接的な原因です。これにより皮膚や筋肉などの組織が壊死した状態が「床ずれ」です。

　圧迫は、持続時間や頻度から評価する視点も大切です。同じ圧迫の力であっても、持続時間が長い、頻度が多いことにより床ずれの危険性は増大します。

◆ 床ずれの危険性を高める要因

　床ずれに対応するためには、直接の原因である圧迫を発生させる要因や、少ない圧迫でも床ずれになりやすくしている要因を把握し、取り除ける要因すべてに対し適切に対処することが求められます。

● **心身機能の要因**

　栄養状態の低下、むくみ、病的な骨突出、関節の拘縮などです。

● **活動の要因**

　不活発な生活、寝返り困難、入浴困難や失禁などによる皮膚の湿潤や汚染などです。

● **環境の要因**

　不適切な介助方法、生活機能に合わない車いすなど不適切な用具の利用です。

◆ 原因となる圧迫

圧迫には、圧力とずれ力の２つの力があります。

● **圧力**

圧迫によって皮膚にかかる垂直方向の力です。体重によって座骨と座面の間で組織が押しつぶされたり、肘がサイドレールなど硬い箇所に押しつけられることなどで発生します。

● **ずれ力（摩擦力）**

圧迫によって皮膚表面や組織内部、筋肉と骨の間に発生する横方向の力です。圧力を受ける組織の中では、圧力に沿った方向でのずれ力（摩擦力）が発生します。ずれ力は皮下組織や毛細血管にねじる、引っ張る、つぶすなどさまざまな力を加え破壊します。

ずれ力は、不適切な方法での介助や、車いすやベッド上での姿勢の崩れなどの原因で生じ、短時間で組織にダメージを与えることもあります。

図 4-1　**床ずれの原因となる圧迫**

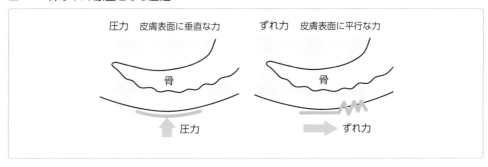

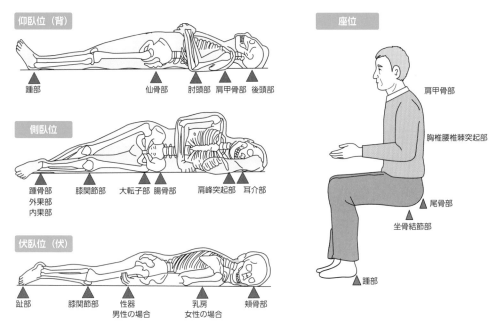

仰臥位（背）

踵部 仙骨部 肘頭部 肩甲骨部 後頭部

側臥位

踵骨部
外果部
内果部 膝関節部 大転子部 腸骨部 肩峰突起部 耳介部

伏臥位（伏）

趾部 膝関節部 性器
男性の場合 乳房
女性の場合 頬骨部

座位

肩甲骨部

胸椎腰椎棘突起部

尾骨部

坐骨結節部

踵部

姿勢による床ずれの主な好発部位

3 ベッドに関連する床ずれの原因と対応

　仰臥位姿勢では仙骨部や肩甲骨部、踵部、側臥位では大転子部などで床ずれの危険が大きくなります。臥位や背上げ姿勢の際の圧力や、ベッドの背上げ操作、操作後のずれ落ちた姿勢でのずれ力が原因として考えられます。

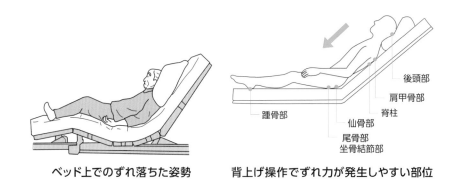

後頭部
肩甲骨部
脊柱
踵骨部
仙骨部
尾骨部
坐骨結節部

ベッド上でのずれ落ちた姿勢　背上げ操作でずれ力が発生しやすい部位

◆対応

●適切なマットレスの選定（→p.164）

　寝返りなどの除圧動作ができない、体位変換が十分に行われない場合は、床ずれ防止機能を備えたものを選定します。

●体位変換とポジショニングの実施（→p.167）

クッション・パッドタイプの体位変換器などで除圧とともにリラックスできる姿勢をつくり、床ずれの防止と拘縮の緩和を目指します。体位変換機能をもつエアマットレスや特殊寝台は介助負担の軽減に効果がありますが、関節を動かす機会が減るなどのマイナス面も評価し、対応をする必要があります。

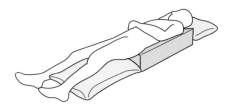

体位変換器を用いたポジショニング

●ベッド上で本人を引きずる介助をしない（→p.159）

寝ている位置を修正する介助で引きずってしまうとずれ力が発生します。スライディングシートを利用するとずれ力を軽減させることができます。

●極端な尿パッドの重ね使いをしない（→p.258）

尿パッドを重ねていると仙骨部が盛り上がって圧迫が大きく、床ずれ防止マットレスの効果が得られないこともあります。排泄アウターと尿パッドの適切な利用は床ずれ防止の観点からも重要です。

●背上げ操作時のずれ力を減らす（→p.162）

特殊寝台の背上げ操作でずれ力が発生します。寝る位置を合わせる、背上げの前に膝を上げる、背抜き（マットレスと身体の間に発生するずれ力を取り除く）を行うなど、適切な方法で操作します。

４ 車いすに関連する床ずれの原因と対応

車いす上でのずれ落ちた姿勢では、仙骨部のほか肩甲骨部や、フットサポートと接触する下腿、踵部などに床ずれが発生しやすくなります。

◆対応

●ずれ落ち座りにならない車いすの選定と調整（→p.173）

車いす上での座位姿勢が崩れる要因は、心身機能や身体の大きさとの適合の問題、適切なクッションが使われていないことによる臀部の痛みなど複数あります。車いすの選定と調整、車いす用クッション等の利用、座位の継続時間の調整などを行い、適切な姿勢で座れるよう支援します。

 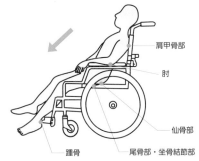

	肩甲骨部
	肘
	仙骨部
踵骨	尾骨部・坐骨結節部

車いすでのずれ落ちた姿勢　　ずれ落ち座りでずれ力が発生しやすい部位

● 適切な座位姿勢での床ずれ

　適切な座位姿勢は、仙骨部の圧迫が少ない代わりに坐骨結節部の圧迫が高まる傾向があり注意が必要です。坐骨結節部の圧迫を分散する車いす用クッションの利用や、座位時間の制限、一定時間ごとに除圧の動作を行うなどして対応します。

5 移乗での床ずれ要因と対応

　背と足を持ち上げて回転させる起き上がりの介助や、ズボンを引っ張り上げる移乗介助によりずれ力が発生し、床ずれの原因となります。心身機能の状態や環境に合った適切な移乗用具を用いて、本人と介助者の双方が安全な移乗を行います。

◆ 対応

● 引きずらない、人力では持ち上げない

　介助者はしっかりと持ち上げて移乗介助しているつもりでも、仙骨部などがマットレスに接触していたり、踵（かかと）を引きずってしまったり、下腿を車いすのフットサポートにぶつけてしまったりなどの要因で、床ずれが発生します。また、ズボンのゴムを持ち上げて立たせる介助は、臀裂部（お尻の割れ目）にずれ力がかかり、床ずれの原因となります。

床ずれの原因になる不適切な介助方法

② 脳血管疾患

　脳血管疾患は、麻痺による運動機能の障害や認知機能、高次脳機能の障害の程度により状態像の幅が広く、機能訓練の到達に合わせた環境づくりが大切です。

1 居室環境の整備
◆ 特殊寝台・マットレスの選定

　寝返りなどの動作がしやすい硬さのマットレスを選定します（p.156 参照）。背上げ機能により起き上がりの補助を行うレベルでは、本人がスイッチ操作を行うことができるか認知機能や高次脳機能の面から確認します。

◆ 特殊寝台の配置

　ベッドは健側（麻痺のない側）からの乗り降りと、トイレ等への動線のつながりから考えます。移乗は、本人の生活機能の状態により複数の方法が考えられますが、無理に持ち上げる介助を行わないよう、トランスファーボード等の用具の利用も視野に入れ配置を検討します。ベッド用手すりの利用を基本とし、車いすへの移乗がある場合には足側斜め方向からアプローチができるようにします。

基本的な車いすのアプローチ方向（左片麻痺の場合）

2 屋内移動環境の整備
◆ 手すりの配置

　横方向への歩行（カニ歩き）ができず、往復それぞれに手すりが必要な歩行状態では、動線すべてを手すりでカバーするプランは現実的ではありません。段差や曲がり角、トイレなどの狭い場所といった必要性や危険性の高い箇所のみを手すりにして、杖と併用した対応が基本となります。

　手すり区間は、可能であれば患側（麻痺側）で杖を持つ、介助者に杖を持ってもらう、複数の杖を用意するなどの対応が必要です。

◆ 敷居段差のスロープ

　患側の足が段差に引っかかりにくくなる効果がある反面、短下肢装具を装着して

いる場合はスロープ上に患側の足がのると不安定になります。効果と制約の両面から必要性を検討します。

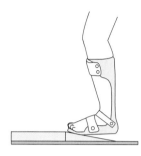

短下肢装具着用でスロープに足をつくのは不安定なので、スロープをまたごうとすることが多くなる

◆ ドアノブ等の操作

　杖を利用する場合は、杖を持ちながらドアノブの操作が可能かどうか検証し、必要であればレバー式ドアノブなど杖を持ちながらでも操作しやすいものへの変更を行います。また、ドアを閉めずに常に開けておくという解決方法もあります。

◆ 車いすの利用

　片手片脚こぎでの車いすのフィッティングについては、足が床につきやすい低座面として駆動力の確保を優先する考え方と、下腿の長さに合わせた座面の高さで姿勢の安定を優先する考え方があります。訓練などですでに車いす操作に慣れている場合は、慣れているそのフィッティングを踏襲しますが、低座面のフィッテングで座位の崩れがひどい場合などは見直しも必要です。

　住宅内での狭い廊下では、高次脳機能障害の影響で車いすの幅の感覚がつかめずにうまく走行できない場合もあります。物理的な車いすのサイズだけで走行できるかどうかの判断をすることは適切ではありません。

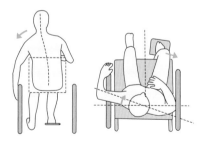

駆動力の副作用で身体が傾き旋回してしまう

3 排泄環境の整備
◆ 歩行でのトイレ利用

　介助力も含めトイレまでの移動が可能であれば、排泄動作を補助するトイレ内の

環境をつくります。入り口から便器までの移動は往復ですが、トイレが狭く移動が短い場合や、横や後ろ向き歩行ができる場合は片方だけの手すりで対応できることもあります。

便座に座って健側の縦手すりは、身体の方向転換から立ち座りの一連の動作に利用可能です。縦手すりを身体に引きつけて立つ動作に慣れていると、ひじ掛けタイプのトイレフレームでは立てない場合もあります。

図 4-2　左片麻痺の人のトイレ動作と手すりの目的

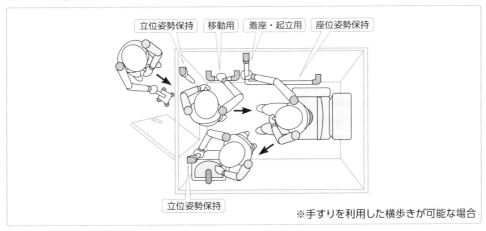

立位姿勢保持　移動用　着座・起立用　座位姿勢保持

立位姿勢保持

※手すりを利用した横歩きが可能な場合

◆ 車いすでのトイレ利用

一般的な広さのトイレでは車いすでの移動は困難であり、大規模な改修が必要となるケースが多くあります。その際、「バリアフリーにすれば大丈夫」ではなく、車いすでの便器へのアプローチ、立ち座りのための手すりの配置など、片麻痺の人の生活機能に合わせた環境づくりが必要です。障害に不慣れな建築会社の対応では、左右逆のバリアフリートイレができ上がるようなトラブルも少なくありません。

麻痺側によって便器の配置は異なる

4 入浴環境の整備
◆ 浴槽のまたぎ

立位で浴槽をまたぐことが困難な場合は、座位でまたぐことを検討します。移乗台やバスボードは健側から入る手順を基本とし、模擬的な動作で実用性の評価を行

うなどして決定します。

◆ 浴槽内の立ち上がり

　浴槽内での立ち上がりでは、浴槽内いすなどの福祉用具を利用せずに動作の工夫によって立ち上がりが可能となる場合もあります。洗身で背中を洗うことが難しい場合には、ボディブラシなどの自助具が有効です。

図 4-3　右片麻痺の人の浴槽内の立ち上がり動作

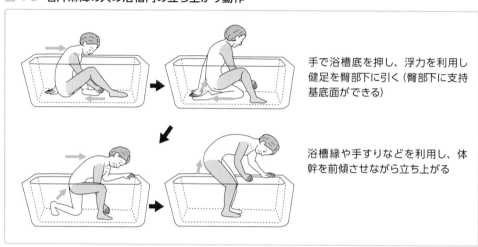

手で浴槽底を押し、浮力を利用し健足を臀部下に引く（臀部下に支持基底面ができる）

浴槽縁や手すりなどを利用し、体幹を前傾させながら立ち上がる

5　生活の工夫

　瓶のふたを開ける、タオルを絞るなど本来は両手で行う動作や、利き手ではない手での動作などに、さまざまな困難があります。自助具など工夫された用具をうまく活用し、人に頼らない生活を目指します。

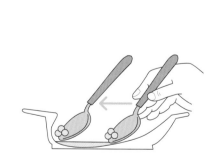

すくいやすい形状に工夫された皿

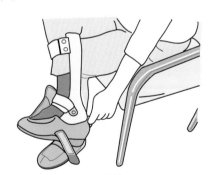

つま先まで大きく開き踵（かかと）にループの付いた靴

③ 関節リウマチ

　関節リウマチは、動きすぎや無理な動作で、発熱や変形、拘縮など症状が悪化することがあります。また、日によって、時間帯や天候などによって症状に変化があり、特に起床時に関節のこわばりが強くなることがあります。福祉用具では、不調時の安楽と予防の観点も踏まえて関節の負担を軽減させる支援が大切です。

1 関節負担の軽減
◆立ち上がり動作の補助

　いすや便座、ベッドからの立ち上がりでは膝など関節への負担が少ない高さ設定が重要です。昇降機能のあるいす、便座では補高便座や昇降便座（p.212参照）、ベッドでは高さ調節機能があるものを利用して対応します。床からの立ち上がりが必要なときには昇降座いす（p.202参照）を検討します。

便座の上に置くタイプの補高便座

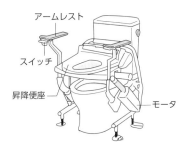

水平昇降タイプ

アームレスト
スイッチ
昇降便座
モータ

◆起き上がるまでに時間がかかるとき

　朝のこわばりが強く、起き上がりに時間を要するケースでは、ベッドの背上げ機能を利用して身体への負担の軽減を図ります。

2 移乗支援用具を利用する際の注意点
◆スライディングボード・スライディングシートの注意点

　スライディングボード等での座位移乗では、膝の関節にねじれる力がかからないよう、数回に分けて足の位置を調整しながらゆっくりと移乗するなど工夫が必要な場合があります。また、足元に回転盤を置くと膝の関節へのねじれる力が軽減されます。

◆スタンディングリフトの注意点

支持点となる膝の関節や、パッドを入れて腕を
持ち上げる機能では肩関節の負荷の影響につい
て、十分にアセスメントを行う必要があります。

膝や肩関節などの負担に注意する

③ 歩行支援用具の選定

力を入れて握る動作は、指関節の負担となり痛みや変形などの原因となります。
指、手首、肘等の関節負担を考慮して選定します。

◆ 手すり

握らずに利用する平手すりにより身体を支え、歩行を安定させることが基本です。
肩や肘の関節の症状から、腕が上がらないこともあることを考慮し、無理に手を伸
ばしたり上げたりすることのないよう配慮します。

◆ 杖

オフセット型でグリップがスポンジ素材のものは、指をそろえて握ることができ、
指関節の負担は小さくなります。ロフストランド・クラッチは、手と前腕の２点で
支えるので手首の負担が軽減されます。手首の負担がさらに小さいプラットフォー
ムクラッチは「リウマチ杖」ともいわれます（p.190 参照）。

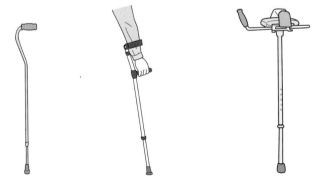

オフセット型　ロフストランド・クラッチ　プラットホームクラッチ
（リウマチ杖）

4 段差・階段の昇降

玄関の上がりかまちなど一般的な段差の高さでも、膝の関節などへの負荷を減らすことを目的として手すりや踏み台などを検討します。

◆ 段差昇降用リフト

玄関の上がりかまちで、手すりや踏み台よりもさらに膝関節等への負荷を減らす必要がある場合には、段差昇降用リフトを検討します（p.204参照）。いす型はいすへの立ち座りが必要で、その際に膝の負担が発生しますが、座面の高さの調整が可能です。テーブル型は座ることがないので、立ち座りの負担はありません。

◆ いす型階段昇降機

階段の昇降で、手すりよりもさらに負荷を減らす必要がある場合には、いす型階段昇降機を検討します（p.273参照）。設置工事を伴い介護保険の適用はありませんが、昇降に必要な動作はいすへの立ち座りとスイッチ操作だけになります。

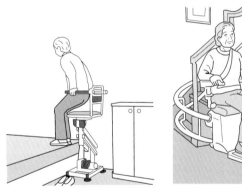

いす型段差昇降用リフト　　　いす型階段昇降機

5 生活の工夫

関節リウマチの症状である関節の炎症は身体全体に及びます。生活全体の中で痛みを緩和したり進行させないような環境づくりの支援を行うことが大切です。

◆ 更衣・整容

腕が上がらない、指先でつまむことができないなどにより、髪を整えることや着替え、ボタンを留めるなどの動作に支障がある場合には、リーチャーやボタンエイドなどの自助具を利用します。自助具には、軽い力で可能な爪切りや、小さな動作で靴下を脱ぎ履きするものなどがあります（p.261参照）。

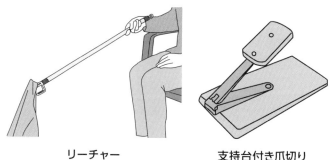

リーチャー　　　　　　　　　　支持台付き爪切り

◆ 家事

　関節リウマチは成人女性の発症が多く、家事への影響も少なくありません。手指や手首の関節を守るために、調理器具や食器は軽量のものを選ぶ、できるだけ両手で扱うものを選ぶなどの工夫が効果的です。長時間の立ち仕事も負担になるため、座って家事ができるような高めのいすを利用することもあります。

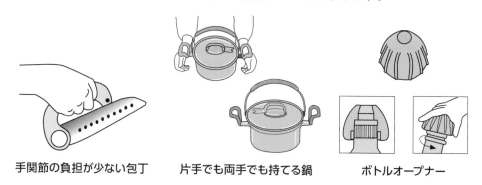

手関節の負担が少ない包丁　　片手でも両手でも持てる鍋　　ボトルオープナー

④ 脊髄損傷

　脊髄損傷は、交通事故を原因とする若年層の障害というイメージもありますが、高齢者においても転倒などにより発症するケースが少なくありません。損傷の部位や程度により生活機能には大きな違いが現れますので個別のアセスメントが大切です。ここでは主に車いす生活レベルを想定した福祉用具利活用のポイントについて見てみます。

1 移動と移乗の支援

◆ 車いすの選定

　上肢の機能を積極的に活用する観点から、体格や心身機能に合った、身体障害者手帳による補装具としての車いすを視野に入れた支援が必要です。

◆ スライディングボード・スライディングシートの活用

上肢の機能での移乗では、腕の力でお尻を浮かせ（プッシュアップ）横方向に移動する移乗方法が基本となります。ベッドから車いすへの移乗で隙間が大きいときはスライディングボード、お尻が十分に浮かせられないときはスライディングシートの活用を検討します（p.159 参照）。

◆ 移乗用リフトを利用した移乗

自立移乗が困難な場合は移乗用リフトを利用しますが、介助者が必要です（p.199 参照）。

2 床ずれの予防

ベッド上では仙骨部や踵部、車いす上では坐骨結節部や尾骨部などの床ずれに注意します。減圧性能の高いマットレスはベッド上での動きをしづらくしますので、動きやすさとの両立を考慮してマットレスを選定します。

3 外出

できるだけ介助に頼らずに外出できる環境を整えることが大切です。自分で操作できるテーブル型段差昇降用リフト（p.204 参照）や、昇降可能な傾斜のスロープを計画します。昇降可能な傾斜は人それぞれです。バリアフリー基準とされる15 分の 1 の傾斜（屋外）では、自力で上ることができないことも少なくありませんので、個別の評価が大切です。

4 排泄環境

便座に移らない排泄方法をとることもあり、どのような排泄スタイルなのかを確認する必要があります。

◆ 便座への移乗

前提として車いすでも入れる広さのトイレが必要です。手すりを利用して移乗する場合と、移乗台を利用する場合があります。

● 手すり

腕の力でお尻を浮かせるプッシュアップにより移乗するので、横方向の手すりが基本となります。車いすのアプローチ方向によって配置が異なりますので、具体的な動作の確認が必要です。

●高床式トイレ

　下衣の着脱なども行えるように「高床式トイレ」と呼ばれる便座を囲む台を利用します。姿勢の保持のために手すりを併用することもありますが、握るのではなく手すりと壁の間に腕を入れて引っ掛けるように使うこともあります。

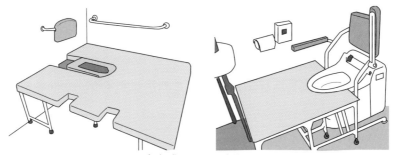

高床式トイレの改修例

●トイレキャリーの利用 (→p.215)

　直接便座へは移乗せず、トイレキャリーに移乗し便器上に移動します。洗浄便座の機種によっては、陰部洗浄機能を利用できない場合があります。自走はできないので、移動は介助によることが基本となります。

◆ 便器以外での排泄

　排尿では、導尿、集尿器、男性ではコンドーム型装着集尿器などの利用があり、集めた尿の処理や衛生管理に合わせた環境づくりが求められます。排便はベッド上で行うことがあります。

5 入浴

◆シャワー浴の環境

●移乗台

　腕の力でお尻を浮かせるプッシュアップの動作で移乗します。移乗台の大きさは、身体機能によりさまざまで、浴室全体を高床とする場合もあります。

●シャワーキャリー (→p.221)

　シャワーキャリーに移乗し、シャワー浴を行います。自走はできないので、移動は介助が必要です。

◆浴槽に入る環境

●浴室用リフト (→p.203)

　上肢の力では困難なことが多く、浴室用リフトの利用を検討します。

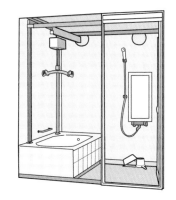

車いす座面の高さに合わせた移乗台　　浴室用リフト

⑤ 下肢切断

　下肢切断は、交通事故などの外傷によるもののほか、高齢期には糖尿病に起因した発症もあります。義足を利用する人でも入浴などで義足を外す生活行為もあり、場面別のアセスメントが大切です。

1 入浴

◆ 浴槽のまたぎ動作

　義足を外した状態での確認が必要です。座位でまたぐ動作を基本とし、バスボードや移乗台（p.226参照）を検討します。浴槽内での立ち座りは、浴槽内いす（p.224参照）や入浴用リフト（p.203参照）で対応しますが、下肢機能と腕の力に個人差が大きく個別の検討が必要です。

◆ 浴室用リフトの利用

　スリングシートは下肢切断に対応したものを選びます。下肢切断に対応する脚分離型の閉脚式シートは接触面が広く安定しています。

閉脚式シート

2 移動と移乗の支援

◆ 車いすの選定

　下肢の重さがないため、車いすが後方に転倒しやすくなります。駆動輪の車軸位置を調整できる車いすでバランスを調整するか、転倒防止装置付きを選定します。スロープの傾斜にも注意が必要です。

◆ 移乗

　上肢でお尻を浮かせるプッシュアップにより横方向に移乗するスタイルでは、座位移乗の環境設定が基本となります。移乗用リフトを利用する際のスリングシートは下肢切断に対応したものを選びます。

3 特殊寝台の選定

　膝上げ機能は、臀部の前へのずれを防ぎ姿勢の安定を図る機能なので、両下肢が切断されていても必要です。

⑥ 変形性関節症

　変形性関節症は、軟骨などの損傷により、膝や腰、股関節などに痛みやこわばりが発生します。関節への負担を減らすための筋力強化など、適切な運動が推奨されています。痛みがあることにより活動が低下するとさらに筋力が弱り、痛みが増強するという悪循環を断ち切るためにも、適切な福祉用具などによって安楽に活動できる環境をつくり、活動機会を維持することが大切です。

1 痛みに対応する環境づくり
◆ 立ち上がりでの腰の痛み

　コルセットの利用や腰の痛みがある場合に便座から立ち上がるときは、トイレフレームまたは便座両側の横手すりを検討します。その際、下衣の着脱や方向転換といった立位での動作を補助する高さの手すりを別に配置する必要性についても併せて検討します。

◆ 左右差のある膝の痛み

　膝の痛みに左右差がある場合、痛みのある側の負荷を軽減する観点が必要です。
● 段差の昇降

　「痛みの少ない足から上り、痛みのある足から下りる」動作に合わせて段差に手すりを配置します。特に高めの段差の昇降で身体を横に向けてカニ歩きになる場合では、手すり配置と動作の関係で負荷のかかる脚が限定されるため、痛みのある側に負荷が集中しない配置とするなどの注意が必要です。

身体を横に向けた段差の昇降

● 便座などでの立ち座り

縦手すりを利用した立ち座りの動作では、手すり側の足により大きな負荷がかかります。健側に手すりを設けることで、患側の負担を減らすことができます。

2 自助具の活用

足の爪が切りにくくなったり、靴下の脱ぎ着が難しい場合などでは自助具の活用を検討します（p .261 参照）。

⑦ パーキンソン症候群

パーキンソン症候群は、進行性の疾患で手足の震えや筋肉のこわばり（固縮）が見られます。ほぼ介助を必要としない状態から、起立や歩行が困難な状態まで生活機能の状態はさまざまです。また、時間帯によって症状が異なるケースも多く、ていねいなアセスメントが求められます。

1 歩きやすく転倒しない環境づくり

パーキンソン症候群では、一歩目が出にくい「すくみ足」、歩幅が小さい「小刻みな歩行」、足を床にすって歩く「すり足」、前のめりで徐々に早足になる「加速歩行」のような歩行障害が見られます。心身機能の衰えを防ぐために積極的な活動が推奨されており、転倒しない歩き方の工夫や住環境づくりを重視した支援が大切です。

◆ 歩行移動の支援

症状により杖を使うと良い場合もありますが、転倒を予防するためには歩行状態を見極めて、早めに次の歩行手段の検討を始めることが大切です。

● 歩行器・歩行車（→p .190）

固定型歩行器は、グリップに体重をかけるとブレーキがかかり前に進まないので、

加速歩行の抑制に効果があります。交互型は手と足の動作の調和が可能か、試用や練習を経て判断します。

● 抑速機能付き歩行車

歩行車が先行し足がついていかない状況があるときには、抑速機能付きの歩行車を選択し、抑速ブレーキの強さを調整して利用します。

◆ 住環境の工夫

同じような転倒のパターンを繰り返すともいわれています。大事に至る前に具体的な対応を検討しましょう。

● 動線の検討と整理整頓

歩行障害は、方向転換や狭い場所で現れやすいので、トイレなど頻回に通る動線は曲がることが少なくなるよう、ベッドの位置や家具の配置などを工夫します。

● ドア開閉動作 (→p.245)

ドアを手前に開く際に後方にバランスを崩すなど、ドア開閉も転倒しやすい動作です。立位を保持するための手すりを設ける、ドアを引き戸にする対応のほかに、ドアを閉めない、夜間のトイレのために寝る前に家族が開けておくなどの対応が考えられます。

● 手すりの配置 (→p.238)

手すりが途切れると歩行が止まってしまい次の一歩が出にくくなります。できるだけ連続して、または右手から左手に持ち変えられるような間隔で配置します。手すりの間隔が広がると、次の手すりに向かって突進するような動作になることがあります。連続した手すりが難しい場合では、歩行器や歩行車のほうが安定した歩行につながることがあります。

● 段差の解消 (→p.241)

すり足の歩行では小さな段差でもつまずきやすいので、敷居など段差の撤去を進め、撤去できない場合では段差スロープで解消します。また、毛足の長い絨毯など床材によっては歩きにくいことがあるため、床材の変更を検討します。

2 起居動作と立ち眩みへの対応

◆ 起居動作の支援

筋肉のこわばりで寝返りなどの動作が行いにくい場合は、特殊寝台の背上げ機能やベッド用手すりを利用します。立ち上がりが困難な場合は、足が床についた状態でベッドの高さ調節を行い、動作を誘導します。

◆ 立ち眩みの対応

　立ち上がりでは血圧が下がり、立ち眩みすることがあるので、ベッド用手すりなどで動作の安定と転倒予防を図ります。

3 排尿障害への対応

　パーキンソン症候群では、膀胱の機能障害により頻尿や排尿困難の症状が現れる場合があります。薬の調整など医療的な対応の可能性を確認したうえで、排尿しやすい環境を整える福祉用具や住環境からの支援も重要です。

◆ 夜間の排尿

　寝室がトイレに隣接する住環境では、夜間でもトイレまでの移動を円滑に行える環境づくりを目指します。しかし、移動が危険であったり、切迫した尿意で間に合わないことが多い場合や、介助負担が大きい場合には、ポータブルトイレ（p .214 参照）や尿器（p .216 参照）を検討します。

　極度の頻尿の場合では、安眠できることを優先して紙おむつ（p .258 参照）を利用することも検討します。

4 座位姿勢の保持

　姿勢保持の困難は、症状の進行につれて立位だけではなく座位にも起こります。極端な前傾姿勢になることが多く、身体が固まってしまったようになり、介助でも容易には起こせないことが多くあります。適切な姿勢を維持できないと、ベッド上での生活時間が長くなり、活動の縮小から意欲の低下につながります。適切な座位を維持できる物理的な環境をつくる支援が重要です。

◆ 便座での姿勢保持

　排泄時間が長いと便座の上で姿勢が崩れてしまうことがあります。まずはトイレフレームのようなひじ掛け式の手すりで座位の崩れを予防します。それでは対応できないレベルでは、身体の前方で支持する手すりやテーブル状の支持台を検討します。

前方に寄りかかれるトイレフレーム

適切な姿勢の保持は食事の場面でも重要です。体幹が前傾した姿勢で頭だけを起こすと、誤嚥しやすい頸部の角度になります。背もたれの角度を調整できるいすを利用するなど、誤嚥しにくい適切な姿勢づくりを目指します。

⑧ 筋萎縮性側索硬化症 (ALS)

筋萎縮性側索硬化症 (ALS) は、さまざまな動作を調整する神経が侵されることにより、全身の筋肉が動かしにくくなる疾患です。手足の麻痺、舌やのどの動きの悪化による嚥下や言語の障害、呼吸の障害など、進行には個人差もあり段階に応じた支援が求められます。言語や筆談でのコミュニケーションも困難になる状態では、意思伝達装置の利用に向けた支援が必要になります。

1 転倒の予防

手足の麻痺や筋力の低下により転倒しやすくなり、一度転倒すると繰り返しやすくなります。特に、歩行移動から車いす移動への移行期が最も転倒しやすいといわれており、状態に応じた対応が求められます。

◆ 歩きやすい、転倒しない環境づくり

● 歩行補助用具・車いすの利用 (→p.186、p.167)

歩行状態に合わせた歩行補助用具や、転倒の危険が大きい移動場面では車いすを利用します。一方で筋力維持のために、安全を図ったうえで身体を動かすことも重要と指摘されており、場面ごとに用具を使い分ける視点が大切です。

● 手すりの利用や段差の解消 (→貸与p.193、住宅改修p.241)

段差昇降など大きく身体を動かす箇所や、トイレなど移動頻度の高い箇所から手すりを設けたり、段差を解消するなどして安全な環境づくりを支援します。

2 上肢動作のサポート

腕を動かしにくくなると、食事や字を書くことなどの作業が困難になります。自分の腕の重さが制約となり腕を動かせない状態では、バランス前腕装具 (BFO) (p.265参照) の利用を検討します。腕の重さを支持しながら、ごくわずかな筋力でも腕の動きを制約することなく円滑に自由に動かせるようにするもので、補装具の分類になります。

バランス前腕装具

3 座位の安定をサポート

座位の安定は上肢での作業にも影響を与えます。座ることは食事や入浴などさまざまな生活行為の中で行われており、場面ごとの対応を検討します。

●リクライニング機能を備えたいす

日中の長い時間を過ごすいすとして、リクライニング機能を備え体幹が左右に倒れないいすが必要です。車いすでは臀部の前へのずれを防ぐティルト機能が重要です。リクライニングでは角度ごとにヘッドサポートの前後と上下の高さが変わりますので、簡単に調整できる機種を選定します。

4 入浴の支援

●入浴用いす

移動も兼ねたシャワーキャリータイプが想定されますが、前提として段差や広さなど動線が確保されている必要があります。座位の状態によっては、リクライニングできるものやヘッドサポートがついているものでの対応を検討します。

●入浴用リフト

浴槽内での立ち座りや浴槽をまたぐのが困難な状態では、入浴用リフト（p.203参照）の利用を検討します。

5 意思伝達の支援

自らの意思を伝える手段を確保することは自立支援の基本であると同時に、ナースコールのように緊急時に人を呼ぶ手段でもあります。

◆意思伝達のための用具

●文字盤・メッセージボード

五十音表など文字を書いた盤や、あらかじめ書かれたメッセージから、必要な文字などを選択して意思を伝える用具です。本人の視線から選択した文字などを判断

する場合には、盤の裏側から視線を確認できる透明文字盤を利用します。

● 音声会話補助装置

　ディスプレイの文字が自動的に選択されるスキャン方式で、希望の文字をスイッチ操作で選択、作成した文章を音声で読み上げる装置です。

● 意思伝達装置

　音声会話補助装置と同様に文章を作成し読み上げるほか、呼び出しベルへの接続、テレビ操作やインターネット接続によるメール機能などをもつ装置です。

透明文字盤の利用

◆ 操作スイッチの選定

　意思伝達装置の利用では、本人の心身機能で操作できるスイッチの選定と適合が不可欠です。指先などで操作するボタン型のスイッチから、口元などのわずかな動きを検知する非接触タイプのスイッチなどがあります。

　わずかな動きでも検知できる敏感なスイッチのものは、状態の進行を先取りして早くに導入しようとすると、かえって誤反応を起こし使えないこともあります。適切な時期に適切なものを選定します。一方で身体の動きは徐々に弱くなりますので、早めに次の対応を用意しておくことも重要です。

● 呼気スイッチ

　チューブの先端を口でくわえ、息を吹き込むことで操作するスイッチです。

● 接触スイッチ

　指先や頬などに軽く触れることで反応するスイッチです。ボタン型のように押し込むタイプや、わずかに触れることで変化する静電容量に反応するもの、空気の袋を握って変化する空気圧に反応するものなどがあります。

● 引き紐スイッチ

　スイッチから伸びる紐のループを手や足の指に引っ掛け、引っ張ることで操作するスイッチです。

● 貼り付けるスイッチ

　瞼や指の付け根などに貼り付け、筋のわずかな動きをとらえるスイッチです。圧

電（ピエゾ）素子を用いることから「ピエゾスイッチ」といわれます。

● 非接触タイプスイッチ

　指先や口元などがわずかに動いたときの光の反射量の変化を検知するスイッチです。さらに、眼球や顔の動きの画像から視線を判断し、注視時間や瞬きなどで操作できるスイッチもあります。

呼気スイッチ

接触スイッチ

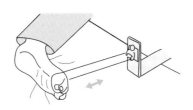

引き紐スイッチ

非接触タイプスイッチ
（額操作光ファイバースイッチ）

● 操作スイッチ固定具

　操作スイッチ固定具は、スイッチと並んで意思伝達装置の使い勝手に大きく影響を与えます。操作しやすい位置に微調整しながら確実に固定できる機能に加え、吸引などの介助で移動させた後に、容易に元の位置に戻せる操作性が求められます。

⑨ 認知症

　認知症は、脳機能の障害によって認知機能が低下し、日常生活や社会生活に支障となるさまざまな症状が現れる疾患です。新しい動作や様式を覚えづらくなりますが、従来の生活パターンや動作様式に合わせることや、声かけなど人の支援を組み合わせて活用を計画することなどによって、福祉用具の利用の効果を上げることが

できます。

　広い視野から福祉用具の支援を行うことで、本人にとって不快なことや嫌なことを減らして介助に協力的になってもらったり、自分でできる行為を増やし、課題となる症状とその影響を軽減していくことが可能になります。

① 基本的な生活様式を整える

　起居から移動、座っての食事や排泄、入浴など、基本の姿勢や動作が安全にできるよう、基本的な環境整備を行うことは認知機能にかかわらず大切です。

◆ 起居動作の支援

　寝具を変えることには慎重さが必要です。特に介助の必要性を優先し布団からベッドの生活へ移行すると、ベッドの上で立ち上がってしまうことなどによる転倒・転落の危険が増大します。

● 超低床ベッド

　ボトムの高さを10cm程度まで下げられる超低床ベッドは、就寝の際には布団と同等レベルまで下げることが可能で、転落の危険を軽減します。

● 床置き式手すり（→p.194）

　布団からの立ち上がりで家具や柱など何かにつかまって動作している場合では、より安定した手すりに交換することで安定感が向上します。その際、手すりの場所は本人の慣れた自然な動作を前提とし、手すりのために新たな動作をつくらないように注意します。

◆ 適切な姿勢の維持

● 食事の姿勢

　食事の際の不適切な姿勢は誤嚥などの危険を増長し、また食事を口元に運ぶ腕の機能を制約します。自ら座り直しをするなどの意識が欠けることが多い認知症のある人の支援では、いすや座布団、テーブルの高さの調整などで適切な姿勢をとりやすい環境をつくります。

◆ 移動の支援

● 手すり（→p.193）

　歩行動作を観察し、壁に手をついたりドアノブを頼りにしている状態を把握したうえで、新たな動線や動作をつくらないように注意し、手すりの設置を計画します。

また、浴槽をまたぐなどの入浴動作を補助する手すりでは、使い方を記憶することが難しくても、声かけで使うことができれば本人も安全であり、介助者の身体的な負担も軽減されます。

● 段差解消（→p.241）

敷居など動線上の段差をなくす改修は受け入れられやすい住環境整備です。一方で、玄関の上がりかまちのように、今まで一旦床に腰を下ろしていた動作を立位で昇降するような、動作を変更する改修については、本人が活用でき、効果を上げられるかどうかの検討が必要です。

廊下全体の改修による床段差の解消などでは、床材の色をまったく違うものに変えただけで、「自分の家とは違う」と思ってしまうことがあります。できるだけ、雰囲気を変えないように配慮しましょう。

2 忘れてしまうことへの対応

記憶障害や見当識障害は認知症の中核症状であり、車いすのブレーキのかけ忘れ、薬の飲み忘れ、どのように操作したらよいか見当がつかないなど生活上の課題となります。このような症状に対応する福祉用具もあります。

◆ 徘徊に伴う危険の回避

● 認知症老人徘徊感知機器（→p.207）

認知症のある人が屋外に出ようとしたときやベッドから離れようとしたときに、チャイム等で介助者に知らせます。

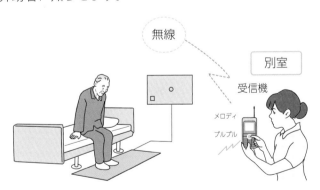

ベッドから降りたことを知らせる徘徊感知機器

◆ ブレーキのかけ忘れ

● 自動ブレーキ付き車いす

座面から臀部が離れると自動でブレーキがかかる機能を備えた車いすです。立ち

上がるときだけではなく、次に座るときにもブレーキがかかった状態となります。

◆ 薬の飲み忘れの予防

　薬を飲むべき時間に飲むことに気づく、飲むべき薬を選択する、薬をすでに飲んだことが判断できるなどの視点から支援を検討します。

● 服薬カレンダー

　カレンダーにその時間に飲む薬を収納することによって、飲むべき薬の選択とすでに飲んだことの判断を支援します。また、目につく壁に掛けておくことで、薬を飲むことに気づきやすくする効果もあります。日時や曜日の認識ができないと利用が難しいので、日時を表示するデジタルカレンダーの併用などを検討します。

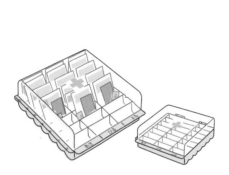

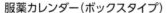

服薬カレンダー（ボックスタイプ）　　　服薬カレンダー（壁掛けタイプ）

● 服薬アラーム

　服薬カレンダーにアラーム機能を加え、薬を飲むことに気づきやすくした用具です。

● 服薬支援機器

　カレンダーやアラーム機能に加え、そのときに飲むべき薬のみを取り出せるようにすることで誤った服薬を防ぐ効果があります。

３ 不安感や孤独感の解消

　アザラシや犬、人間の子供を模したコミュニケーションロボットでの精神的なケアは、多くの有効性が確認されています。コミュニケーションロボットは会話機能のあるものとないものに大別することができます。

◆ 会話機能のないコミュニケーションロボット

　本人からの働きかけに鳴き声や動きで反応したり、あらかじめ入力された内容を一方的に話したり、声かけ等にうなずいたりする機能を持ちます。動物や子供を愛護しようとする感情に働きかけるといわれており、不穏や興奮を抑える効果が期待できます。

◆ 会話機能のあるコミュニケーションロボット

　本人の顔を記憶し顔認証技術で名前を呼んだり、言葉の内容に応じた返答をするなど、会話の機能をもつロボットです。歌などのエンターテインメントを得意とするものもあります。会話を通して、薬の服用や日課など必要な情報を伝えることも可能です。

会話機能のないコミュニケーション
ロボットの例

会話機能のあるコミュニケー
ションロボットの例

第 5 章

介護保険の対象となる
福祉用具・住宅改修

社会生活モデルに立つ自立生活の支援では、生活機能に影響を与える環境因子である、物理的な生活環境からのアプローチが重要です。この章では、介護保険によって提供される、福祉用具（貸与）、特定福祉用具（購入）、住宅改修の3分野の生活環境改善の支援について概説します。

※一本杖やシルバーカー、尿器など、一部関連のある介護保険の対象とならない用具についても、この章で記載していますので注意ください。

「貸与」の対象となる福祉用具

① 特殊寝台・特殊寝台付属品

1 特殊寝台・特殊寝台付属品とは

◆ 特殊寝台

介護保険では、サイドレールの取り付けが可能なベッドで次のいずれかの機能をもつものを貸与の対象としています。

・背上げまたは膝上げの機能
・ボトムの高さが無段階で調整できる機能

◆ 特殊寝台付属品

特殊寝台と一体的に使用されるマットレス、サイドレールなどの付属品です。特殊寝台の貸与の際に併せて貸与される場合のほか、すでに特殊寝台を使用している人が付属品のみを希望する場合に、貸与の対象となります。

◆ 特殊寝台付属品の種類

● マットレス

特殊寝台の背上げや膝上げの動きを妨げない柔軟性があります。

● サイドレール

利用者や布団などの落下防止を目的とする柵です。

● ベッド用手すり

起き上がりや立ち上がり、移乗などで握る、特殊寝台に固定された手すりです。

● テーブル

貸与の対象となるテーブルは、特殊寝台の上で使用することができるものに限られ、門型の脚をもつもの、特殊寝台の側面から差し入れることができるもの、またはサイドレールに乗せて使用することができるものがあります。

● スライディングボード・スライディングシート

移乗や寝ている位置の修正のために用いる、滑りやすい素材のボードや布です。

● 介助用ベルト

本人または介助者の身体に巻き付けて握り手となるベルトです。起き上がり、立ち上がり、移乗などの介助を容易にします（入浴用は入浴補助用具になります）。

2 特殊寝台・特殊寝台付属品各部の名称

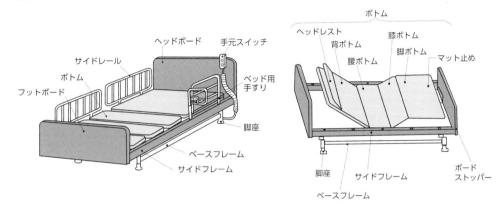

3 特殊寝台の機能と構造

(1) 特殊寝台の機能

◆ 姿勢を変換する機能

● 背上げ機能

リモコンの操作により背中を持ち上げる機能です。ベッド上での長座位姿勢や起き上がり動作を補助する目的で使用します。背上げにより本人には前方に押し出される力が働き、腹部や胸部が圧迫され苦しくなります。特殊寝台には、この苦しさを軽減する工夫が施されたものが多くありますが、完全に取り除くことはできないので背抜きが必要です（p.162参照）。

● 頸部角度調整機能

背部のボトムを、背ボトムとヘッドレストのようにさらに上下に分割し、肩から頸部、頭部の角度を体幹部とは別に前屈方向に調整する機能です。浅い背上げ角度でも頭部を起こし、前方への目線を確保できるので、臀部への圧力の集中を避けることにつながったり、嚥下に適した姿勢をつくりやすくしたりする効果が期待できます。

● 膝上げ（下腿上げ）機能

リモコンの操作により膝や下腿の位置や角度を調整します。背上げにより身体全体が足側にずれ落ちるのを防ぐことを目的としているため、背上げの操作に先立ち膝を上げる操作手順が基本となります。背上げと膝上げが連動する機能では、この2つの動きを1つのボタンで操作できますが、起き上がりの目的などで背上げだけを操作したいときには、別々に操作できる機能のものを選定します。

膝上げ機能には膝が上がるもののほかに、下腿全体を水平に上げることで足部のむくみやうっ血の予防を図る下腿上げタイプや、より座位姿勢に近い安楽な姿勢を

ベッド上で可能とするために、膝が上がると同時に足先が下がるタイプがあります。

足先が下がる機能の特殊寝台

● 寝返り支援機能

ボトムが自動で左右の方向に傾斜する機能です。主に床ずれの予防のために利用し、体位交換の介助負担を軽減する目的で利用します。操作は自動化されており、頻度や角度、速度などを設定することができます。人の手で行う体位交換と比べ、動きが穏やかなので睡眠を妨げないメリットがあります。ベッドの機能のみで体位交換の必要性をすべて代替するものではないので、必要に応じてリハビリテーション専門職などの助言を得ることも大切です。

◆ 高さを調節する機能

ベッド全体の高さを目的に応じて調整する機能です。ベッドの高さは、カタログ等では一般にボトムの高さで記載されていますが、実際の使用時の高さはボトムの高さにマットレスの厚さを加えた高さになります。

● 端座位をとりやすい高さ

安定した端座位のためには、深く腰掛けたときに両足がしっかりと床面について膝関節と大転子が水平になる高さにベッドを調整します。この高さでは、大腿部全体に体重が分散され、坐骨部分の局所圧が軽減される効果もあります。高さが低い（大転子よりも膝関節が高い）座位では、坐骨部や仙骨部の圧が高まり、後方にバランスを崩しやすくなります。

膝関節　　　　大転子

膝関節と大転子が水平になる高さが端座位の基本

● 立ち上がりしやすい高さ

　端座位からの立ち上がりをしやすくするために、膝関節より大転子が高い位置になるようにベッドの高さを調整します。立ち上がる際には、高さを調整する前の、両足がしっかりと床についている時点で臀部を前にずらし、浅く座ってもらいます。座位が安定しない場合や立ち上がりの筋力が弱い場合には、ベッド用手すりを併用します。

● 座位移乗するための高さ

　スライディングシート等を利用し、車いすなどとの間で座位姿勢のまま移乗する際には、高いほうから低いほうへの移乗となるように車いすの座面高さに合わせた高さ調整が必要です。

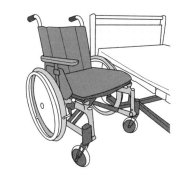

● 介助しやすい高さ

　介助する場合、介助しやすい高さは、介助者が前傾姿勢をとらなくてもマットレスに触れることができる高さが基本となります。ベッド幅が広めの場合は、手を伸ばしての介助や作業が多くなるので高めの調整が必要になります。介助時の長時間の前傾姿勢は腰痛の大きな要因であり、ベッドの高さ調整により改善することができます。

● 転落でのけがを防ぐ高さ

　転落によるけがの予防のために、就寝時には下限の高さに調整することが推奨されています。下限の高さはベッドそれぞれに異なりますが、床から10cm程度の高さまで下げることのできる「超低床」のものもあります。

● 布団と並んで就寝する高さ

　「超低床」のタイプでは、布団と並べて利用する際の不自然感も抑えることができます。また、床を這う移動を円滑に行う目的で「超低床」タイプを選定することもあります。

◆ 昇降形式

● 垂直昇降

　全体が垂直に昇降する機能をもつ形式です。ヘッドボードやフットボードと壁の隙間を小さく設置できます。

● 円弧状昇降

　円弧状に前後に動きながら昇降する機能をもつ形式です。ヘッドボードやフットボードと壁との間に空間を設ける必要があります。また、立ち上がりの際の、足を

床につけた端座位姿勢での昇降では、身体が左右に動くことで座位が不安定になることもあります。

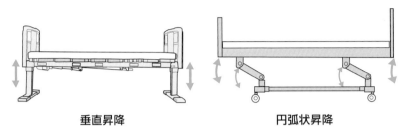

垂直昇降　　　　　　　　　　　　　円弧状昇降

モーターの数による特殊寝台機能の呼称

　福祉用具の専門職の間では、特殊寝台の機能を、その機能のために使用しているモーターの数で呼称することがあります。

・1モーター（ワンモーター）：1個のモーターで、背上げ機能のみのタイプと、背上げと膝上げを連動させるタイプがあります。

・2モーター（ツーモーター）：2個のモーターで、1モーターの機能に高さ昇降機能を加えたタイプです。

・3モーター（スリーモーター）：3個のモーターで、背上げ、膝上げ、高さ昇降の3つの機能をそれぞれ独立して操作ができるタイプです。

　3モーターでも、各機能の動きを連動させ操作の簡略化を選択できるタイプや、4個以上のモーターを利用してベッド全体の傾斜やヘッドレストの角度調整を行う、より多様な動きをもつタイプなど、モーターの数だけでは表しきれない機能もあります。

⑵ボトムの形状・構造・素材

◆ 臀部から大腿部の長さ

背上げや膝上げの機能を利用する前提として、臀部から大腿部を支えるボトムの長さと、利用する人の臀部から膝関節の長さが適合していることが求められます。適合しない場合はクッションなどで微調整します。

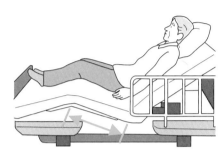

背上げ姿勢の安定には臀部から大腿部の長さとの適合が重要

◆ 全体の長さ

利用者の身長に合わせ、標準サイズのほかにロングサイズ、ショートサイズが用意されることが一般化しています。しかし、メーカーによってどのボトム部分を詰めて短くするか、また伸ばして長くするかが異なり、体格と各々のボトムの長さが合うかどうかは、ベッド全体の長さの長短とは異なる場合があります。

部屋の広さの制限からショートサイズを選定する場合も少なくありませんが、体格や、背上げの目的、その姿勢でどのような生活行為を行うのか、その継続時間なども含めたアセスメントからの選定が求められます。

◆ ボトムの幅

家具のベッドはシングルサイズでも幅100cmあるのに対し、特殊寝台のボトム幅は91cm程度以下が主流です。寝返りができる人では、幅が狭いことで寝心地に不満をもつことも少なくありません。

一方、幅が狭いことで、ベッドの中心に寝ている状態から端座位までの動作が少なくなり、また介助者がより本人に近づくことができるので、ベッド上でのおむつ交換などの介助負担が軽減されるという利点もあります。

心身機能の状況、体格や側臥位の頻度など、いろいろな要素が影響するので、本人の希望や関係する介助者や医療スタッフなどの意見を整理することが大切です。

◆ 構造と素材

● **鋼線メッシュ構造**

通気性が良いため、マットレス下に湿気がたまりやすい環境では、カビの発生を抑えるなど、特性を活かした使い方が考えられます。

● **プラスチック成型構造**

空気穴はありますが通気性は良いとはいえず、湿気の多い環境では時々マットレスを外して乾燥させるなど、カビの発生に注意が必要な場合もあります。一方で、布団の中の暖気が逃げにくい特性があります。

● **鋼板に穴をあけた構造**

スチール製の鋼板を成型したタイプです。強度があり、ボトムに偏った重さが掛かるような使い方でも歪みが少なく、プラスチック成型構造より空気穴の数が多いので通気性の点でも優位です。

| 鋼線メッシュ構造 | プラスチック成型構造 | 鋼板に穴をあけた構造 |

⑶ ヘッドボード・フットボードの機能

ヘッドボード・フットボードはベッドを印象づける部分でもあり、木目の柄で家具のイメージを出すなど、居室の中で違和感のないデザインも多くあります。ボードの上端部分を握りやすい手すり形状にして歩行を補助する機能をもつものもあります。フットボードは足側への布団の落下を防ぐ役割があります。多くの機種で、洗髪などの介助の際に容易に取り外しができる構造になっています。

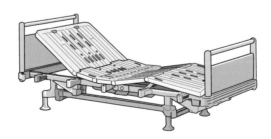

手すり形状のボードをもつベッド

⑷ キャスター

生活場面や掃除などのためにベッドの位置を動かしたい場合には、キャスター付

きを選択することができます。一般に在宅介護用のベッドではキャスターは小径で、畳の上での移動は実用的でない場合も多く注意が必要です。また、消費税法の規定により、キャスター付きの場合、ベッド全体が課税扱いとなります。

４ 特殊寝台付属品の機能と構造

(1) サイドレール

サイドレールは基本的には布団の落下や本人の転落を防止するための柵です。寝返りや起き上がり、立ち上がりの際に強い力をかけたり上方向に引っ張ると、歪んでしまったり抜ける可能性があります。

◆ サイドレールの長さ

本人や家族の同意なくベッド全体をサイドレールで囲ってしまうと、ベッドから降りることができない状態になってしまい、不適切に拘束することになります。標準的には左右に１本ずつ利用し、出入り口を確保します。ベッド用手すりとの組み合わせのために数種類の長さが用意されています。

◆ サイドレールの取り付け

一般にベッドのサイドフレームやオプション受けに差し込まれた状態で利用します。背部のボトムに固定されているタイプは、背を上げるとサイドレールも同時に移動しますので、腕などの挟み込みの危険が低減されます。また、背上げ姿勢のときに手をかけるために利用できるという効果もありますが、この構造を選択できるのは一部に限られます。

◆ サイドレールカバー

寝返りの際にサイドレールに顔などをぶつけてしまったり、サイドレールの中に手を入れ挟み込まれたりする危険を軽減する目的で、サイドレールに専用のカバーが用意されています。不随意運動などで挟み込みが起きやすいケースに有効ですが、寝ているときの視界が遮られるという短所もあります。

(2) ベッド用手すり

特殊寝台に固定する手すりです。端座位の保持や立ち上がり、車いすなどへの移乗、立位の保持の際の手すりとして利用が可能です。柵としての機能も必要なことから、標準的な形状では手すり部分が可動式となっています。

◆ 形状

ベッドのみで固定され、端座位から立ち上がりまでの範囲で利用するものが一般的です。脚をもつ手すりを連結して、部屋の出入り口や同じ部屋の中に置かれたポータブルトイレまでなどの短い距離の歩行を補助するタイプもあります。

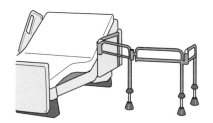

脚をもつ手すりを連結したベッド用手すり

⑶ マットレス

◆ マットレスの大きさ

特殊寝台のボトムの大きさに合わせて選定します。幅が適合しないマットレスは移乗などの際に容易にずれ、動いてしまうので危険です。長さは、標準とショートサイズのベッドに合うサイズが用意されており、ロングサイズのボトムに合わせる際には、標準サイズのマットレスで不足する分のサイズの延長マットレスを足側に入れて使用します。

◆ マットレスの厚さ

昇降機能のないベッドでは、マットレスの厚さが高さに影響します。昇降機能のあるベッドでも、低床を求める場合は厚みの小さいマットレスを選定する必要があります。

◆ 本体の素材

硬さや通気性など、素材により特徴があります。選定にあたっては、素材自体の「硬さ（柔らかさ）」と、沈み込んだ身体を押し返す力の大きさである「弾力」の２つの観点があり、寝心地の好みやマットレス上での動きやすさ（寝返り等のしやすさ）を考慮して選定します。

● 合成繊維

合成繊維は、消毒のしやすさや高い耐久性などから貸与で利用されるマットレスの主流です。素材自体が硬く身体の沈み込みが少ない点で寝返りがしやすいと評価されることが多くありますが、寝姿勢（脊柱のＳ字形状など）とフィットしづらく、

体圧を分散する性能は高くはありません。

●ウレタンフォーム

　身近なスポンジと同様の性質をもつ素材です。表面を波型に加工したり、部分的に切れ込みを入れる、性質の違うウレタンフォームを組み合わせるなどの工夫で、硬さや弾力を調整しています。そのため、しっかりとした弾力をもつマットレスでは起き上がりなどの動作がしやすい場合があるなど、心身機能や目的に応じて幅広く選択が可能です。

●ポリエステル三次元構造体

　ポリエステル繊維が網目状に絡みあった素材です。高い通気性が特徴で、熱や湿気のこもりやすい環境では改善の効果を期待できます。

●スプリング

　寝心地が良く耐久性が高いとされ、家具のベッドでは主流です。しかし、背上げなどのボトムの動きに対応する柔軟性や、貸与のための消毒などのメンテナンスの難しさから、特殊寝台と組み合わせるためのマットレスとしては少数派です。

●ハイブリッド

　複数の素材を組み合わせ、それぞれの特性を活かす設計をされたマットレスです。

◆本体の構造

●リバーシブル

　主にウレタンフォーム素材のもので、表面と裏面で硬さや弾性の特徴を変えて両面を利用できるように設計されたマットレスです。

●サイドエッジ

　マットレスの両サイドのみを硬めで弾力をもたせた素材にする仕様です。端座位の安定や立ち上がりのしやすさが特徴です。

●伸縮構造

　背上げの動きに合わせてマットレスが伸びるように、ウレタンフォームに特殊な加工を施した構造です。背上げのときに起こる腹部の圧迫や身体のずれを軽減する効果があります。

◆カバー

●防水機能

　失禁などで汚してしまうことを考慮した防水機能のあるカバーは、通気性がないので蒸れなどが問題になることがあります。

● 撥水機能

　表面の撥水加工により水滴を通さないと同時に通気性も確保する性能です。水滴部分をこすったり圧をかけると内部に染み出ることがあり、長期の使用で効果が落ちることもあります。

COLUMN

ベッドパッド

　特殊寝台にベッドパッドを利用するか否かについては、マットレスの体圧分散性能を活かすためにベッドパッドは使わないほうが良いという観点がある一方、マットレスに汗が吸収されてしまっても簡単に干すことはできないので、衛生的な観点から必要という考えもあります。温度や湿度など寝室の環境や、発汗や皮膚の状態などの個人差、失禁のリスクなどさまざまな要因の中で考慮する必要があります。またベッドパッドの要否だけではなく、吸湿性に優れるベッドシーツや失禁対応の防水シーツ（「横シーツ」とも呼ばれる）、それらをどういう順番で重ねて利用するかなども含めて個別のケースごとに考える必要があります。

⑷　テーブル

　ベッド上で食事などの必要がある場合でも、できるだけ端座位になり両足が床についた姿勢になることが大切です。端座位または背上げの姿勢などの使用する状況から選定します。

●トレイ型

　サイドレールにのせて使用します。高さや位置の調節ができないので自分で食事ができる人には不向きです。

トレイ型

門型（オーバーテーブル）

片持ち型（サイドテーブル）

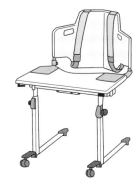
端座位テーブル

●門型（オーバーテーブル）

両サイドに脚がありキャスターで前後に移動します。食事などの動作に合わせ高さや位置の調整ができます。片持ち型に比べ重たいものを置くことができます。

●片持ち型（サイドテーブル）

片側に脚があり、前後とベッドから引き抜く方向に移動が可能です。端座位時のテーブルとしても使用することもできますが、足元のフレームが邪魔になるときがあります。高さ調整のほかにテーブルの角度が調整できるタイプもあります。

耐荷重の制約から、医療機器などを置こうとする際には、重さの確認が必要です。低床ベッドでは、キャスター部分がベッドの下に入らず使用できない場合があります。

●端座位テーブル

端座位での使用を想定した形状です。背もたれとベルトを併用することで、端座位を保持する機能を加えることが可能です。低床ベッドでは、キャスター部分がベッドの下に入らず使用できない場合があります。

⑤　スライディングボード・スライディングシートなど

滑りやすい素材または構造の、ボード状またはシート状の福祉用具です。座位や臥位の状態で本人を滑らせ、車いすなどに移乗したり、ベッド上での身体の位置を修正するために用いられます。

◆スライディングシート

ベッド上での身体の位置の上下または左右方向への修正や、座位や臥位での車いすへの移乗の目的などで使用されます。ベッドとポータブルトイレの間での移乗では、ベッド上で下衣を脱いだ状態（下半身が素肌の状態）であっても利用が可能で

す。円筒形状と単シートのタイプがあり、目的や本人の身体機能により、形状やサイズを選びます。

●**円筒形状タイプ**

　シートが円筒形状に加工されているタイプです。移動には方向があるので目的に応じて向きや大きさを選定します。ベッド上での上下方向の移動では、本人が臀部を持ち上げることのできる場合は枕下から肩甲骨部分まで、できない場合は臀部まで敷きこめるサイズを選定します。

●**単シートタイプ**

　シート同士の接触面が滑るように1枚のシートを折りたたんで使用します。臀部まで敷きこむ場合には、側臥位にしながら半分ずつ敷きこみます。シート自体に方向がないので、上下方向と同時に左右方向に移動することもできます。使用場面によって大きさを選定します。

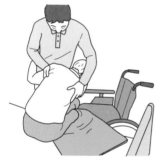

スライディングシートによる
座位移乗

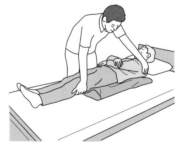

スライディングシートによる
寝ている位置の修正（左右）

◆**スライディングボード**

　滑りやすい表面をもつ樹脂製のボードです。マットレスと移乗先の車いす座面などの間を橋渡しして、介助または自立によってボード上を滑り移乗します。ごく近距離の間を座位で移乗するための小さなサイズから、臥位で移乗するための大きなものまでさまざまなサイズがあります。

スライディングボード

◆**スライディングボード・スライディングシートを利用した座位移乗のポイント**

・股関節の拘縮などで体幹を前傾できず、体重が足に移動していない座位姿勢や、頭部の支持が不安定な状態では使用できないことがあります。また、坐骨部や仙

骨部の皮膚の状態によっては床ずれの発生や悪化が懸念されますので、慎重なアセスメントが必要です。

・特殊寝台の高さ調整をしたり、車いすやポータブルトイレのアームサポートの跳ね上げなど移動経路の確保が必要となります。

使い方にはいくつかのポイントがあり、よく理解した福祉用具専門相談員等から指導を受ける必要がありますが、一度理解すれば難しい技術ではなく、腕などの筋力の小さい介助者でも移乗や位置修正の負担の少ない介助が可能になります。

前傾できず体重が足に移動していない座位では、スライディングボード・シートでの移乗が難しいときもある

◆ スライディンググローブ

手袋（ミトン）形状で、介助者が手にはめて本人の身体とマットレスの間に差し込み、仙骨部や肩甲骨部などの突出部をグローブで覆いながら、身体を手前に引きつけ移動させる福祉用具です。背上げの際の背抜きにも利用します。

◆ ターンテーブル

樹脂等でできた円盤が回転する形状の福祉用具で、立位で移乗する介助の際に本人の足下に置き、身体の方向転換を円滑に行う目的で使用します。ターンテーブルの回転は介助者が片足で踏みつけてコントロールします。

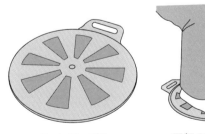

ターンテーブル　　　　回転のコントロール

⑹　介助ベルト

取っ手の付いたベルト状の福祉用具です。本人の腰に巻き、取っ手を利用して動

作や姿勢を安定させる使い方や、介助者の腰に巻いて取っ手を手すりとして握ってもらう使い方ができます。本人を持ち上げる取っ手としての使い方ができると誤解されることがありますが、上方向に引っ張り上げると腰から外れてしまいます。

介助ベルト　　　　　本人と介助者の双方が利用した使用例

5 特殊寝台での背上げの手順と背抜き

背を上げる操作では、胸部や腹部、臀部の圧迫や姿勢に注意が必要です。

◆ 悪い背上げ姿勢と影響

寝ている位置が足側にずれていると、背部のボトムを上げても骨盤が寝たまま腹部から上が持ち上げられてしまい、腹部や胸部に大きな圧迫が加わり、仙骨部のずれや圧力が高くなります。この状態は誤嚥しやすく、呼吸しづらい、腕や頭が動かしづらいなど健康を害する危険性が高まります。

ベッド上でのずれた姿勢

● 操作のポイント

・背上げの前に寝ている位置を修正する

　特に足側へのずれは危険です。マットレスに対して身体が斜めになっている場合も体幹が左右に倒れやすくなります。スライディングシートなどを使い適切な位置に直します。

・足から上げる

　背部だけが上がると滑り台のように身体は足側にずれてしまいますので、背部を上げる前に膝を上げる操作を行い、臀部が前にずれないようにします。

・「背抜き」と「脚抜き」

　背上げの角度が45度程度になると胸や腹に圧迫を感じ始めます。身体を動か

せる人は背をモジモジさせるなどして自分で圧迫を取り除きますが、動かせない人では背中や大腿部を一旦マットレスから離して圧迫を除去する「背抜き」と「脚抜き」をする必要があります。

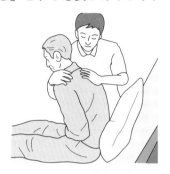

体幹を起こす背抜き方法

滑るグローブでの背抜き方法

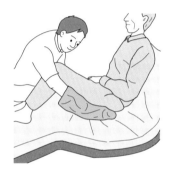

脚抜き方法

・背を下げるときの違和感を取り除く

　背を下げるときには、背中とマットレスの摩擦から頭が水平以上に下がっているような感覚になります。この場合も、自ら動いてモジモジできない人ではある程度背が下がったら首を持ち上げる介助を行ったり、一旦側臥位にしたりするなど違和感を取り除く介助が必要です。

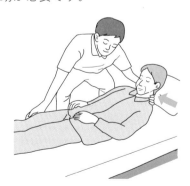

背を下げるときの違和感の取り除き方法

② 床ずれ防止用具

1 床ずれ防止用具とは

　介護保険では、体圧を分散するなどで圧迫を減らし、床ずれの予防効果をもつ全身用のマットレスで、次のいずれかに該当する製品を「床ずれ防止用具」として貸与の対象にしています。

・送風装置または空気圧調整装置を備えた空気マットレス

・水、エア、ゲル、シリコン、ウレタン等によって体圧分散効果をもつマットレス

◆ 体圧分散のための2つのアプローチ

　床ずれの防止には、仙骨部や肩甲骨部などの局所に集中する圧力を低くすることが求められ、その方法には2つのアプローチがあります。

● 局所的に高くなっている圧力を分散して低くする方法（減圧）

　身体をより広い面積で保持することによって圧を分散し、局所的に大きくかかる圧力を減らす方法です。柔らかいマットレスでは身体が沈み込むことによって接触面積が増し、圧力である体圧が分散されます。

● 高い圧力のかかる場所を一定時間ごとに移動させる方法（除圧）

　体位変換などにより身体の接触箇所を変えることによって、高い圧力のかかる場所を移動させ、圧力の継続時間を短縮、解放する方法です。その間は別の箇所に圧力が集中するので、一定時間ごとに圧力のかかる箇所を変える「圧切り替え」を連続的に行います。

減圧（体圧分散）　　　　　　　　　　　　除圧

2 床ずれ防止用具の種類

⑴　エアマットレス

　マットレス全体が小型の空気室（エアセル）によって構成されているエアセル構造になっており、空気室ごとの圧切り替えで除圧を行うマットレスです。空気ポンプによりエアセルの空気量を調整するなどの機能をもちます。

◆ 高機能エアマットレス

　エアセルに厚みをもたせることで、除圧に加えて高い減圧機能を併せもつ製品で

す。拘縮や変形が強い人、極度に痩せている人、難治性の床ずれのある人の場合などに選定します。高機能エアマットレスは柔らかく、ベッド上での身体の動きを制限してしまう傾向があることに注意して選定します。

◆ エアマットレスの設置方法

● リプレイスメントタイプ

特殊寝台付属品のマットレスに置きかえて（リプレイス）、ボトムの上に直接設置するエアマットレスです。高機能エアマットレスはほとんどがこのタイプで、圧切り替えとは別の独立したエア層や、ウレタンフォーム層をもっています。

リプレイスメントタイプのエアマットレス

● オーバーレイタイプ

特殊寝台付属品のマットレスの上に重ねて敷く（オーバーレイ）タイプです。圧切り替えによる除圧を目的とし、初期または軽度の床ずれへの対応に用いられることが多くあります。

◆ エアマットレスの機能

● 自動体位変換機能

エアセル構造での圧切り替えに加え、体位を左右の方向へ傾斜させる機能です。体位変換の大きさや頻度などは製品によって違いがあります。

● 背上げ対応機能（背上げモード）

背上げの際に臀部への荷重が増えることに対応する機能です。背部の傾斜を検知すると、自動で臀部の空気圧力を増やし調整する製品もあります。

● リハビリ対応機能（リハビリモード）

スイッチ操作により一時的に空気圧力を増し、マットレスを硬めに調整する機能です。マットレス上での機能訓練や端座位の安定などを目的とします。

● 除湿機能

マットレス内の空間に微弱な空気の流れをつくり、内部の湿気を排出する機能です。

● 冷え対策機能

布団の外の空気がエアセルに入ると布団内部が温まらないため、エアセル内の空気を温め、布団の保温効果を維持する機能です。暖房とは異なります。

●心肺蘇生法（CPR）対応機能

心肺蘇生の必要が発生した際、マットレス上で心臓マッサージ等が行えるよう短時間で内部の空気を排出する機能です。

⑵ 静止型床ずれ防止マットレス

圧切り替えを行わず、ウレタンフォームの特性や構造、ゲル素材、空気室構造などによって減圧効果を高め、体圧分散を行うマットレスです。特殊寝台付属品のマットレスよりも体圧分散効果が高く、エアマットレスよりもマットレス上での動作がしやすいことが特徴で、製品数も多く幅の広い選択が可能です。

◆ 静止型床ずれ防止マットレスの選定

寝返りなど身体を動かすことができるが床ずれのリスクのある人や、初期の床ずれがある人、エアマットレスの寝心地を嫌う人などへの選定が一般的です。

◆ 劣化への注意

ウレタンフォームを利用したマットレスの場合、数年の使用で劣化し、導入時の減圧（体圧分散）効果が得られなくなることがあります。利用者がベッドから離れたときにマットレスに触れ、人の形にくぼみが残っているようであれば福祉用具貸与事業者に交換を相談しましょう。

◆ 静止型マットレスの設置方法

●リプレイスメントタイプ

特殊寝台付属品のマットレスを利用せず、置き替えて利用するタイプです。

●オーバーレイタイプ

特殊寝台付属品のマットレスの上に敷くタイプです。減圧効果とともに通気性の確保を重視した製品もあります。

③ 体位変換器

1 体位変換器とは

更衣やおむつの交換などの介助負担の軽減や、床ずれの防止、寝具から離れるための動作の補助などを目的として、寝返り（仰臥位から側臥位への変換）、起き上がり（仰臥位から端座位への変換）の姿勢の変換に用いる福祉用具です。介護保険

では、体位の保持のみを目的とするものは貸与の対象からは除かれます。

2 体位変換器の種類

◆ 寝返りを補助する体位変換器

● クッション・パッドタイプ

　クッションやパッドに取っ手が付いた形状のもので、体幹や足の下に挿入し、介助者が取っ手を操作することで寝返りを補助する用具です。体位変換の後にそのまま挿入しておくことで姿勢を保持する機能を併せもつものもあります。

● マットレスタイプ

　マットレス形状のタイプです。あらかじめ設定されたタイミングで体位を傾けます。主に床ずれの防止を目的として利用されます。

◆ 起き上がりを補助する体位変換器

　リモコン操作により仰臥位から背を持ち上げる機能をもつ、起き上がり補助装置です。家具のベッドとの組み合わせは転落の危険があるためできません。

● 敷き布団併用タイプ

　一般の敷き布団を併用し、畳の上などで背上げを行う製品です。

● マットレスタイプ

　マットレス形状のタイプです。

パッドタイプ　　　　マットレスタイプ　　　　敷き布団タイプ
　　　　　　　　　（起き上がり補助）

④ 車いす・車いす付属品

1 車いす・車いす付属品とは

◆ 車いす

　「車」として移動を補助する機能と、「いす」として座位を安定させ食事などさま

ざまな活動をしやすくしたり、安楽に時間を過ごす機能の両方をもちます。

◆ 車いす付属品

車いす付属品とは車いすと一体的に使用される車いす用クッション、電動補助装置等です。車いすの貸与の際に併せて貸与される場合のほか、すでに車いすを使用している人が付属品のみを希望する場合に、貸与の対象となります。

● 車いす用クッションまたはパッド

車いすの座シートまたはバックサポートに置いて使用することができる形状のものです。

● 電動補助装置

自走用または介助用標準型車いすに装着して、駆動力を補助する装置です。

● テーブル

車いすに装着して使用することが可能なものです。

● ブレーキ

車いすの速度を制御する、または車いすを固定する機能をもつものです。

2 車いすのフィッティング

車いすの選定には複数の要素との「フィッティング（適合）」を考える必要があります。

◆ 本人との適合

● 心身機能

座位の保持と駆動や移乗に関係する心身機能には、体力や筋力、関節の可動や麻痺、痛みの状況があります。車いす用クッションの選定には栄養状態や意識障害などから床ずれリスクを考えます。

● 身体構造

身体の大きさと車いすサイズの適合は、適切な姿勢の保持や駆動の能力に影響を与える要素になります。また、下肢の欠損がある場合では後方に転倒しにくい仕様や、片側上肢の欠損では片手で駆動できる機能などが適合ポイントになります。

● 活動

駆動方法や、立ち上がり動作などの移乗に関する活動との適合です。たとえば、立ち上がりができず座位で移乗する場合、車いすにはアームサポートが跳ね上がるなどの機能が必要になります。

● **参加**

　どのような目的で車いすを利用するのか、移動のときのみに利用するのか、車いすに座った状態で調理や食事などの活動を行うのか、買い物に出かけて荷物を持ち帰る必要があるのかなど、参加の目的や使用場面との適合を考え選定します。

◆ 環境との適合

● **物理的環境との適合**

　使う場所の広さや傾斜、床面（路面）の状況や、目的を達成するために移動する距離などが環境の要素です。同じ心身機能の状態でも手動駆動でよいか、電動走行の機能が必要なのかは環境の要素で異なってきます。また、移乗するベッドの形状や仕様、食事をするテーブルの高さ、便座へのアプローチなども考慮の必要なポイントです。

● **人的環境との適合**

　介助する人との適合です。多機能で複雑な操作が必要な車いすでは、介助者が適切な操作を習得する必要があります。ハンドルが低い車いすでは介助者が押す際に前かがみとなり、腰痛の発生要因となります。また、車いすの重量や坂道などの物理的な環境も介助者の体力との関係で課題となることがあります。

● **その他**

　デザインや色などに対する個人の好み、負担できる費用など社会的な適合も重要な視点です。

図 5-1　車いすのフィッティング要素

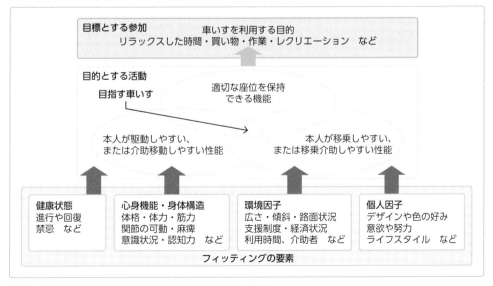

3 車いす・車いす付属品各部の名称

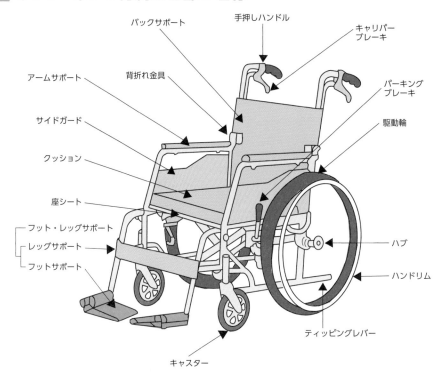

バックサポート
手押しハンドル
キャリパーブレーキ
アームサポート
背折れ金具
パーキングブレーキ
サイドガード
駆動輪
クッション
座シート
フット・レッグサポート
レッグサポート
フットサポート
ハブ
ハンドリム
ティッピングレバー
キャスター

4 車いすの種類

【手動車いす】

◆ 自走用標準型車いす

　使用する人自らが駆動・操作可能なタイプです。「走」の文字があるので、駆動の可否だけで考えがちですが、向きを変えることなどわずかな操作でも可能な場合は、このタイプを選定することが基本です。

● 自走用標準形

　一般的に用いられる標準タイプです。座シートやバックサポートの張り調整が可能なもの、アームサポートやレッグサポートが可動、着脱できるものなどがあります。標準形に準ずるものとして、小回り性能を高めた6輪型があります。

● 自走用座位変換形

　座位保持や姿勢の変換を目的にした機能をもつ車いすです。標準形の機能に加え、いす部分のティルトやリクライニングの機能、座面昇降機能が装備されたものなどがあります。

● パワーアシスト形

　ハンドリムをこぐ力をモーターで補助する車いすです。坂道の多い環境での利用

や、手動のみでの駆動が困難な人の可能性を広げます。片手片脚での駆動や、片流れ制御（進行方向に対し左右に傾斜している道での直進性を向上させる機能）、下り坂での抑速（スピードを抑える機能）などを備える機種もあります。

自走用標準形

自走用座位変換形

◆ 介助用標準型車いす

使用する人は駆動せず、介助者が操作するタイプです。一般に駆動輪の径が自走用よりも小さく、ハンドリムがないことで区分することが多くあります。

● 介助用標準形

一般的に用いられる介助用車いすです。座シートやバックサポートの張り調整が可能なもの、アームサポートやレッグサポートが可動、着脱できるものなどがあります。標準形に準ずるものとして、小回り性能を高めた6輪型があります。

● 介助用座位変換形

座位保持や姿勢の変換を目的にした機能をもつ車いすです。標準形の機能に加え、いす部分のティルトやリクライニングの機能、座面昇降機能が装備されたものなどがあります。

● 介助用パワーアシスト形

標準形の機能に加え、介助者が車いすを押す負担を軽減する電動のパワーアシストが装備された車いすです。坂道の多い環境での利用に加え、角度の急なスロープ、芝生や砂利などでの負担軽減が期待できます。

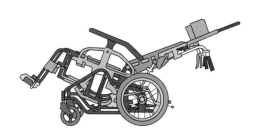

介助用標準形 　　　　　　　　　　　　　介助用座位変換形

【電動車いす】

◆ 簡易形電動車いす

　介護保険の取り扱いでは、自走用車いすまたは、介助用車いすに電動化ユニットを後付けした簡易形は、自走用標準型車いす、介助用標準型車いすに区分されます。

● 自操用簡易形・介助用簡易形

　標準形車いすに電動駆動装置を取り付けた簡便な
電動車いすです。自操用は使用する人自らが操作し、
介助用は介助者が操作して使用します。

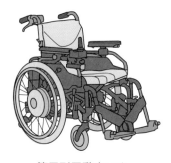

◆ 普通型電動車いす

　電動車いすとして専用に設計されたものです。

簡易形電動車いす

● 自操用標準形

　使用する人自らが操作（自操）する４輪のタイプで、主にジョイスティックにより操作をする車いすです。

● 自操用ハンドル形

　ハンドル操作によってかじを取る自操用の電動車いすです。

● 自操用座位変換形

　座位保持や姿勢の変換を目的にした機能をもつ電動車いすです。標準形の機能に加え、いす部分のティルトやリクライニングの機能、座面昇降機能が装備されたものなどがあります。

| 自操用標準形 | 自操用ハンドル形 | 自操用座位変換形 |

5 適切な座位姿勢

⑴ 座位の目的と姿勢

　適切な座位姿勢は目的によって異なります。安楽を求める場合は上半身を倒しリラックスした姿勢、食事や作業のためには骨盤が起きて上半身が前傾し、足底にしっかりと体重がのっている姿勢が必要です。

　車いすの利用では、通常は目的に応じて乗り換えることをしないので、選定に先立ち、何のために車いすを利用するのか、何を目的として座位姿勢をとるのか、座位の継続時間はどれくらいになるかなど、車いすに求められる条件を整理することが重要です。

⑵ 代表的な不良座位姿勢

◆ 仙骨座り

　臀部が前にずれ、骨盤が後傾して腹部から上が起こされるような姿勢です。主な原因として以下のことが考えられます。

・円背や股関節の拘縮など、本人の身体機能と車いすの調整が合っていない。

・フットサポートに足が届かない、または高すぎて膝が上がった影響で骨盤が後傾している。

・臀部の痛みから逃れようと骨盤を後傾させて、坐骨にかかる圧を減らそうとしている。

◆ 斜め座り

　身体が正面を向かない座り方です。主な原因として以下のことが考えられます。

・股関節の拘縮など、本人の身体機能と車いすの調整が合っていない。

・フットサポートが高すぎるので下腿を斜めにして高さを調整し、大腿部の重さを座面で受けようとしている。

・車いす座シートの弛みにより、骨盤が左右に傾いた状態で座っている。

⑶　不良な座位姿勢の影響

　不良な座位姿勢はさまざまな悪影響を及ぼし、廃用症候群を助長します。

【生活機能への影響】

・不安定でリラックスできず、常に身体に力が入っている状態が続くことで、関節の拘縮や筋の萎縮、身体の痛みを引き起こします。

・身体の接触面積が小さく、座面やバックサポートでの体圧分散が不十分なので、床ずれが発生しやすくなります。

・腹部の圧迫や頸の動きの制約から誤嚥しやすく、呼吸や消化などの内臓機能にも影響します。

・座位の安定性に欠けることにより、常にアームサポートを握っているなど腕の動きが制限されていることが多く、自分で食事を口に運ぶなどの上肢での活動が制約されます。

6 車いすの適合ポイント（座位姿勢と各部の寸法）

⑴　座位保持能力に適合した機能の選択

　車いす各部の寸法を選択する前に、まずは使用する人の座位保持能力に合ういす部分の機能を選択します。

◆ リクライニング機能

　体幹の筋力が弱く座位が崩れやすい場合や、頭部の保持が困難な人に対して、バックサポートの角度を調整し、体幹や頭部の重さをバックサポートに預ける機能です。股関節の屈曲に制限がある人や円背

などで骨盤の後傾が修正できない人にもバックサポートの角度調整で対応すること
があります。選定では、リクライニング姿勢の継続時間や移動の際の振動などで臀
部が前方に滑り姿勢が崩れやすいので、ティルト機能の必要性も併せて検討します。

　リクライニングの操作で車いすをストレッチャーのような形状に変化させ、仰臥
位の状態で移乗を行う目的では、完全にフラットになるリクライニング機能の機種
を選定します。

◆ティルト機能

　座シートとバックサポートによりつくられる角度
は変化せず、いす全体が傾く機能です。座シートに
傾斜が付くことで臀部の前方へのずれを止め、姿勢
が安定します。

◆リクライニング・ティルト機能

　リクライニングとティルトの両方のしくみを併せもつ機能です。座位の安定と股
関節の可動域に合わせた背面と座面の角度調整が可能です。

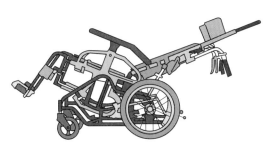

リクライニングとティルトの両方を操作した状態　　　ティルトのみで座面を傾斜させた状態

⑵　各部寸法の選択

　車いすの各部の寸法を選択するためには、該当する身体寸法を確認し、必要に応じて試乗するなどして決定します。

図 5-2　車いすを適合させる身体寸法の確認ポイント

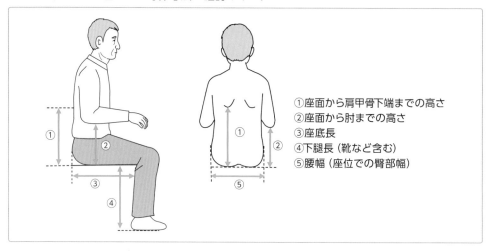

①座面から肩甲骨下端までの高さ
②座面から肘までの高さ
③座底長
④下腿長（靴など含む）
⑤腰幅（座位での臀部幅）

◆ 座幅と座の奥行の選択

● 座幅

　座幅が広すぎると姿勢が斜め座りに崩れやすく、狭いと移乗などの介助が難しくなります。

【寸法の目安】

・自走（操）用の場合：腰幅＋２〜３cm程度

・介助用の場合：腰幅＋３〜５cm程度

● 座面の奥行

　座面の奥行が長すぎると仙骨座りになります。円背の場合は、リクライニングや背張り調整によりバックサポートの適合調整を行ったうえで、座面の奥行を選択します。

【寸法の目安】

・標準：座底長－３～５cmが基本

・足で駆動する場合：座面の前縁に膝裏が干渉しないよう、標準より数センチ短めにする。

隙間
3～5 cm

奥行

● バックサポートの張り調整機能の選択と調整

　円背や股関節の可動制限に対応する車いすの機能として、バックサポートの張り調整機能があります。脊柱や股関節の可動性がある場合には、骨盤を立て脊柱のＳ字曲線をつくるようにベルトの張りを調整することが可能です。一方で、可動性が不十分で、ある程度骨盤を後傾させた座位姿勢が必要な場合には、ベルトを弛め背中の形状に添わせながら、体幹の重さをバックサポートで受けやすくする調整を行います。いずれにしても、調整前に股関節や脊柱の可動性の確認が必要であり、無理な矯正は危険です。

◆ 座面の高さの選択

　車いすから座位や立位での移乗では、少し浅い座り方で足底がしっかりと床面につくことが大切です。また、レッグサポートの位置の調整範囲は座面の高さに影響されるので、適切な座位の維持にも影響します。座面の高さはクッションの厚みも加味し、下腿の長さは靴や装具の厚みを含む長さで選定します。

【寸法の目安】

・上肢駆動の場合：下腿長－クッションの厚み＋５cm

・足で駆動する場合：下腿長－クッションの厚み＋０～３cm

● レッグサポートの長さ調整と床面との隙間の確保

　適切な座位姿勢を安定して維持するために、レッグサポートの長さ調整は重要です。長身の人の場合、座面とレッグサポートの必要な距離を確保するためには、フットサポートを床面に近づけることになりますが、一方で床面とフットサポート（レッグパイプの下端）の間には、一般的に５cm以上の隙間を設けることが求められています。これは、敷居段差など床面の凹凸に対応するためです。

● **クッションの厚みによる調整**

　レッグサポートの長さを調整する際、床面との隙間の確保の必要性からクッションを厚いものにして下腿の長さに合わせる方法もあります。この方法の場合、身体に対してアームサポートの高さやハンドリムの位置が変化します。この変化は、座位姿勢や車いすの駆動に影響を与えますので併せて検討が必要です。

◆ **バックサポートの高さを選択する**

　使用する人自らが駆動する場合は、バックサポートは腕を動かしやすくするために肩甲骨の動きを妨げない低めの高さ設定が基本です。一方で低いバックサポートは、座位が崩れ臀部が前にずれる仙骨座りの原因となります。座位姿勢の保持を優先させる場合は、肩甲骨部で体幹の重さを支えることができるバックサポート高さの車いすを選定します。

【寸法の目安】

・上肢駆動の場合：座位での腋下高さ－７cmを上限とする。

● **ティルト・リクライニング時の頭部の保持**

　背を倒した姿勢では頭部の支持が必要になるのでヘッドサポート（枕）が付属しています。バックサポートの角度によって必要な高さが異なり、視線を前に向ける場合などでは頭部の角度も変わることから、ヘッドサポートの高さや角度を工具を使わずに調整できる機能が必要です。

◆ **アームサポートの高さの調整**

　腕の重さをアームサポートで支えることは、適切な姿勢の保持に役立ちます。また、腕の重さが臀部にかからないため、臀部の痛みや床ずれの危険を減らす効果もあります。小柄な人の場合ではクッションの厚さで適切な高さに調整する方法もありますが、長身の人の場合は高さ調整式アームサポートを選定します。

【寸法の目安】

・座シートから肘までの高さ＋クッション
　の厚み＋１～２cm

※１～２cmは腕の重さを十分に乗せるため
　の寸法。

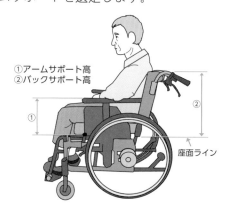

①アームサポート高
②バックサポート高

①
②
座面ライン

「座幅」とはどこの幅？

　福祉用具の車いすのカタログに記載されている「座幅」は、必ずしも選定に必要な情報としての「座幅」ではないことが少なくありません。メーカーによって測定の基準が異なったり、アームサポートの取り付け方法等により、座面の幅としての「座幅」よりも左右のアームサポートの間隔が広いことや狭いことがあります。カタログ等に表示された寸法は参考程度にして、実際に測ってみることをお勧めします。

7 ティルト・リクライニング車いすの操作手順

　操作手順によっては、臀部が前にずれ、座位が崩れやすくなります。ティルト・リクライニング車いすの操作手順は、図5-3、図5-4になります。

図5-3　姿勢を寝かせていく介助手順

①座面を倒す　　②背を倒す　　③ヘッドサポートの調整　④フットサポートの調整
（ティルト）　　（リクライニング）

図5-4　姿勢を起こしていく介助手順

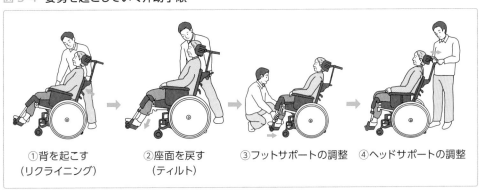

①背を起こす　　②座面を戻す　　③フットサポートの調整　④ヘッドサポートの調整
（リクライニング）（ティルト）

8 車いすの適合ポイント（移乗方法）

どのような移乗方法をとるかによって車いすに必要な機能が異なり、それに合わせた車いすの選定が必要です。

(1) 立位での移乗に適した車いす

立位での移乗は、立ち上がり、立位の保持、方向転換、着座の4つの動作で移乗する方法です。

◆フットサポート・レッグサポート

フットサポートは跳ね上げしやすいだけではなく、跳ね上げた後の倒れにくさも重要です。ベルトタイプのレッグサポートは足が引けず立ち上がりを邪魔するので、ヒールループタイプ（フットサポートに取り付けるベルト）を選定します。フットサポートとレッグサポートの全体が外に開く、または取り外せる機能は、足元のスペースを広く確保し、自立、介助ともに立ち上がりからの方向転換の動作を容易にします。また、ベッドなどの移乗先により接近することを可能にします。

◆座面

座面の傾斜（前座高と後座高の差）やクッションのアンカーサポートは、仙骨座りの予防には効果がありますが、移乗に関しては臀部の前方への移動をしづらくし立ち上がりを困難にする要因になります。

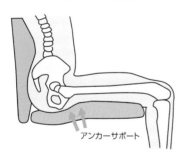

臀部の前方へのずれを防ぐアンカーサポートは、
立ち上がりを困難にすることがある

アンカーサポート

◆アームサポート

アームサポートは長めで前方まであるもののほう
が立ち上がりからの方向転換や、着座の際の支持に
なります。完全な立位が困難で中腰の姿勢で移乗す
る場合は、臀部との干渉を避けるために着脱、また
は跳ね上げできるものを選定します。

(2) 座位での移乗に適した車いす

座位での移乗は、立ち上がらず、臀部を少しずつ移動させたり、スライディング
シートやスライディングボードを併用して滑らせたりする方法です。横方向への移
乗と正面方向への移乗があります。

スライディングシートを利用した正面
方向への座位移乗

スライディングボードを利用
した横方向への座位移乗

◆フットサポート・レッグサポートの着脱

足元のスペースを広く確保し、ベッドなどの移乗先により接近するために、フッ
トサポートとレッグサポートが外に開くまたは取り外せる機能を選定します。

◆座面

横方向の座位移乗では、臀部を前にずらして足底が床につく高さを選定しますが、
座面の傾斜（前座高と後座高の差）やクッションのアンカーサポートは、移乗前に
臀部を前方に移動する動作を難しくします。座面と移乗先の間に、駐車用ブレーキ
のレバーや駆動輪などの部品が臀部と干渉しないものを選定します。

正面方向の移乗では、座面の高さを移乗先と合わせることが基本となります。

◆ **アームサポート**

　横方向への移乗では、アームサポートの着脱、または跳ね上げなどにより、臀部の移動スペースを確保する必要があります。

　正面方向への移乗で、プッシュアップ動作で臀部を浮かせる場合は、アームサポートに強い力がかかることがありますので、十分な強度を有しているタイプを選定します。

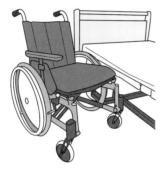

座位での移乗に適した車いす。レッグサポートとアームサポートが着脱でき、移乗の支障にならない

⑶　**移乗用リフトでの移乗に適した車いす**

　移乗用リフトでの移乗は、座位保持性能の高いティルト・リクライニング車いすでも、適切な座位位置への誘導がしやすい移乗方法です。

◆ **フットサポート・レッグサポートの着脱**

　レッグサポート全体が取り外せる機能があると、着座の際に下肢との干渉が少なく、介助の負担軽減になります。

◆ **アームサポート**

　アームサポートは、スリングシートに引っかかりにくい形状のほうが、円滑なリフト操作が可能です。

フットサポートとレッグサポートを外しておくと、着座の際に干渉が少なくなる

9 車いす用クッションの選定

　車いすの座シートは硬く、布製で円弧状の弛みがあるので、車いす用クッションの不使用は長時間の座位に耐えられないばかりか、骨盤が傾くなど不良姿勢を助長します。標準の仕様で、ウレタンフォームのクッションが付属する車いすもありますが、そうではない場合は、必ず車いす用クッションを併用します。また、付属のクッションでは、圧の分散が不十分な場合もあります。

◆ クッション使用の目的

● 圧分散

　坐骨部や仙骨部にかかる圧を分散し、圧の集中による痛みを軽減すると同時に、床ずれ等のトラブルを予防します。

● 姿勢保持

　臀部の痛みから逃れるために姿勢を崩すことも多く、痛みを軽減することは重要です。アンカーサポートは臀部の前へのずれを予防する機能をもちますが、坐骨部に対し機能するので、骨盤が後傾した状態では効果が現れません。

◆ クッションの種類

　一般に素材の違いで分類され、圧分散性能や重さ、メンテナンスのしやすさなどから選定します。必要に応じて失禁への対応や、通気性など、カバーの機能にも着目します。

● ウレタンフォーム等のタイプ

　ウレタンフォームやポリエステル繊維の立体構造などの素材でできたタイプです。自立での座り直しが可能であったり、座位時間が短いなど、床ずれの危険が少ない人に向いています。使用状況により数年で劣化が始まり性能が低下する点に注意が必要です。

ウレタンフォーム

● ゲルとウレタンフォームの組み合わせのタイプ

　臀部の前へのずれを防ぐ座面形状などの座位保持性能と、圧分散性能のバランスに優れたタイプです。ゲルの割合が高いものは重く、本人の腕の力が弱い場合などでは扱いにくいことがありますので重量の確認も大切です。

ゲルとウレタンフォームの
組み合わせ

● 空気室構造のタイプ

　セルと呼ばれる多数の空気室構造をもち、セル内の空気が流動することで高い圧分散性能を発揮します。また、セルの横方向の動きにより「ずれ力」の軽減を図るとされています。一方で空気量の確認など日常のメンテナンスを必要とします。

空気室構造

🔟 介助者の負担軽減のための留意ポイント

　長距離や不整地、傾斜路の介助による移動では、介助者の負担軽減の視点も重要です。

◆ 介助者用ブレーキ

　特に屋外や傾斜路での利用がある場合には介助者用ブレーキが重要です。基本的には制動用のブレーキですが、一時的な駐車用ブレーキの機能を備えたタイプもあります。介助者の手元で操作でき前傾姿勢を回避できることから、腰痛の予防にも効果があります。

介助者用
ブレーキ

車いす全体の重量は、各部の調整機能などの付加機能が多くなればその分加算され、介助者の負担も大きくなります。付加機能の必要性をよく検討したうえで、できるだけ軽量な車いすを選定しましょう。

◆ 手押しハンドルの高さ

手押しハンドルの高さは、車いすを押す姿勢に影響します。特にハンドルが低い場合は前かがみ姿勢での介助となり、腰痛を悪化させる要因になります。

・介助しやすいハンドルの高さ：介助者のへその高さ（87 〜 95cmくらい）

COLUMN

電動車いすは「クルマ」？

電動車いすは道路交通法上、歩行者となります。歩行者の交通法規が適用されますので歩道等を通行し、歩行者用の信号に従います。歩行者とはいえ、速度（最大時速6km）や大きさから、ほかの歩行者を傷つける危険性も少なくはありません。実際に事故も多く発生しており、周囲の状況確認や判断、運転操作技術、危険回避能力など安全な利用ができるかどうかのアセスメントが重要です。

介護保険の対象となる福祉用具・住宅改修

⑤ 歩行器・歩行補助つえ

１ 歩行補助用具とは

　歩行器や歩行補助つえなど歩行を支援する福祉用具で、歩行移動の円滑化や転倒の予防を目的に利用されます。歩行の支援は、単に「歩ける」「歩けない」を評価するのではなく、何らかの目的を達成するための「歩く」という移動が実現するかどうかの視点で考えることが大切です。

　たとえば「トイレへの歩行」は、尿意を感じてから一定の時間内に、屋内という環境の中をトイレまで歩行移動することが支援の目的となります。買い物であれば、屋外の長い距離を、購入した食材などの荷物を持って歩行移動することが支援の目的です。目的によって歩行に必要とされる条件は異なり、選定する歩行補助用具も異なります。

２ 歩行器・歩行補助つえの機能
◆ 体重の免荷

　杖や歩行器を介して体重の一部を腕で支えることにより、下肢にかかる負荷を小さくすること（免荷）ができます。下肢の筋力が体重を支えるには十分ではなかったり、膝や股関節の痛みを軽減するなどの目的で免荷が必要になります。

◆ 安定性の向上

　立位での支持基底面は、両足とその間にできる面積です。身体の重心が支持基底面から外れると人は転倒してしまいますので、この面積を増やすことが姿勢や動作の安定につながります。杖や歩行器は、両足のほかに支持点を増やし、基底面を広げることによって、安定性を向上させます。

● 支持基底面について

　支持基底面とは身体の重さを支える面で、立位であれば両足とその間の面であり、広いほど立位の安定につながります。歩行補助用具を持たないＡ、一本杖をつくＢ、歩行器を利用するＣでは、支持基底面の一番広いＣが最も安定していると判断でき

A

B

C

歩行補助用具と支持基底面

186

ます。安定には、支持基底面の広さのほかに、重心の高さが低いほうが安定、重心の位置が支持基底面の中心に近いほうが安定という要素もあります。

3 介護保険の対象にならない一本杖

握りがＴ字型やオフセット型で棒状の形をした「一本杖」は、一般的な用具として普及しているので介護保険の給付対象ではありませんが、歩行補助用具の基本を知るために詳しく触れてみましょう。

◆ 特徴

把持する１か所が支持点で、接地点も１か所の杖です。手関節の力のみで安定を図るので、特に側方への安定性は高くありません。より高い安定性を求める場合は、ロフストランド・クラッチなどの複数の支持点をもつタイプや、多点杖のような複数の接地点をもつタイプを選びます。

◆ 種類

ハンドグリップの形状によりＣ字型、Ｔ字型、オフセット型などがあります。

●Ｃ字型

Ｃ字型の握り形状は力を入れにくく安定性に欠けます。ステッキのような使い勝手で、歩行のリズムを整える目的で使用します。

●Ｔ字型

一般に普及する握り形状です。人差し指と中指の間に支柱を挟むことで側方の安定性を高めることができますが、指が開くことで握りにくさを感じる人もいます。

●オフセット型

指をそろえて握ることができ、ハンドグリップに体重をかけやすいタイプです。側方への安定性は握る力によりますが、ハンドグリップをスポンジ素材にするなど、

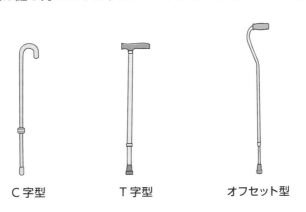

Ｃ字型　　　　　Ｔ字型　　　　オフセット型

手の中で回転しにくい仕様のものもあります。

◆ 長さの調整

　杖の適切な長さは、靴やスリッパなどを履いた状態でつま先から前方へ15㎝、側方へ15㎝に杖を垂直に立てて把持したときに、肘関節が30度程度屈曲する長さが基本なります。具体的には立位での床から大転子までの高さに杖の長さを合わせるという目安がありますが、大転子がわかりづらいときには腕を垂直に下したときの、床から手首までの高さに杖の長さを合わせると良いでしょう。

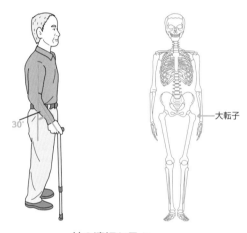

杖の適切な長さ

◆ 杖を使った歩き方

　原則として、杖は免荷を必要とする患側とは反対側につきます。こうすると杖先も含めた支持基底面が広くなり、重心が患側から離れる方向に移動します。歩行のパターンは、2動作歩行と3動作歩行があります。

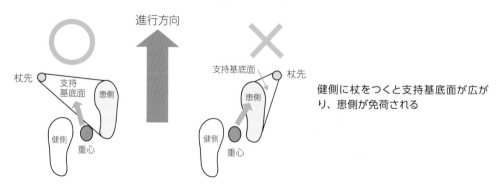

健側に杖をつくと支持基底面が広がり、患側が免荷される

● 2動作歩行

1動作目では身体の支持が健側のみになり不安定なタイミングが発生します。

(1動作目) 杖と患側の足を同時に出す
(2動作目) 健側の足を前に出す

● 3動作歩行

常に2点以上で身体を支持しているので歩行が安定しますが、歩行スピードは遅くなります。

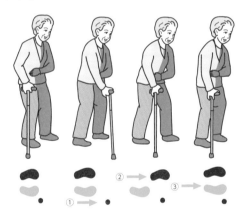

(1動作目) 杖を前に出す
(2動作目) 患側の足を前に出す
(3動作目) 健側の足を前に出す

4 歩行補助つえ

松葉づえ、ロフストランド・クラッチ、プラットホームクラッチおよび多点杖が貸与として介護保険制度の給付対象となります。

● 松葉づえ

脇に当てることで杖を安定させ、ハンドグリップ部で体重を支持する構造です。脇の下には指1～2本分の隙間を空け圧迫を避けます。ハンドグリップ部分の高さは一本杖と同様の目安で調整します。

● ロフストランド・クラッチ

腕を支える前腕カフとハンドグリップ部の2か所の支持点をもつ杖です。カフ部で杖を安定させハンドグリップ部で体重を支えます。握力や手関節の支持が弱い場

合に選定します。ハンドグリップ部分の高さは一本杖と同様の目安で、カフ部は肘の動きを妨げない範囲でハンドグリップとの距離を広くとれる位置に調整します。

●プラットフォーム・クラッチ

　肘関節を曲げた状態で前腕部をプラットフォームにのせるように使用する杖で、エルボークラッチとも呼ばれます。関節リウマチなどで手関節に強い負荷をかけられない場合などに選定します。使用に慣れるにはある程度の練習が必要です。

●多点杖

　接地点が３点以上に分かれ、杖自体が自立するので、より大きな安定が得られます。片麻痺の人の歩行では、ハンドグリップ部分が旋回しづらいので、患側の振り出し動作の支持点として動きを引き出しやすくなります。

　接地部分（ベース）が広いタイプは安定性が高くなりますが重たくなる傾向があります。高さは一本杖と同様の目安で調整します。多点杖は、敷居などの段差部分や屋外の不整地などでは接地が不安定になります。段差スロープ上でのつき方にも注意が必要です。

　サイドケインも多点杖の一種で、ベースがより広く設計されていますが、一般家庭の廊下など狭い場所では取り扱いが難しいです。

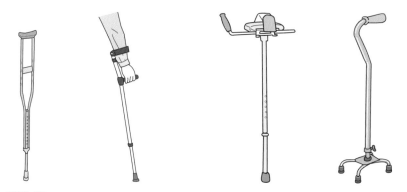

松葉づえ　ロフストランド・クラッチ　プラットフォーム・クラッチ　　多点杖

5 歩行器とは

　歩行器は、基本的に接地点が身体を囲むように４点以上あり、杖よりも広い支持基底面をもつことで、より安定した歩行を可能とする歩行補助用具です。両手でグリップに体重をかけた状態でブレーキがかかり動かないタイプが本来の歩行器ですが、JIS の規定では脚に車輪がついていても５kg以上の荷重でロックされる機構を有するものについては歩行器の分類となります。

　介護保険では、３輪以上（主には４輪）を装備し体重をかけながら移動できる「歩行車」のタイプも、歩行器の一部として分類されます。

◆ 歩行器

交互型や車輪付きなどがありますが、体重をかけた状態ではブレーキがかかり固定される機構となっています。主に屋内で利用します。

送り出し方法の違いにより、いくつかのタイプがあります。

● 固定型

接地点すべてが脚なので、歩行の際に持ち上げて前に送り出す必要があります。持ち上げている間は支持がありませんので、両上肢の筋力と立位の保持が必要です。持ち上げて前に送り出す使い方から「ピックアップ」とも呼ばれます。

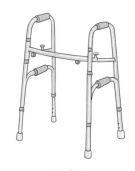

固定型

● 交互型

左右の脚を交互に前に送り出すことにより、常に左右どちらかの脚が支持点となるため、歩行器全体を持ち上げる必要はありません。歩行器の左右交互の操作と利用者の足の運びのタイミングが複雑で、使用には慣れが必要です。リハビリで練習の機会をもつなど、安全に使うためのプロセスにも配慮する必要があります。

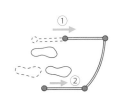
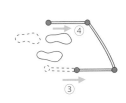

交互型

● 前輪型

後ろの脚部分のみ持ち上げることで、前2輪は持ち上げなくとも前への送り出しができるタイプです。後ろの脚のゴムに、ばね構造で床から浮かせる機構を備えたタイプでは、後ろの脚も持ち上げずに滑らせて送り出すことが可能です。

前輪型（ばね構造で床から浮かせる機構付き）

◆ 歩行車

　歩行車は、主に四脚に車輪をもつ構造で、両手で軽く押しながら歩行することが可能です。歩行器と違い体重をかけながら移動ができるので、ほとんどのタイプでブレーキが付属しています。身体の支持は、両手または両腕によるものが一般的です。歩行車には、身体を支持する構造が異なる２つのタイプがあります。

● ロレータ型

　両手でハンドグリップを握り体重をかけながら歩行するタイプです。屋内外で利用が可能で、多くは買い物用のかごや休憩用のいすを備えています。

● ウォーキングテーブル型

　両前腕の支持により立位を保持する形状をもつ歩行車です。支持部がパッドの付いた平面状のサポートテーブルタイプと、前腕を受ける形状の前腕サポートタイプの２種類があります。ロレータ型よりも支持性があり、より高い安定性を求める場合に利用します。基本的には屋内での利用に適し、小回りが利き狭い場所での利用に向く６輪型もあります。

ロレータ型　　　　　ウォーキングテーブル型

COLUMN

抑速機構とロボット制御

　歩行車には抑速機構付きの車輪が装備されているものもあります。一定のスピード以上になると制動がかかるので、下り坂での速度を抑えたり、パーキンソン症候群の症状などでスピードのコントロールが難しいケースに有効な場合があります。

　抑速機構は、重たい荷物を運ぶときや上り坂などでは抵抗となり、選定をためらうことがあります。そこで登場したのが上り坂での歩行のアシストや重たい荷物を積んでも軽い力で押すことができるロボット制御機能を加えた４輪歩行車です。坂道の多い環境での長距離の歩行や買い物の支援などで生活圏を広げる効果が期待されます。

シルバーカーは歩行車なの？

　シルバーカーは、歩行補助のための用具ではないので歩行車ではなく、原則として介護保険の給付対象ではありません。規格上では、「自立歩行の可能な人」のための用具であり、移動途中に座って休憩したり、荷物を運んだりすることが利用の目的です。そのために耐久性の試験基準や車輪の大きさなども歩行車の規格とは異なります。

　シルバーカーに多い身体の前方の横方向のハンドルは、歩行車の身体の左右にあるハンドルとは異なり、体重をかけにくく歩行姿勢も前かがみになってしまいます。シルバーカーと歩行車は、形状だけではなく利用目的や対象者も異なります。違いを理解したうえでの選定支援が求められます。

シルバーカー　　　　　　　歩行車とシルバーカーの歩行姿勢

6 手すり

1 介護保険で利用する手すり

　介護保険で給付される手すりは、貸与のほかに特定福祉用具（浴槽用手すり）、住宅改修の対象となる取り付けを伴う手すりがあります。利用する場所、施工の有無によって該当するサービスの種類が異なります。

◆貸与の対象となる手すり

　転倒予防や、移動・移乗動作を円滑に行ったり、便座などでの座位保持、立ち上がりの補助に利用する手すりで、床に置く、天井や壁との間で突っ張る、便器などに固定するなど、取り付けに際し工事を伴わないものが貸与の対象となります。

2 手すりの種類

◆ 床置き式手すり

ベース部分と手すり部分で構成され、ベース部分の重さで安定を図るタイプです。

●はしご形

基本的な形のタイプです。家具のベッドでの寝返りから立ち上がりの補助などの場面で利用されます。

●階段形

階段状の横手すりを順に握ることで、床からの立ち上がりを補助する目的に利用されることの多い形状です。

●支持台付き

支持台面に手をついて立ち上がる動作に適した形状の手すりです。支持基底面が広く確保できるので、より安定した動作が可能です。

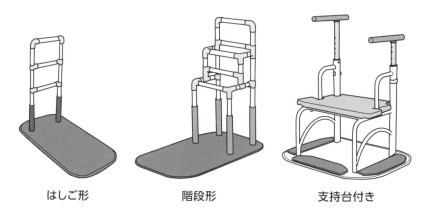

はしご形　　　　　　階段形　　　　　　　支持台付き

●連結タイプ

複数の床置き式手すりを連結したタイプです。玄関外のポーチなど、屋外の段差昇降での利用が想定されたものもあります。

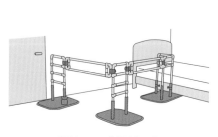

連結タイプ（屋内用）

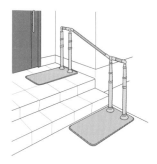

連結タイプ（屋外用）

● 段差対応タイプ

段差に対応した斜めの手すりになっているタイプです。ベース部分に踏み台が付属するものもありますが、踏み台部分の保険適用については地域によって対応が異なります。玄関の上がりかまちや掃き出し窓で利用されます。

● 水回り対応タイプ

水に濡れても大丈夫な素材でできた手すりです。濡れた手や足での利用でも滑らないような工夫がされています。

段差対応タイプ（上がりかまち用）

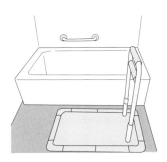
水回り対応タイプ

◆ 突っ張り式手すり

床と天井との間に突っ張って固定するタイプです。屋外での利用に対応したものもあります。足元にベースがないので、すり足の歩行でもつまづきにくい長所がある一方、天井の強度など家屋側の条件によっては設置ができない場合もあります。

● 基本形

一本の手すり単体での利用が突っ張り式手すりの基本的な形です。握りやすさなどを考慮しグリップ部分を追加することが可能です。

● 連結形

複数の突っ張り式手すりを設置し、手すりで横方向に連結したタイプです。廊下のほか、玄関など段差のある場所での利用も可能です。

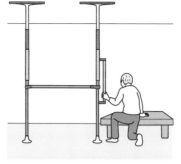

基本形の突っ張り式手すり　　　　連結形の突っ張り式手すり

◆トイレフレーム

　腰掛式便器を挟み込むなどの固定方法により、工事の必要なく利用できる手すりです。両側のひじ掛け形手すりのタイプが一般的で、介助の際などにひじ掛け部分は跳ね上げることができるものが多くあります。

　主に、立ち座りや排泄時の座位姿勢の安定の目的で利用しますが、立位を補助する高さの手すりが付属するものもあります。

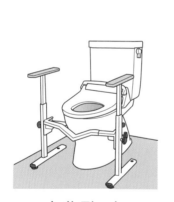
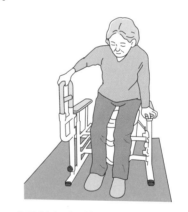

トイレフレーム　　　　　立位対応が可能なトイレフレーム

⑦ スロープ

1 介護保険で利用するスロープ

　持ち運びが可能なスロープは福祉用具貸与の対象となります。主に車いすでの段差通過を目的として、玄関やポーチ、掃き出し窓など屋外の段差に利用する「可搬型スロープ」と、車いすの通過に加え歩行でのつまずき防止を目的として、敷居程度の数センチの段差に利用する「敷居段差スロープ」があります。工事を伴って固定されるスロープは住宅改修の給付対象となります。

2 スロープの種類

◆ 敷居段差スロープ

敷居に合う高さのものを選定します。ドア下の段差では幅が干渉し利用できないこともありますので注意します。固定せずに使用するため、滑り止めや重さによって容易に動くことがないものを選定します。

敷居段差スロープ

◆ 可搬型スロープ

可搬型スロープは車いす移動専用なので歩行器や歩行車での利用はできません。車いすを押す介助以外でのスロープ上の歩行は想定されていません。

● 一体型

一枚板の形状をもつスロープです。走行できる幅に余裕があり、介助者もスロープ上を歩行するので負担が少なく安全です。電動車いすでは、原則としてこのタイプを選定します。運搬時は折りたたみます。ロール形状のスロープは凸状の段差をまたいで解消することが可能です。

一体型

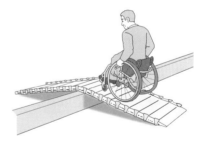

ロール形状のスロープ

● レール型

介助者は地面を歩くので負担が大きくなります。左右が分かれているので片側ずつでは軽量となり、レールの運搬や付け外しの負担が軽減できます。レールの長いタイプでは、運搬や保管時に伸縮や折りたたみができるものもあります。

レール型

3 可搬型スロープの長さの選定

可搬型スロープの勾配は、段差の高さとスロープの長さで決まります。介助者なしでスロープを昇降する場合、車いすの駆動能力には大きな個人差がありますので、本人の能力を評価したうえでスロープの長さを選定する必要があります。介助者が車いすを押す場合でも、介助者の体力によって必要な長さは異なります。

◆ 可搬型スロープ長さの目安

可搬型スロープを紹介するカタログには、対応できる段差の高さ等の目安が掲載されていますが、これは各々のメーカーが独自に検討した結果の数値であり、公的な基準ではありません。メーカーごとに若干の違いはありますが、おおむね表5-1のような数値になります。ただし、試用するなどして適切な長さを判断することが基本です。

電動車いすには、各々の機種で登坂できる角度の制限があり、一般的には6分の1程度の勾配が限界です（高さの6倍の長さの水平距離をもつスロープ）。

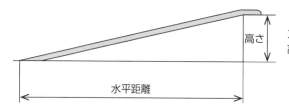

スロープの勾配は、水平距離を分母、高さを分子とした分数で表す

表5-1 **段差高さごとの必要なスロープ長さの目安**

段差高さ	非力な介助者	一般の介助者	限界値
勾配	8分の1	6分の1	3.7分の1
10㎝	80㎝	60㎝	40㎝
15㎝	120㎝	90㎝	60㎝
20㎝	160㎝	120㎝	75㎝
25㎝	200㎝	150㎝	95㎝
30㎝	240㎝	180㎝	115㎝

⑧ 移動用リフト

1 移動用リフトとは

　生活のさまざまな場面での上下方向の移動と、上下方向の移動を伴う移乗を補助する福祉用具です。介助する人・される人双方の身体的負担や危険を軽減する目的で利用されます。また、移動用リフトを利用した移乗では、介助負担の少ない操作で車いすでの適切な座位姿勢に誘導することができ、リラックスした姿勢の維持や床ずれの予防などに効果を得ることができます。

2 移動用リフトの種類と利用

(1) 移乗用リフト

　ベッドから車いす、車いすから便座などの移乗に利用する移動用リフトです。本人の身体にスリングシートを装着し、電動で昇降します。安定した座位が取れない場合でも、スリングシートの選定によって臥位での移乗が可能です。介助者が操作して使います。

◆ 移乗用リフト導入のポイント

● 知識と技術のある福祉用具専門相談員等と連携する

　移乗用リフトは「見よう見まね」では利用できませんし、誤った使い方は重大な事故につながります。導入に向けてのアセスメントから、スリングシートの適合や操作技術の伝達など、安全な利用が定着するまでの一定期間継続した支援が必要ですので、導入に精通している福祉用具専門相談員等との連携が不可欠です。

● スリングシートの選定

　頭部の支持性や体格、移乗の目的、介助者の操作能力などを考慮し選定します。試用によって身体機能との適合や使い勝手を確認するプロセスを経ることも大切です。スリングシートは、特定福祉用具の「移動用リフトの吊り具部分」として購入費の支給対象となります（p.231参照）。

● 全体的な環境を整える

　移乗用リフトの導入だけではなく、特殊寝台や車いすの機能の再検討、部屋の整理整頓やレイアウトの変更など、全体的な環境を整えることも大切です。

● ケースに合わせた使い方を整理する

　本人の心身機能や介助者の操作能力、ベッドや車いすの機能、部屋の広さなど、さまざまな要因により利用者に対する最適な使い方は異なります。本人の負担の少

ないベッドの背上げの角度を決めたり、車いすの位置を床に示しておくなど、ケースごとに最適な使い方や手順を個々に整理することで、老々介護のような状態であっても十分に使いこなすことが可能となります。

◆ 移乗用リフト本体の選定

移乗用リフト本体はレール走行型、ベッド固定型、床走行型があります。上下方向はモーターの力で動き、横方向は介助により移動します。操作性や移乗できる範囲、ベッドの仕様、部屋の広さ、床面の素材などが選定の要素となります。

● レール走行型

ベッドの上にやぐらを組み、レールの範囲内での移乗が可能です。左右に2本の脚をもつ門型では線移動、部屋の四隅に4本の脚をもつタイプでは面移動が可能です。移動範囲が広く、円滑かつ垂直に昇降するので、操作はベッド固定型や床走行型に比べ簡単です。線移動のタイプは、脚が部屋の出入り口と重なる配置はできないなど、レイアウト上の制約がある場合があります。

レール走行型

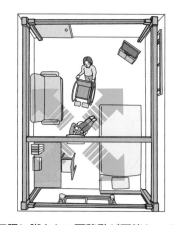

四隅に脚をもつ面移動が可能なタイプ

● ベッド固定型

　ベッドと一体的に設置するタイプで、ベッドの重さで固定されます。支柱を中心にアームが回転し、その範囲の中で移乗が可能です。垂直に昇降するタイプとアームの円弧運動により昇降するタイプがあります。

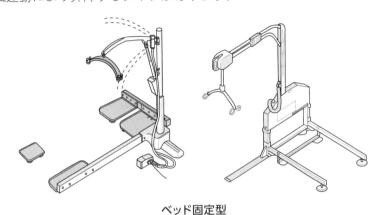

ベッド固定型

● 床走行型

　上下昇降はアームの円弧運動により行い、横方向の移動はベース部分に設けられた小径の車輪で床上をリフトごと動かすタイプです。人が吊られた重たい状態での横方向への移動は、介助者の負担となることがあります。また、横方向への移動中に吊られた本人が揺れてしまい不安を感じさせてしまうこともあります。ベッドからの移乗では、床走行リフトのベース部分がベッドの下に入ることが必要です。畳やカーペットの床面では使用が難しい場合があります。

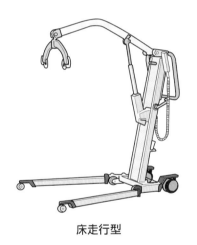

床走行型

⑵　スタンディングリフト

　座位姿勢がとれ、足で体重を支えることができる人に対して、立位への誘導と、ごく短距離の移動、方向転換を可能にする移動用リフトです。膝パッドで膝を固定する構造をもつことが特徴です。立位の状態は機種によりさまざまで、腰を浮かせる程度のタイプもあります。臀部を浮かせ下衣の着脱が可能なことから、排泄時の移乗の介助負担を軽減できます。

　身体の支え方の違いで前方サポートタイプ、後方サポートタイプに分けられます。移乗用リフトに比べ適応範囲が狭く、適合の確認には試用が不可欠です。

●前方サポートタイプ

　ベルトや脇の下に挿入したパッドなどを動かすことにより前傾姿勢を誘導し、胸部を前方から支え立位を安定させます。電動型にはロボット技術を利用して、より人の立ち上がり動作に近い軌道で動くものもあります。一方、手動タイプは電動型よりもコンパクトで軽量なので取り扱いが楽になります。

●後方サポートタイプ

　背中から腰の範囲にベルトを回して上半身を持ち上げるタイプで、立位に近い姿勢がとれますが、後方に寄りかかった姿勢でバランスをとる必要があります。用具自体が大型なので、導入するには住環境の確認も必要です。

●手すりにより立たせるタイプ（後方サポートタイプ）

　小径の車輪をもつベースと手すりを組み合わせた形状をもちます。膝をパッドで固定し手すりを引き付けて立ち上がり、介助者が方向転換などの移動を行います。より立位を安定させるためにベルトを腰に回すことも可能なことから、後方サポートタイプに分類されます。

前方サポートタイプ　　　　　後方サポートタイプ　　　手すりにより立たせるタイプ

⑶　いす型リフト

●電動昇降座いす

　畳など床座からの立ち上がりを補助する座いすタイプの移動用リフトです。ひじ掛けや背もたれも含めいす全体が昇降します。座面が前後にスライドしたり回転したりするものがあります。

●立ち上がり補助いす

　立ち上がりを補助する目的で、座面が昇降するいすです。いす全体が昇降するタイプと座面のみが昇降するタイプがあります。座面を斜め前方に傾斜させて臀部を押し出す動きをとるものもあります。

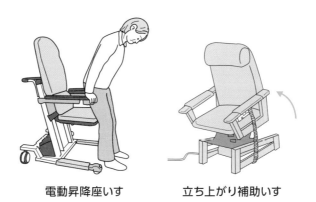

電動昇降座いす　　　　　立ち上がり補助いす

⑷　入浴用リフト

◆ リフト本体の種類

● 入浴用リフト浴槽固定型

　浴槽内での立ち座りを補助する移動用リフトです。リモコンの操作で座面部分が昇降し、吊り具は使いません。自立または介助で、浴槽を座位でまたぐことが可能な人に対応します。バッテリーの充電が必要です。家族の入浴を考慮し、座面部分の着脱が可能なものもあります。

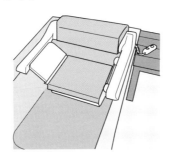

入浴用リフト浴槽固定型

● 浴室用リフト

　リモコンの操作で身体を吊り上げ、脱衣室から浴室、さらに浴槽内への移動が可能です。浴槽横に支柱を立てるアーム型、浴槽内にやぐらを組むレール走行型があります。浴室入り口の段差に関係なく、脱衣室からの移動が可能なタイプもあります。

　合わせて利用する吊り具にはスリングシートとシャワーキャリー型があります。いずれも浴槽内では浮力の影響で姿勢が不安定になりますので、背をあまり寝かせすぎないことや、介助者が押さえているなどの対応が必要になります。

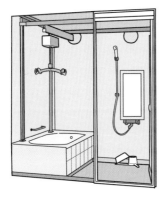
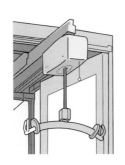

浴室用リフト（レール走行型）

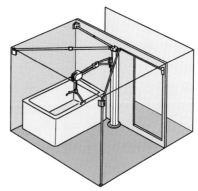

浴室用リフト（アーム型）

◆ 吊り具の種類

● スリングシート

　ベッド周りでの移乗と同じ形状ですが、素材はメッシュなどの水切れの良いものを選びます。スリングシートは、特定福祉用具の「移動用リフトの吊り具部分」として購入費の支給対象となります（p.231 参照）。

● シャワーキャリー型

　リフト専用のシャワーキャリーは、座面部分と台車部分が切り離せる構造になっています。移動は通常のシャワーキャリーとして、入浴は座面部分を分離し吊り具として利用します。座面部分のリクライニングやティルトが可能な製品もあります。また、素肌で触れることを考慮してシート素材や安全ベルトなども選定します。シャワーキャリー型は、特定福祉用具の「入浴補助用具」として購入費の支給対象となります（p.222 参照）。

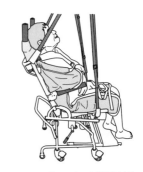

シャワーキャリー型吊り具

⑸　段差昇降用リフト

　玄関や掃き出し窓の段差を昇降するための移動用リフトです。

● テーブル型

　スイッチの操作で垂直に電動昇降するのでスロープよりも小さな面積での設置が可能です。車いすがテーブルを直進し通り抜ける形が基本形で、段の正面にリフト本体の大きさと車いすの回転スペースとして 2.5m 程度の奥行が必要になります。不足する場合は、テーブル上で 90 度方向を変えて進行するタイプがあります。杖や歩行車を利用する人でも利用が可能です。車いすの利用を前提としない小型のものもあります。

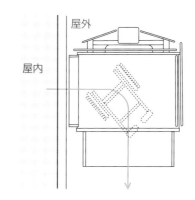

テーブル型段差昇降用リフト　　　テーブル上で90度方向を変えて進行するタイプ

●いす型

　玄関の上がりかまち用の昇降機で、いす部分が上下に動き昇降を補助します。座面部分が手動、または電動で回転するので、段上では正面向きに立ち上がることができます。

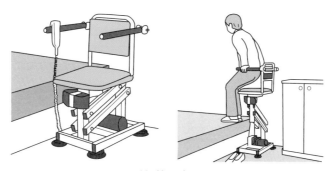

いす型段差昇降用リフト

⑹　可搬型階段昇降機

　特殊な車輪やクローラ（無限軌道）で階段上を走行し、本人や車いすを昇降させる用具です。階段への工事は必要ありません。運転操作は介助者が行いますが操作ミスや不注意から重大な事故につながるおそれのある用具ですので、操作の指導や安全管理体制が厳格に決められています。

●使用する階段や車いすの条件

・昇降可能な階段の形状、幅や角度、踊り場の広さなどは、機種ごとに制限があります。濡れた階段や、段鼻が欠けたり丸くなっている、人の往来が激しく衝突の危険があるような階段では使用できないことがあります。

・車いすを装着することが可能なタイプでは、車いすに条件があります。条件の具体的な内容については、機種ごとに異なります。

●本人の条件

・正しく使えば安全な製品であるとはいえ、階段上を進むので恐怖感があります。昇降中は身体を動かさずに安静にしている必要があり、認知力や理解力が必要です。

●介助者の条件

・操作を行う介助者は、テクノエイド協会が認定する「可搬型階段昇降機安全指導員」から講習と操作訓練を受け、合格する必要があります。

・操作の講習を受けられる人には、年齢や身長体重、心身機能などの条件が設けられています。

・訪問介護員（ホームヘルパー）やデイサービスの送迎スタッフが操作する場合、講習を受け合格した人のみが担当できます。複数のスタッフで交代して担当する場合、操作の間隔が空いてしまうと、操作方法を忘れたり、ミスをしやすくなるので、なるべく定期的に操作にあたれるよう、事業所側に配慮を求めることも大切です。

可搬型階段昇降機

COLUMN

テクノエイド協会が養成する移乗用リフトのエキスパート支援者

　テクノエイド協会では、移乗用リフトの普及により本人・介助者双方に安全で負担の少ない移乗介助を実現するために、「リフトリーダー」を養成しています。適切な利用技術を現場の介護職等に定着させると同時に、腰痛予防も含めた質の高いケアの方向性を示すオピニオンリーダーとしての役割を担っています。

---

⑨ 認知症老人徘徊感知機器

1 認知症老人徘徊感知機器とは

　家族の知らない間に外に出てしまったり、ベッドから離れてしまうことなどによる事故や転倒の危険を避けるために、徘徊を感知し介助者に知らせる用具です。

◆ 認知症の症状としての徘徊の理解

　周囲からは意味もなく歩き回っているように見えてしまいますが、本人には、何かを探す、昔住んでいた家に帰るなど、何かしらの目的があります。叱責をしたり行動を抑制するなどの対応は、症状の悪化を招く要因ともなることが知られています。

◆ 通信機能部分は介護保険の対象にはならない

　GPS機能で高齢者の位置を特定したり、ベッドから離れる状況を感知し介助者のスマートフォンに映像を送るなどの機能をもつ機器も開発され普及していますが、通信機能の費用については、介護保険の給付対象にはなっていません。

2 徘徊感知機器の選定

　設置方法や機能によりいくつかのタイプがあり、次のようなポイントで選定します。

◆ どのタイミングで感知するかを考える

　感知が必要なタイミングは、本人の立ち上がりや歩行の能力、許容される行動範囲により、大きく3つに分かれます。

●ベッド上で起き上がるとき

　ベッドから起き上がること自体が危険な場合、またはより早い寝返りなどのタイミングで感知する必要がある場合です。

●ベッドから立ち上がるとき

　屋内であっても一人で歩くことが危険などの理由で、ベッドから離れるタイミングで介助者が駆けつけ安全を確保する必要がある場合です。

●部屋から出る、玄関から出るとき

　部屋の中、または屋内の歩行には大きな危険や問題がなく、廊下に出る、または玄関から外に出るタイミングで感知する必要がある場合です。

ベッド上で起き上がるとき　　ベッドから立ち上がるとき　　部屋から出るとき

◆ 感知方式を選定する

感知する側の機器は「子機」と呼ばれ、感知方法には複数の形式があります。介護ロボットの重点分野でもあり、新しい技術も多く開発されています。

● 接触型センサー

触ったり、マットの上に足を置くなど物理的な力が加わることで本人の動きを感知するセンサーです。ベッドから立ち上がるときの足元や玄関の床などに置くマットのほか、ベッドのサイドレールを握ることで感知するものなどがあります。

● 重さの変化をとらえるセンサー

マットレスの下に薄いシート状のセンサーを敷くなどの方法で、身体の重さの分布の変化を感知し、寝返りや起き上がりの動きを検知します。より早い段階での感知を目指すタイプです。

● 非接触型センサー

・身体の動きを感知するタイプ

　赤外線や、画像の動体検知技術などで、寝返りや廊下の通過などを感知するタイプです。

・発信機からの電波などを感知するタイプ

　本人の衣服などに小型の発信機を取り付け、受信機への接近などを感知するタイプです。発信機を持つ人にしか反応しないので、家族が同じ場所を通っても誤報とはなりません。逆に家族が発信機を携帯し、携帯しない本人のみを感知するタイプもあり、本人に発信機を携帯させることが課題となるケースで有効です。

◆ 受信方式を選定する

受信側の機器は「親機」と呼ばれ、介助者の生活状況に合わせて選定します。

子機がある場合、親機側、子機側双方に電源が必要です。電池方式では交換が必要になります。コンセントから引く場合は、コードが歩行の支障とならないよう確認しましょう。

● 一体型

子機と一体のタイプです。玄関などに置いた機器の前を本人が通過すると、その機器自体が音や光で反応します。介助者が近くにいる場合などに利用します。

● 固定型

子機からの発信に、離れた場所に置かれた親機が反応し、音や光などで知らせるタイプです。無線式のものでは使用環境で電波が届くか確認が必要です。

● 携帯型

受信装置を家族などが携帯するタイプです。電波の到達距離については、固定型同様の注意が必要です。

⑩ 自動排泄処理装置

1 自動排泄処理装置とは

尿または便を自動的に吸引し、装置内のタンクにためる用具です。レシーバーにセンサーがあり、排尿や排便を感知して自動的に吸引します。便を対象とした用具では、温水での陰部洗浄および乾燥を行う機能があります。

◆ 排泄物が触れる部分は特定福祉用具

尿や便の経路となるレシーバー、ホース、タンクが分割できる構造であることが求められ、直接排泄物が触れる部分は特定福祉用具の「自動排泄処理装置の交換可能部品」として購入の対象となり、それ以外の部分が貸与の対象となります（p.217参照）。

◆ 給付の制限

自動排泄処理装置のうち、便を対象とした用具は、継続的な使用によりベッドから離れる機会が減ったり、おむつの交換回数が少なくなることで体位変換や関節を動かす機会が減り、拘縮などにつながるという弊害が指摘されています。不適切な使用を防ぐ観点から要介護3までの人への給付が制限されています（p.54参照）。

◆ 体位変換との関係

レシーバーを身体に装着して利用する場合、側臥位では尿などを適切に受けられない場合があります。レシーバーの形状やセンサーの位置により、どの程度までの側臥位に対応できるのかは製品ごとに異なります。本来、体位変換すべきケースや、

ベッド上である程度自立した動きができるにもかかわらず制限してしまうことにならないよう、適切なアセスメントの必要な用具です。

◆ 皮膚の状態に注意する

レシーバーはシリコンゴム等の柔らかな素材でできていますが、尿や便の漏れを気にして強く皮膚に押しあてたり、同じ姿勢が長く続くことで接触部分に継続的に圧がかかったり、おむつ部分の湿潤などから、皮膚を傷めやすくなります。自動排泄処理装置特有の危険性がありますので、発赤など皮膚の状態に注意を払いながら利用し、状態によっては一時的に利用を停止するなどの対応も必要です。

2 自動排泄処理装置の選定

尿のみを対象とするか便の処理も必要とするのかで選定する機種が異なります。タンクの容量や大きさなどの機能面の違いも考慮して選定します。

● 尿処理専用タイプ

手持ちのレシーバーを陰部にあてて尿を専用に処理するタイプです。レシーバーには男性用と女性用があります。尿意を感じたときに、本人または介助者がレシーバーを陰部にあてて尿を受ける使い方が基本です。

男性は、臥位のほか側臥位や座位、立位での使用も可能です。体動が少なく仰臥位で寝ている人ではレシーバーを柔らかいひもなどで固定し、装着状態のままにすることができます。その際、おむつ交換のときに行われる体位変換が少なくなることによる床ずれや拘縮の危険性の増大についての評価が使用の前提となります。

女性用は、側臥位は想定されていません。本人が座位や仰臥位などであてるほか、介助者が陰部にあてる介助を行って利用することができます。

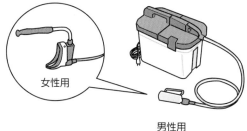

女性用

男性用

自動排泄処理装置（尿処理専用タイプ）

女性用レシーバーは受口を布団に押し付け
ながら挿入し、鼠蹊部まで密着させる

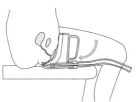

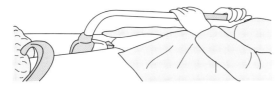

仰臥位では専用のグリップを使用

●尿と便を処理するタイプ

　カップ型のレシーバーを陰部にあて
るタイプです。レシーバーの固定に専
用のおむつやパンツが必要な機種で
は、それらの消耗品の費用は介護保険
給付の対象とはなりません。ランニン
グコストの負担についても選定のポイ
ントとなります。

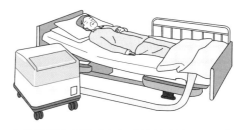

自動排泄処理装置（尿と便を処理するタイプ）

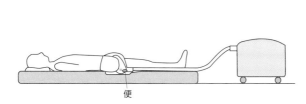

便

カップ部

カップの中に排泄された尿や便を感知し本体に吸引、温水での陰部洗浄等
を自動で行う

① 腰掛便座

1 腰掛便座とは

　腰掛便座には、排泄のための座位または立ち上がりの補助を目的とする福祉用具と、居室等で排泄をする場合に用いるポータブルトイレがあります。介護保険では、4つの形式を対象としています。

◆ 和式便器の上に置いて腰掛式に変換するもの（変換便座）

　既存の和式便器の上に置いて腰掛式として使用するのが「変換便座」です。和式トイレの形状に合わせ、床面がフラットな場合は据え置きタイプ、段差がある両用便器には両用タイプを選定します。

　両用式和式便器の場合は変換後の便座高さを確認し、低い場合は補高便座で調整するなどの対応を検討します。通常の便座の高さは42㎝前後です。

　利用に際し設置工事は必要ありません。簡易に固定しているため、勢いよく着座するとずれたり転倒するおそれもあり、手すりの併用などを考える必要があります。

両用タイプ　　　　据え置きタイプ

◆ 洋式便器の上に置いて高さを補うもの（補高便座）

　便座が低く立ち座りの動作に負担がある場合などに、便座の高さを補うのが「補高便座」です。補高便座の利用により臀部の位置が変わりますので、便器の陰部洗浄機能が使いづらくなることがあります。

● 便座の上に重ねて置くタイプ

3cm程度から10cm以上まで、必要な高さに応じて選定します。高さの低いタイプは置いてあるだけなので本人が使用しないときには容易に外すことができ、トイレのふたをすることも可能です。10cm程度のタイプは簡易ではありますが固定されるため、家族の利用やふたができないことなども考慮して選定します。

● 便座の下に挟みこむタイプ

高さ3～5cmの厚みをもつ補高便座を便器と便座の間に挟み込むタイプです。便座と臀部の位置関係は変わらないので、陰部洗浄機能の使用に問題は起きません。ただし、既存の便座が適合しない場合があるので注意します。

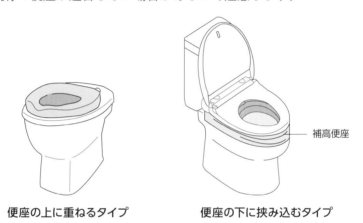

補高便座

便座の上に重ねるタイプ　　　　**便座の下に挟み込むタイプ**

◆ 電動式などで便座を昇降させ立ち上がりを補助するもの（昇降便座）

電動やスプリング式で立ち上がりしやすい高さに臀部を持ち上げるのが「昇降便座」です。補高便座よりもさらに便座の高さを上げたり、本人の利用のときだけ高くしたい場合に利用します。便座が水平のまま上下に動くタイプと、臀部を前に押し出すように便座が斜めに傾斜するタイプがあります。

● 水平昇降タイプ

便座面が水平のまま昇降するため、座位が安定します。高さがあることで立ち上がりが楽になるという人に向いています。

● 斜め昇降タイプ

便座が斜めになり臀部を押し出すことで重心移動がしやすいという特徴がありますが、前方に滑り落ちそうで力が入らない感覚を抱く人もいるので注意します。

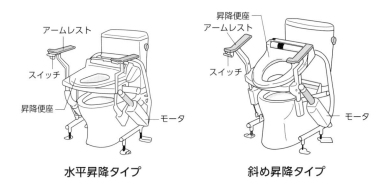

アームレスト
スイッチ
昇降便座
モータ
水平昇降タイプ

昇降便座
アームレスト
スイッチ
モータ
斜め昇降タイプ

便座が斜めになると前に滑りそうになり、
力が入りづらい場合もある

◆ 居室で利用する移動可能な便器（ポータブルトイレ）

　ポータブルトイレは、尿意を感じてからの限られた時間でトイレまでの移動が困難な場合に利用します。素材や形状、陰部洗浄などの機能、汚物の処理方法などから選定します。

【素材】

● 樹脂製

　丸洗いができ、軽量で持ち運びがしやすいことが特徴です。

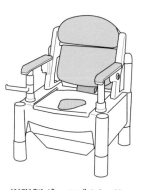

樹脂製ポータブルトイレ

木製ポータブルトイレ

●木製

重量があり移動時などに多少寄りかかっても安定しています。木製の部分は洗浄しづらいですが、バケツの周りや便座など汚れやすい箇所は樹脂でできているものが多く、洗浄が可能です。座面の付いた製品はいすとしても利用できます。

【形状】

●座位を保つための形状

多くの製品に背もたれとひじ掛けが備えられています。ベッドなどからの円滑な移乗を考慮し、ひじ掛けが跳ね上がるタイプもあります。排便に適した前傾姿勢を保つにはしっかりと足が床につく高さに調整することが重要です。また、前傾姿勢を支える形状のひじ掛けもあります。

●立ち上がりを円滑にするための形状

高さが調整でき、立ち上がりの際に足を引き込むスペースや、前方まで長いひじ掛けがあるものが、立ち上がりしやすいポータブルトイレの形状です。

●トイレキャリー

本人が座ったままでの移動を可能にする車輪付きの形状です。ベッド上で下衣を脱いだ後にトイレキャリーに移乗し、そのままトイレの便器上に移動し排泄します。便器や便座の形状によっては適合しなかったり、陰部洗浄機能が使えなかったりする場合もあるので注意が必要です。バケツが付属し装着可能なものは腰掛便座、バケツが装着できないものは入浴補助用具の扱いになる場合があります。

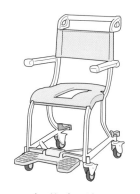

トイレキャリー

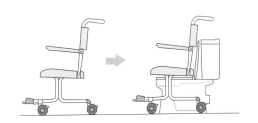

便器上にそのまま移動が可能

【汚物の処理方法】

●バケツ

汚物をバケツに受ける方式です。原則として汚物は排泄のたびに処理をしますが、バケツの中に放置しておく場合は臭いを抑えるための消臭剤を利用します。

●ラップ式

汚物を専用のビニール袋でくるみ、処理する方式です。バケツを洗う負担が少なくなると同時に、臭いの問題も軽減します。自動のものと使用前にバケツにビニール袋をかぶせるものがあります。ビニール袋は消耗品です。

●水洗式

住宅の給排水設備に接続することで、水洗での洗浄が可能です。配管がつながれているので、ポータブルトイレ自体の移動範囲は限られますが、臭いや洗浄の問題はほぼ解消します。設置に関する費用については介護保険の給付対象にはなりません。

【その他の機能】

●陰部洗浄、温風乾燥機能

排泄後、陰部を洗浄する機能です。下肢の機能障害により臀部位置の微調整ができないと洗浄水が肛門にあたらないこともあるので、一般の洗浄便座にはないノズルの左右調整を備えたものもあります。

●暖房便座機能

便座を温める機能です。

2 介護保険の対象にはならない排泄関連用具

◆ 尿瓶

受尿部と蓄尿部が一体となった尿器です。本人や介助者が手で押さえて使用します。男性用と女性用があり、女性用は受尿部が広いため、男性でもペニスが萎縮、陥没した人に向いている場合があります。排尿一回ごとに処理する使い方が基本です。

尿瓶

◆ 自然落下型集尿器

受尿部と蓄尿部が分かれ、ホースでつなぐタイプです。自然落下で流れるためベッド上で利用するなど高低差が必要です。一度流れてしまえば逆流はしないので、数回分をためておくことが必要な場合はこちらを選択します。

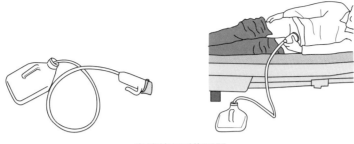

自然落下型集尿器

◆ 差し込み式便器

　ベッドパンとも呼ばれる臀部の下に挿入するタイプの差し込み式便器では、便器の厚み分だけ腰を上げる必要があります。仰臥位または軽い背上げ姿勢で利用しますが、臀部の圧迫を減らすためにタオルなどで腰を上げる工夫が大切です。少ない腰上げで利用できるタイプもあります。股間に受け口をしっかりあてて使用します。

差し込み式便器

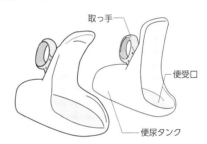

取っ手
便受口
便尿タンク

少ない腰上げで利用できるタイプ

② 自動排泄処理装置の交換可能部品

1 自動排泄処理装置の交換可能部品とは

　自動排泄処理装置の構成のうち、尿や便が直接触れるレシーバー、ホース、タンクなどの部品が「自動排泄処理装置の交換可能部品」です。衛生上の観点から、あらかじめ交換が可能な設計になっています。

2 自動排泄処理装置の交換可能部品の選定と注意点

◆ 本体に専用の部品を選ぶ

　本体と交換可能部品には互換性はありませんので、必ず専用のものを選定します。

◆ 中性洗剤等で洗浄する

　定期的な洗浄や消毒が必要です。センサーなどの電気部品が含まれる部品ですの

で、丁寧な取り扱いが求められます。形状も製品ごとに違いますので、手入れのしやすさも異なります。

◆ 消耗品が別に必要な場合がある

　交換可能部品として認定された部分は、特定福祉用具に該当し介護保険の給付対象となりますが、その他に専用の紙おむつやパンツなどの消耗品が必要な場合があります。

図 5-5　自動排泄処理装置の全体構成

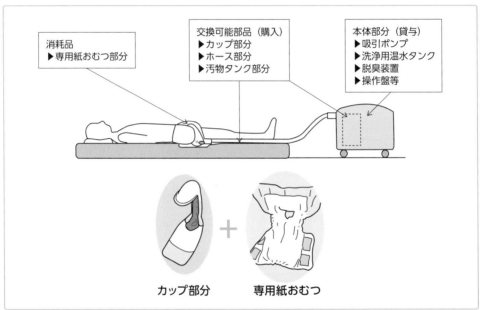

消耗品
▶専用紙おむつ部分

交換可能部品（購入）
▶カップ部分
▶ホース部分
▶汚物タンク部分

本体部分（貸与）
▶吸引ポンプ
▶洗浄用温水タンク
▶脱臭装置
▶操作盤等

カップ部分　＋　専用紙おむつ

③ 入浴補助用具

▌1▐ 入浴補助用具とは

　浴室までの移動、浴室への出入り、座位の保持、立ち座り、浴槽への出入りなどの入浴に関する一連の動作を補助する、または介助の負担を軽減するための用具が「入浴補助用具」です。動作にそって総合的に環境を整えることが大切です。

▌2▐ 入浴用いす

　入浴用いすは、主に洗身の際の座位保持を目的として利用されますが、浴室までの移動や入浴用リフトと組み合わせて浴槽への出入りに活用するものもあります。

◆ 入浴用いす（シャワーチェア）

座面の大きさや高さ調整、ひじ掛けの有無、背もたれや折りたたみ機能、洗浄の
しやすさなどに着目して選定します。

● 座面の高さ・大きさ

本人の体格と適合する用具を選ぶことが基本ですが、浴室の広さも限定されるの
で介助スペースなども考慮します。立ち上がりなどを考え、高さ調整できるものが
多くあります。座面の端を押して立ち上がる場合には、手をかけることができる余
裕のある座面の広さが必要となります。

座面を押して立ち上がる動作

● 背もたれ

特に洗身の介助では、足先を洗おうと足を持ち上げたときに後方へバランスを崩
すことがあるため、座位の不安定な人には背もたれが付いたものを選定します。一
方で、背中を洗う際などに邪魔になることもあります。

円背の人や股関節が硬い人で、背が干渉して浅い座り方になってしまうときは、
骨盤のみを支える背もたれの低いタイプが有効です。

背もたれの低いタイプ

背もたれがないことで起こるヒヤリハット

●ひじ掛け

座位の安定のほか、立ち座りを補助する効果があります。一方で、身体を洗う際は邪魔になったり、臀部を洗う際に身体を傾けづらくなることもあります。必要に応じて跳ね上げ式を選定します。立ち座りに関しては壁などに取り付けた手すりも活用します。

●折りたたみ機能

折りたたみは収納の点でも効果がありますが、浴室が狭い場合は本人や介助者が移動するときには折りたたんでスペースを確保し、洗体するときのみ広げるという使用方法もあります。このような使い方では、折りたたんだときでもいすは自立し、簡単な片手操作で開閉できることが選定ポイントとなります。

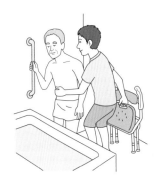

片手で操作できると本人の身体を支えながらの
開閉が可能となる

●座面の形状

陰部を洗浄しやすくするためにU字型の形状や左右に分割された形状などがありますが、石鹸等で滑りやすい状態では座位が不安定になりやすいという短所もあります。必要性を見極めた選定が必要です。

●座面の回転機能

洗身の介助や立ち上がりのために身体の向きを変えたい、座位で浴槽をまたぎたいなどの理由で回転するものが選定されます。

座面部分が回転する入浴用いす

● **座位での浴槽のまたぎやすさ**

座位で浴槽をまたぐ際に、移乗台と入浴用いすを兼用する場合には、高さの調整（浴槽の高さと合わせることができるか）、脚の形状（浴槽との間に隙間ができないか）、座面の形状（身体の回転や横方向への移動がしやすいか）、ひじ掛けの形状（横方向の移動の邪魔にならないか）などが確認ポイントになります。

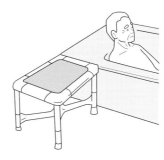

座面が平らなタイプ

◆ **シャワーキャリー**

浴室まで移動しそのままシャワー浴が可能です。リクライニングなどの座位姿勢との適合、車輪の大きさ・進行方向、足のせ台の有無などが選定のポイントになります。車輪やキャスターの形状によって敷居程度の段差の越えやすさに違いがあります。

● **座位姿勢**

ティルトやリクライニングの機能を備えたタイプがあります。本人の心身機能からの必要性はもちろんですが、ベッドからの移乗方法、移動経路や浴室の広さなどを考慮して選定します。また、ベッドとの間の移乗については、移乗用リフトなどの福祉用具が求められるケースがあります。

● **車輪の大きさ・進行方向**

4輪をキャスター（方向転換できる小径車輪）にしたタイプと、前2輪のみがキャスターで後ろが固定車輪のタイプがあります。4輪キャスターでは小回り性能が高い反面直進しづらく、小さな段差でも障害となりやすいので、段差のない動線の確保が必要です。前2輪のタイプはその逆の特徴があり、居室からの移動を含めた利用に適しています。

● **足のせ台**

移動距離が長い場合は、安全の観点から足のせ台が必要です。付属しない製品は小回りが利くので浴室内に限定した利用などが想定されます。

●ひじ掛け

　移動の安全や洗身の際の座位の安定を確保する観点から選定します。座位が極端に不安定な場合には、リクライニング機能や身体の前方まで回り込んだ形状のひじ掛け、腰や体幹を固定するベルトなどで対応します。

●座面の形状

　座面に穴があり陰部の洗浄がしやすいものもあります。座面の形状や硬さによって坐骨部等への圧迫が大きくなり、臀部に痛みが生じる場合があるので、床ずれリスクも考慮する必要があります。座面に穴があっても、フレームの構造等によってはトイレキャリーと兼用できないタイプもあります。

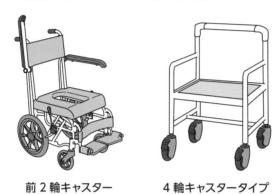

前2輪キャスター　　　　　4輪キャスタータイプ

◆シャワーキャリー（移乗リフト併用型）

　入浴用リフトの吊り具として利用するシャワーキャリーです。キャスターの付いた台座の部分と座面の部分が分割できる構造で、浴槽内へは座面の部分のみが入ります。座位保持が困難な人の利用ではティルトやリクライニングの機能が重要です。また、素肌で触れることを考慮してシート素材や安全ベルトなども選定します。

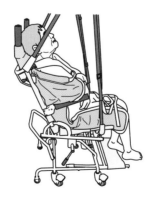

シャワーキャリー

濡れた後の移動

　入浴後、シャワーキャリーは濡れています。濡れた状態で脱衣室や寝室に移動すると床が濡れてしまいますので、いくつかの作業が必要となります。

・浴室内でシャワーキャリーについた大きな水滴をタオルなどでぬぐう。

・脱衣室の床にバスタオルなどを敷いておく。

・身体をバスタオルで拭くと同時に、シャワーキャリーも拭く。バスタオルは２～３枚を用意しておく。

　これでも完全に水滴を防げないこともありますが、廊下の水滴を拭く作業は大幅に軽減されます。

3 浴槽用手すり

　浴槽用手すりは、浴槽の縁を挟み込んで固定する手すりです。工事を伴わず必要なときだけ取り付ける使い方も可能です。動作に合わせた手すりの配置が大切ですが、浴槽の形状や水栓などの位置によって取り付け位置に制約がある場合もあります。

● 手すりの高さ

　浴槽をまたぐ動作で、前またぎ（脚が腹側を通過する）の場合には手すりを高めに設定し、後ろまたぎ（脚が後ろ側を通過する）の場合は低めに設定すると動作を妨げません。

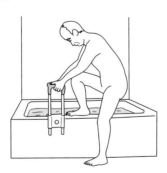 

前またぎの動作と手すり高さ　　　後ろまたぎの動作と手すり高さ

● 握り部分の形状

　握りが輪状になっているタイプは両手で握りやすく、支持基底面も広いなど形状にも特徴があります。

握り部分が輪状になっている手すりの使用例

● 浴槽内のグリップ

浴槽内での姿勢の維持に適した内グリップが付属するものもあります。

● 対応可能な浴槽

製品によって対応できる浴槽が限定されます。ステンレスやFRP（繊維強化プラスチック）樹脂など浴槽の材質、システムバスなどの構造や形状に対応可能な製品から選定する必要があります。FRP樹脂の古い浴槽は、劣化の状態により利用できない場合もあります。

4 浴槽内いす（浴槽台）

浴槽内いすは、浴槽内での立ち上がりを補助するいすとして利用される福祉用具です。浴槽内での固定方法は、重さを利用した自重式と浴槽底に吸盤固定する吸盤式があります。浴槽内いすに座ると肩が湯から出てしまうので、必要性を満たしたうえでできるだけ低い高さのものを選定します。

◆ いすとしての利用

立ち上がりを楽にする視点では、立ち上がりの際の重心移動をしやすくする視点と、膝などの負担を軽減する視点があります。

● 重心の移動による立ち上がり

浴槽の底にお尻をついた状態いわゆる「体育座り」からの立ち上がりでは、上半身を前傾させ重心を足部の支持基底面まで移動させることは困難です。浴槽内いすを利用すると、足を臀部近くまで引き込め膝が下がるので、上半身を大きく前方へ倒すことが可能となり、重心移動が円滑になります。重心の移動により立ち上がりが可能な場合は、浴槽内いすの高さはそれほど高くする必要はありません。

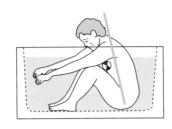
前傾ができず重心が足に移らない

浴槽内いすにより前傾がとれるので重心移動が可能

● 高さを利用しての立ち上がり

重心の移動だけでは立ち上がれない場合、立ち上がりが可能な高さを評価し、高さのある浴槽内いすを選定します。

● 心臓や肺への負担の軽減

健康状態から半身浴を求められる場合、浴槽内いすによって湯につかる深さを調節し、負担を軽減させます。

◆ 踏み台としての利用

「浴槽内いす」は介護保険で採用された名称です。介護保険制度創設以前は踏み台として浴槽縁の高さや浴槽の深さを調整し、浴槽への出入りを容易にする目的で「浴槽台」と呼ばれていました。QAP認証（テクノエイド協会が実施する、実際の利用者の状態や使用場面を想定する臨床的な側面から、福祉用具の使い勝手や安全性等を評価、認証する制度）では踏み台としての安全性評価も行っています。

浴槽内いすを踏み台として利用すると、新たな段差の昇降動作が発生しますので、その動作について安定して可能かどうか確認し、必要に応じて手すりなどで補助することを検討します。

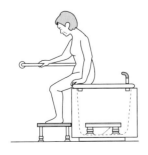
バスボードを利用して座位でまたぐ際の手すりと浴槽内いすでの環境整備

5 入浴台

入浴台は、浴槽を座位でまたぐために座るスペースをつくる台です。一旦腰かけた状態で、片足ずつ浴槽に入れて移乗するので、転倒の不安を軽減できます。形状は「浴槽の縁にかけて利用する台」とされており、バスボードと移乗台があります。いずれも、移乗する本人の体格（脚の長さ）や、浴槽縁の高さや浴槽の深さによって使い勝手が左右されますので、浴槽台としての浴槽内いすの高さの調整も併せて検討します。また、立ち座りや台の上で身体の方向を変える動作の安定のために、壁などに手すりを設ける必要があるかどうかも検討します。

◆ 移乗台

浴槽の縁に台の一部を架ける構造のものが基本ですが、縁に架ける構造をもたず、浴槽縁の高さに合わせた入浴用いすのほうが高さを抑えられ、移乗しやすい場合があります。また、浴槽横の空いたスペースに移乗台を置くことができれば、浴室の広さを有効に使えます。

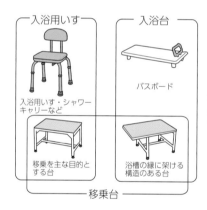

座位でまたぐための移乗台は、入浴用いすと入浴台の2タイプがある

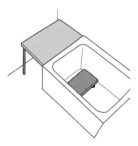

入浴用いすを移乗用に利用するレイアウトの例

◆ バスボード

浴槽縁に両端を架け、浴槽上に座るスペースをつくる用具で、浴室が狭く移乗台が設置できない場合に有効です。浴槽の幅と適合するサイズを選定します。

浴槽が小さい場合には、一旦バスボードを取り外す、または跳ね上げてから浴槽

に入る必要があり、自分でできない場合には介助者が必要になります。

バズボードでの座位またぎ

6 浴室内すのこ

浴室内すのこは、浴室内に置いて浴室と脱衣室の床段差の解消、または浴槽縁の高さの調整を図る福祉用具です。浴室内すのこの設置によって、浴槽縁の高さは低く、浴槽底と洗い場の段差は大きくなります。導入の際には、洗い場の大きさに合わせてのオーダー製作が基本となります。

◆ 選定する際の留意点

● 浴槽への出入りへの影響

浴槽への出入りに関係する段差に変化があります。本人だけではなく家族の利用も含め、問題が発生することがないか確認します。

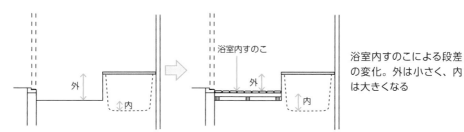

浴室内すのこによる段差の変化。外は小さく、内は大きくなる

● 水栓高さとの関係

浴室内すのこによって水栓の高さが相対的に低くなり、洗面器の利用などに支障をきたす場合があります。

● 清掃のしやすさ

浴室内すのこの重さや大きさは製品によって異なり、頻繁な清掃が困難な製品も

あります。排水部分のみ取り外せるようにして日常の清掃をしやすくする工夫も必要です。

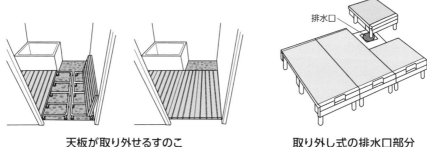

天板が取り外せるすのこ　　　　取り外し式の排水口部分

●脱衣室との間の床段差

脱衣室との間の床段差の解消では、サッシのレール部分の段差が残ってしまう場合があります。数センチであってもシャワーキャリーのキャスターの大きさによっては通過が困難ですので、シャワーキャリーの選定も含めどこまでの解消が可能か検討、確認します。

７ 浴槽内すのこ

浴槽内すのこは、浴槽が深く出入りに支障がある場合に、浴槽の中に置いて底面の高さを補う福祉用具です。浴槽の大きさに合わせてのオーダー製作が基本となります。

◆清掃への負担に留意する

浴槽内すのこは浮かない重さがあるので、容易に持ち上げることはできません。清掃の際にはかなりの負担が伴い、清掃にあたる支援を入れるなど対応方法を考慮する必要があります。このため、浴槽内いすによる高さの調整を優先して検討し、浴槽内いすでは対応できないケースへの対応方法として浴槽内すのこの設置を位置づけることが現実的です。また、同様の効果を得る方法に住宅改修の段差の解消として浴槽を交換する方法もありますが、費用の負担は大きくなります。

８ 入浴用介助ベルト

入浴用介助ベルトは、要介護者の腰などに直接巻きつけ、介助者の持ち手を確保するための福祉用具です。浴室内での歩行移動や浴槽の出入り、立ち座り等の動作でのふらつきを支えることを目的とします。ベルトがずり上がりにくくなる工夫をしたものもありますが、本人を持ち上げるための用具ではないので、上方向に力を

入れると容易にずれてしまいます。

◆ 皮膚の状態に注意する

裸の状態で直接身体に巻きつける用具なので、皮膚への影響があります。締めつけやずれなどに対して皮膚への悪影響はないか、また危険の少ない素材や構造かなどに注意して選定します。

入浴用介助ベルト

⑨ 介護保険の対象にはならない入浴関連用具

◆ 滑り止めマット

動作の安定や転倒の予防などの目的で浴槽内に敷くマットです。浴槽の大きさや浴槽内いすなどの利用に合わせて適切なサイズを選定します。足元だけではなく臀部もカバーしていると、浮力による臀部のずれを軽減し姿勢が崩れにくくなります。

● 吸盤吸着タイプ

裏面にある無数の吸盤で浴槽底などに吸着させて使用します。浴槽に湯を張る前にセットしておく必要があります。平滑な面であれば底以外でも吸着させることが可能なので、またぐ動作で手が滑らないように浴槽縁に取り付けるなどの使い方もあります。

● 据え置きタイプ

重さで沈むので、湯を張った後でも敷くことができます。裏表があるので間違えないように設置します。タイル敷きなど浴槽の素材や入浴剤の影響で滑り止めの効果が出ない場合もあり、注意します。

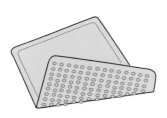
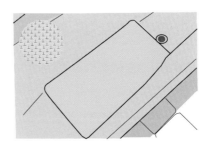

吸盤吸着タイプ　　　　　　　　　　据え置きタイプ

◆ 洗面器置き台

　入浴用いすの座面高さに合わせ、洗面器の高さを調整する台です。床に置いたままだと洗面器の使い勝手が悪くなります。自分で入浴できる人の場合には、洗面器や水栓、石鹸やシャンプーとの位置関係に注意する必要があります。洗面器との位置関係については、洗面器置き台の利用で解決できます。

洗面器置き台

④ 簡易浴槽

① 簡易浴槽とは

　簡易浴槽は、空気式または折りたたみ式等で容易に移動できる浴槽で、ベッドサイドなどに設置して、在宅での入浴を可能とする福祉用具です。給排水のための工事を伴わないもので、電動ポンプなどにより浴槽から湯を注入したり、浴室に排水します。

◆ 選定する際の留意点

● 大きさ・重さに注意する

　組み立てたり膨らませるとかなり大きくなります。利用にあたってスペースが十分かどうか確認します。基本は床の上での使用ですが、ベッドやマットレスの上で

組み立てて使用する場合では、ベッドやマットレスの耐荷重など使用できるかどうかの確認が必要です。

●湯の供給と排水の経路を確認する

湯の供給経路が長いと温度が安定しない場合があります。必要に応じてバケツで足し湯して適温にする工夫をします。

●移乗方法を検討する

基本的に臥位の状態で入浴する用具なので、ベッドから簡易浴槽への移乗方法について検討します。移乗用リフト等の用具と組み合わせて利用するなど、簡易浴槽の利用においても持ち上げる介助を避けることが基本です。

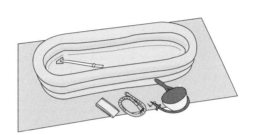

空気で膨らませるタイプの簡易浴槽

⑤ 移動用リフトの吊り具部分

1 移動用リフトの吊り具部分とは

吊り具部分はスリングシートともいわれ、福祉用具貸与で利用される移動用リフト本体（p .199 参照）と組み合わせて利用します。個々の身体機能や体格に合わせた選定が必要なため、吊り具部分のみ特定福祉用具として購入費の支給対象となります。

◆種類と選定のポイント

●脚分離型

腰から上の背部と大腿部にシートを回し吊り上げる形状で、車いす上の座位での着脱が可能です。リクライニング式車いすでは、背をある程度起こした姿勢で着脱する必要があります。頭部の支持性によってハイバックまたはローバックを選定します。股関節の固定力が弱い場合では、臀部がシートから落下し窮屈な姿勢になってしまうことがあります。

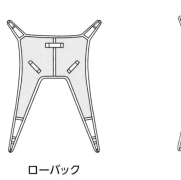

ローバック

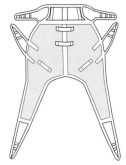

ハイバック6点式

ローバックの吊り上げ状態

臀部が落下した状態（不適合の状態）

● シート型

　体幹から臀部、大腿部を包む形状で、車いす上では着脱ができません。股関節の固定力に左右されずに、安定した姿勢で利用できます。合成ムートンやメッシュ生地のものなどがあり、車いす上で過ごす時間が長い場合には体圧分散や蒸れにも配慮して選定します。脚分離型と同様、ハイバックとローバックがあります。

シート型

● ベルト型

　脇の下と大腿部の2か所をベルトによって吊り上げるタイプです。装着が容易な反面、股関節の固定力がないと脇の下に大きな重さがかかり、臀部から落下する危険性があります。高齢者での適応範囲は広くはありません。

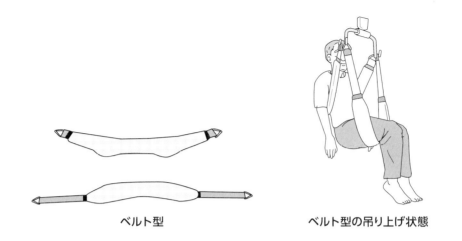

ベルト型　　　　　　　　　　　ベルト型の吊り上げ状態

● トイレ用

　脚分離型で接触面積が小さく臀部が広く開いているタイプです。吊られている状態でズボンや下着の着脱が可能ですが、ベルト型と同様、身体機能の面で股関節の固定力を必要とし、選定にあたっては試用するなど適合の確認が重要です。

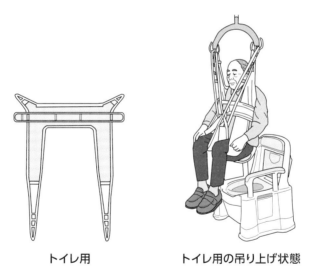

トイレ用　　　　　　　　　　トイレ用の吊り上げ状態

● シャワーキャリー型

　入浴場面においては、シャワーキャリー型吊り具が利用される場合もありますが、入浴補助用具の分類となります（p .222 参照）。

◆ 選定する際の留意点

　心身機能や目的に応じて選定します。心身機能の面では頭部や体幹の支持性など、目的の面では車いすに移ってからシートを外す必要があるか、排泄のために下衣の

着脱を行うかなどの点から選定をします。

● **頭部の保持の必要性**

　移乗中に体幹が後方へ傾くため、頭部の支持性は端座位で頭部が頸の上にのっている状態ではなく、体幹が後傾した状態で評価します。頭部の支持が十分でない場合は、シートが頭部まで包み込む形状のハイバック（フルタイプともいう）を選定します。

体幹が後傾した姿勢で頭部の支持が不安定な場合は
ハイバックの適応となる

シートが頭部まで包み込む形状のハイバック（4点式）

● **ベッドからの移乗で利用する**

　シャワーキャリー型以外はベッド間での移乗が可能で、背上げや膝上げ機能を利用し安楽な姿勢を保つ工夫をします。ハイバック4点式は頭部を保持しながら昇降するので、床面などの背が上がらない場所から移乗する場合に本人と介助者の負担を軽減します。

ベッド上では側臥位姿勢でシートを装着する

● 車いす上での着脱が必要な場合

　スリングシートは滑りやすい生地でできているので、敷きこんだままでの長時間の車いす利用は座位が崩れやすくなります。車いすへの移乗では脚分離型の利用を基本とし、車いす上で着脱します。

車いす上では、体幹を少し前傾させて背中から装着する

車いす上での取り外しは、脚部の交差を外して背中側から引き抜く

● 入浴での使用

　入浴での使用は水切れの観点から、全体または水がたまりやすい部分にメッシュ生地を採用している製品を選定しますが、シート自体が濡れてしまうことは避けられないので、バスタオル等でシートごと水滴を拭き取ることが必要です。

　浴槽内の浮力で身体がずれやすい場合は、シート型またはシャワーキャリー型が多少のずれには対応しやすくなります。

● 皮膚への負担

　シート型は身体との接触面積が広く、また移乗中の姿勢も安定しているので皮膚への負担が少ないタイプです。合成ムートン素材など車いす上での長時間の座位を想定した製品もあります。

1 支援としての住宅改修

1 住宅改修とバリアフリーの違い

　社会生活モデルを前提とした支援としての住環境の整備を考えるにあたって、その主要な手段である住宅改修を、「バリアフリー」と同じものと考えることは適切ではありません。自立支援としての住宅改修とは、「手すりを付ける」「段差を解消する」という家屋改修工事を指すのではなく、「アセスメント」から始まる課題の分析、人的な支援や福祉用具の利活用も含めた「プランニング」、目標に対する評価である「モニタリング」に至る一連の支援を意味します。単に「手すりが欲しい」という要望に沿うだけの施工作業にならないよう、ケアマネジメントの手法による課題解決の手段として進めることが大切です。

2 バリアフリーの普及と住宅改修の「すれ違い」

　「バリアフリー」は、狭くて段差の多い室内や廊下、和式のトイレ、風通しを重視したために冬は屋内でも寒いという日本の伝統的な建築の特徴に起因する弊害を改善し、高齢社会における住環境の問題を解決するための施策です。高齢者の心身機能の低下に対し、予防的に備える住宅の普及に大きな役割を担いました。一方「バリアフリー」は、本来は個別的で多様性のある高齢者の生活機能の低下を、「加齢」を前提として画一的に想定し、標準的な設計モデルを提供するという方法で実現している点には注意が必要です。

◆ バリアフリーの基本的な考え方

　高齢者の加齢による状態像の変化を、筋力や視力、反射など身体機能の低下と想定して「移動等に伴う転倒・転落の防止」のための設計を基本レベルとしています。また、「介護が必要となった」状態を「介助用車いす使用者」と想定し、介助を受けることを前提に、排泄や入浴等の「基本生活行為を容易に行う」ことに配慮された設計を推奨レベルとしています。

◆ 自立支援としての「住環境整備」

　自立支援や介護負担の軽減を目指して住環境の整備を考えるとき、その手段は「バ

リアフリー」に示された、さまざまな標準化された設計基準と同じものではありません。私たちが支援の対象とする人々の生活機能は多様です。社会生活モデルの視点に立った自立支援や介護負担の軽減を目指す住宅改修には、それら多様な個々の状況に合わせた住環境づくりが必要です。

3 介護保険による住宅改修

介護保険法が制定される前の自立支援を目的とした住環境整備は、増築を含む改修や住宅設置型の移動リフトなどを用いた大規模な改修工事も多く、「住宅改造」と呼ばれていました。介護保険では、相互扶助の考え方のもと、持ち家と賃貸などの所有形態による不公平を軽減することや、個人の資産形成にあたらない範囲という制約により、手すりの取り付けなど小規模な改修に制限され、「住宅改修」と呼ばれることになりました。

◆ 介護保険の種目がすべてではない

生活機能に適合する住環境を実現するための基本的な方法として、介護保険では手すりの取り付けなど5項目の改修内容と、それに付帯する工事を給付の対象として定めています。しかし、生活する家屋の状況は多様であり、これらの項目のみの対応で、本人の能力を活かした活動が実現されるものではありません。たとえば、戸車の老朽化により重たくなっている戸を軽く動くように補修することは保険給付の対象とはなりませんが、補修により生活範囲の拡大や安全な移動が確保できるのであれば、自立支援として大切な手段であることは間違いありません。

4 社会生活モデルの視点に立った住環境の整備

住環境は生活機能に大きな影響を与え、送りたい人生を実現する参加を阻害する要因にもなります。第2章で詳述したように、参加を実現するためには、参加を細分した活動の一つひとつに目を向けて、その課題を解決するアセスメントとプランニングが必要です。その手段の一つが住環境の整備であり、住宅改修です。福祉用具の利活用と合わせ、多くの手段から、本人の健康状況や生活機能はもちろん、家族の状況や希望、経済状況などの多様な要素との最適な適合を目指し、支援することが求められます。

② 手すりの取り付け

1 「手すりの取り付け」とは

廊下、トイレ、浴室、玄関、玄関から道路までの通路等に手すりを設けることで、歩行などの移動や立ち座り、移乗などの動作を安定させる支援です。

● 手すり設置の目的

介護保険では「手すりの取り付け」について目的を規定し、「転倒予防もしくは移動または移乗動作に資することを目的として設置するもの」としています。建築関連の法令ではバルコニーの手すりのように転落等を防止するための柵を「手すり」と表現されることが多く、目的により区別しています。

● スロープの柵は付帯工事

住宅改修の「段差解消」で行われるスロープの設置に伴い、転落を防止する目的で設置される柵については、介護保険開始当初は給付対象となっていませんでした。しかし、介助中の転落事故を防止する観点から要望が高まり、「段差の解消に付帯して必要となる工事」として追加されました。

● 手すりの形状はさまざま

手すりの形状は、二段式、縦付け、横付け等適切なものとするとされています。

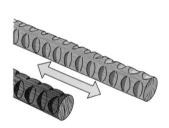

縦方向への支持力を高める
ディンプル付きの手すり

握りの手が回転しにくい楕円形の手すり

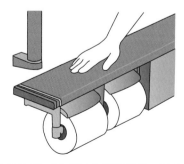

支える使い方に適した平面形状の手すり

238

手すりの使い方には、「摺る（Hand・Rail）」「握る（Grip）」「支える（Support）」があり、それぞれ適切な形状は異なります。そのため、円柱型や上部平坦型、板型などの断面が想定されます。

2 「手すりの取り付け」支援の箇所別ポイント

◆ 玄関ポーチから屋外

玄関ポーチ部分などの段差昇降や歩行移動の補助などの目的で設置されます。壁がない場所では、埋め込みなどの方法で支柱を立てます。屋外なので耐候性能が求められ、夏の炎天下においても高温にならない火傷対策も重要です。

◆ 玄関内

上がりかまちの段差部分の昇降、靴の着脱動作などを補助します。段差が高い場合には、踏み台の設置などの段差解消も合わせて検討します。

玄関ポーチに設置した支柱式手すり

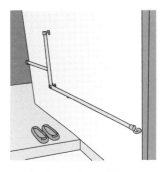

上がりかまち段差の昇降を目的に設置した手すり

◆ 廊下・階段

廊下・階段では、歩行や昇降の補助やドア開閉動作の際の立位保持などにも配慮します。手すり端部を下や壁方向に丸めた形状にすることで、衣服を引っ掛けたり身体をぶつけるなどの危険性を軽減できます。

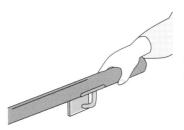

端部が露出していると袖などを引っ掛けて転倒の原因となる

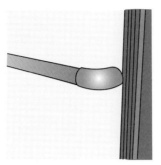

端部を丸めた形状は身体との接触などによる
危険性が小さい

◆トイレ

　トイレでは更衣動作の際の立位保持や身体の方向変換、便座への立ち座りの補助のために、壁面に縦や横、L字型、または便座の両側にひじ掛け状に設置することが多くあります。

トイレに多いL字型の手すり。縦手すりの位置が重要

◆浴室

　浴室への出入りから浴室内での移動、浴槽への出入りなどの動作補助、洗身時の立位保持など、目的とする動作に合わせた配置の検討が重要です。しっかりと握る使い方が多い場所です。

浴槽をまたぐ目的での手すりの例。
横手すりは広い支持基底面を確保できる

③ 段差の解消

1 「段差の解消」とは

居室、トイレ、浴室、玄関等の各室間の床の段差、玄関から道路までの通路等の段差、または傾斜を解消する改修です。歩行や、歩行車や車いすなどを利用した移動を円滑に行うことを目的とします。

●段差を小さくすることも含まれる

スロープなどで段差をなくすだけではなく、踏み台を利用して段差を区分し、一段当たりの高さを低くする改修や、敷居段差の撤去や低くする改修も含まれます。

●段差解消機の設置は対象とならない

リフト・段差解消機等、動力により段差を昇降する機器を設置する工事は住宅改修の対象となりません。

●移動可能なものは対象とならない

スロープや踏み台等であっても、持ち運びが可能なものは住宅改修の対象とならず、固定されていることが求められます。固定とは、ねじなどによる取り付け、埋め込み、重量などによって簡易な移動が困難な状態のものをいいます。

2 「段差の解消」支援の箇所別ポイント

◆玄関ポーチから屋外

車いすでの移動を円滑に行ったり、移動の介助負担を軽減したりするために、段差部分をスロープ化するなどの改修が対象となります。スロープからの転落を防止する目的で設ける柵は、「付帯して必要となる工事」となります。

掃き出し窓等からの出入りを補助する目的で、窓の下に踏み台として沓脱石を設置することもあります。

◆玄関内

本人の昇降可能な高さを評価したうえで、段差を区分する踏み台を設置します。複数段の踏み台が必要になることもあります。

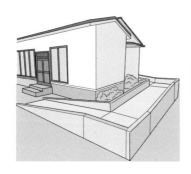

屋外の動線をスロープ化した例。
途中に踊り場を設けている

２段の踏み台と手すりの組み合わせ。
一段当たりの高さは心身機能の評価から検討する

◆ 廊下・階段

　廊下全体をかさ上げして、敷居の高さに合わせて段差を解消する改修や、段差スロープ（すりつけ板とも呼ばれる）の固定などが対象となります。

　段差スロープによる方法では、短下肢装具や多脚杖の利用に注意します。敷居の撤去等に伴い、既存の扉の下に隙間が生じる場合は扉の改修が必要となり、保険給付の対象となりますが、作り替えについては、保険者によって対応が異なります。

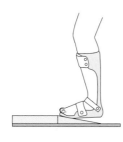

短下肢装具着用でスロープに足をつくと不安定なので、
またぐことが多くなる

多脚杖はスロープを避けて遠くにつく必要がある

◆居室・寝室

　畳敷きをフローリング床に変更する改修に合わせ、床の高さを廊下と合わせる改修や、敷居段差の撤去などが考えられます。

◆トイレ

　廊下との間の敷居段差の撤去や、トイレの床全体をかさ上げまたは下げて、廊下の高さに合わせる改修などがあります。

◆浴室

　浴室では、脱衣室と浴室の間、洗い場と浴槽底の間の段差のほか、浴槽縁の洗い場床からの高さも、またぐ動作を阻害する段差として、改修の対象となります。浴室の床をかさ上げする工事や、浴槽の縁の高さを低くする、浴槽を浅いものに交換する工事などが想定されます。

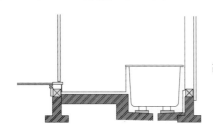
改修前の状況。脱衣室と洗い場との間に段差がある

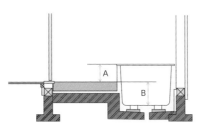
洗い場のかさ上げによる段差解消。Bの段差が拡大

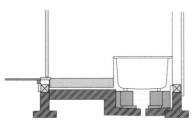
浴槽を浅いタイプに交換し、Bの段差を軽減

浴室の改修

④ 床材の変更

1 「床材の変更」とは

　床や通路面の材料の変更により、歩行の際の転倒予防や車いすなどでの移動の円滑化、介助の負担軽減などを図る支援です。居室においては畳敷きからフローリング床材やビニール系床材等への変更、浴室においては滑りにくいものへの変更、屋外通路面においてはコンクリートなど滑りにくい舗装材への変更などが想定されます。

● 畳への変更も該当する

　転倒時の危険の緩和を目的として、畳敷きから衝撃緩和機能が付加された畳への変更や、フリーリング床等から畳敷きへの変更についても該当します。

● 素材の変更に限定されない

　素材の変更がなくとも、転圧等の方法で同等の効果がある場合も認められることがあります。

2 「床材の変更」支援の箇所別ポイント

◆ 玄関ポーチから屋外・玄関内

　砂利敷きなどの不整地をコンクリートなどで舗装することのほかに、玄関ポーチの滑りやすいタイル床への対応では、滑りにくいタイルへ張り替える、または滑り止めテープを貼り付けるなどの方法があります。

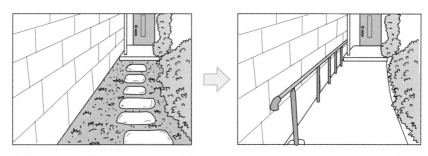

飛び石のある玄関アプローチ（改修前）　　　コンクリートによる舗装（改修後）

◆ 浴室・トイレ

　滑りにくいタイルへ張り替える、または既存のタイルの上に滑りを抑える機能のある塩化ビニールシートを貼るなどの対応があります。

◆ 階段

段鼻に滑り止めを取り付けることが対象となりますが、滑り止め自体の厚みによってつまずきやすくなることもありますので、手すりの取り付けと合わせて検討します。

◆ 居室・寝室

畳からフローリングへの床材変更は、歩行器や車いすでの移動の円滑化、歩行時の転倒防止につながります。

⑤ 引き戸等への扉の取り替え

1 「引き戸等への扉の取り替え」とは

「引き戸等への扉の取り替え」は建具の交換ともいわれます。車いすや歩行器の動線がドア（開き扉）と重なり開け閉めができない、引き戸が重く自力での開け閉めができない、手指の障害でドアノブが操作できないなどの支障を解消し、円滑な移動を実現する支援です。扉の撤去、ドアノブの変更、戸車の設置等が含まれます。

●ドアの交換

引き戸、折れ戸、アコーディオンカーテン等への取り替えが一般的です。

●吊元の変更（開き勝手の変更）

ドア開閉と移動の円滑化などを目的として、ドア吊元の左右を交換、または内外の開閉方向を変更する改修です。

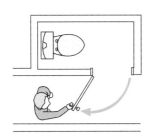

動線と重なるドア開閉

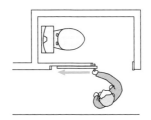

引き戸への交換による
移動の円滑化

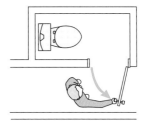

ドア吊元変更による
移動の円滑化

●扉の位置の変更や撤去

寝室からトイレなどの移動を円滑に行う目的による扉位置の変更も住宅改修の項目に該当します。また、新たに出入口を設けて引き戸等を新設する改修は、扉位置の変更等に比べ費用が低廉に抑えられる場合に限り給付対象となります。

●引き戸の開け閉め

引き戸の開閉が重く本人の生活の支障となっている場合では、戸車を取り付けて軽い力での開閉を可能としたり、軽い引き戸に交換する改修などが住宅改修の項目に該当します。しかし、すでに付いている戸車の老朽化等の理由で開閉に支障がある場合には該当しません。

●ドアノブの交換

関節リウマチなど手指の機能障害に対応するために、レバー式のドアノブなどに交換することは、住宅改修の項目に該当します。

●自動ドアへの取り替えは部分的に該当

引き戸等への取り替えに合わせて自動ドアにした場合には、引き戸本体やレール部分のみが住宅改修の項目に該当し、自動ドアの動力部分や制御機構などの費用は対象となりません。見積りを該当する部分としない部分に案分して申請する必要があります。

2 「引き戸等への扉の取り替え」支援の箇所別ポイント

◆屋外

扉式の門扉を引き戸式に取り替えることで、車いすや歩行車を利用しながらの開閉動作が円滑に行えるようになります。

◆浴室・トイレ

浴室やトイレなど狭い空間の入り口が内側への開き戸の場合、引き戸や折れ戸に交換することによって、有効に使える空間が広くなります。福祉用具の導入や介助動作の円滑化につながります。

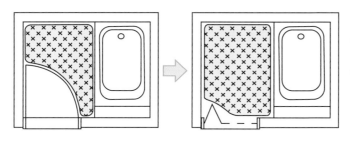

（左）開閉に大きなスペースをとる内開きのドア
（右）折れ戸への交換による、介助や福祉用具スペースの拡大

⑥ 洋式便器等への便器の取り替え

■ 「洋式便器等への便器の取り替え」とは

「洋式便器等への便器の取り替え」は便器の交換ともいわれます。和式便器を洋式便器に取り替えることなどによって、立ち座りの負担や、移乗や移動の介助負担を軽減する支援です。

● 和式便器を腰掛式に変更

和式便器を解体して腰掛式に変更する改修や、既存の和式便器に簡易改造便器を固定する改修も対象となります。

一般的な便座の利用が可能（適合しない便座もある）

簡易改造便器は床に固定し洗浄の配管も行う

既存の和式便器

● 便器の高さの変更

関節リウマチ等で膝関節の負担を軽減する必要があるなどの理由から、高さのある腰掛便器へ交換したり、便器をかさ上げする改修も該当します。

便器と床の間にスペーサーを入れてかさ上げした施工例

● 便器の位置や向きの変更

車いすからの移乗を行いやすくするなどの目的で、便器の位置や向きを変更する改修も対象となります。

● 暖房や洗浄機能をもつ便座の利用

　既存の腰掛便器の便座部分のみの交換は住宅改修の項目に該当しません。「洋式便器等への便器の取り替え」に伴って、暖房や洗浄機能付きの便座が採用される場合は該当となります。

● 水洗化のための費用は対象外

　汲み取り式の和式便器を水洗式腰掛便器に変更したり、または簡易水洗式の腰掛便器に交換する際に必要な給排水工事は対象とはなりませんが、新しく設置する便器や取り付け、交換に伴う床の張り替え費用などは対象となります。

● 押し入れなどをトイレに改修する場合

　寝室の押し入れなどをトイレに改修する場合、既存のトイレを残す場合は給付の対象とはならず、壊して利用できなくする場合は給付の対象となります。

2 「洋式便器等への便器の取り替え」支援の箇所別ポイント
◆ 車いす対応便器に注意

　「車いす対応便器」または「障害者用便器」として、便座の高さが通常より４〜５cm高い仕様の便器が市販されています。車いすの座面高さに近い便座高さで、腕の力で臀部を浮かせるプッシュアップの移乗動作がしやすいことや、膝の痛みがある場合などには立ち上がりがしやすいというメリットがあります。

　一方、体格が合わない人が利用すると、便座に座ると足が床に着かない、浅い座り方になって尿が床にこぼれるなどの弊害が発生することもあります。選定にあたっては、本人の生活機能と、同じトイレを利用する家族の体格などを考慮する必要があります。

⑦ 住宅改修に付帯して必要となる住宅改修

■ 「住宅改修に付帯して必要となる住宅改修」とは

介護保険を利用して行われる住宅改修の中で、施工に付帯して必要と認められる改修や、改修によって発生した廃棄物の処分など当然に付帯する内容については保険給付が認められます。

● 手すりの取り付け

手すりの取り付けのための壁材の交換や下地補強板の取り付けが考えられます。

● 段差の解消

浴室の床のかさ上げによる段差解消のための、水栓や排水位置の変更などの給排水設備工事、スロープの設置に伴う転落や脱輪防止を目的とする柵や脱輪止めの設置が考えられます。

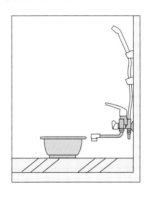

浴室の床上げによって既存の水栓高さでは利用できない例。
付帯工事として水栓の位置変更が可能

● 床または通路面の材料の変更

床材の変更のための下地となる床組みの変更や補強、屋外通路面の材料変更のための路盤の整備が考えられます。

● 扉の取り替え

建具の変更に伴う扉の枠の交換や、枠の交換に伴う壁または柱の改修工事が考えられます。

● 便器の取り替え

便器の取り替えに伴う給排水の位置変更などの設備工事、床や壁の補修工事、床材の変更が考えられます。

⑧ 介護保険住宅改修の実務

1 介護保険住宅改修費とは

居宅介護住宅改修費（介護予防住宅改修費）として、要支援・要介護の程度に関係なく一律 20 万円の支給限度基準額が設けられています。20 万円に達するまで数回に分けて支給申請をすることが可能です。

◆ 「償還払い」と「受領委任払い」

費用の全額を本人が立て替えて負担し、支給申請後に保険が支払われる「償還払い」を原則としますが、保険給付の分が直接事業者に支払われ、本人は立て替えの必要のない「受領委任払い」を採用する保険者（市町村・広域行政組合）もあります。

2 住宅改修費の支給の要件

住宅改修費の支給を受けるには、次のような要件を満たす必要があります。

- ・「要支援 1・2」または「要介護 1〜5」の認定を受けていること。
- ・改修の内容が、介護保険の支給対象として認められたものであること。
- ・ケアマネジメントによる援助方針に基づき、長期・短期の目標を踏まえた内容であり、ケアプランに位置づけられていること。
- ・病院、施設等に入院、入所中ではなく、在宅で生活していること。
- ・介護保険証に記載された住所地の住宅であること。
- ・住宅の所有者が本人以外の場合は、所有者の承諾が得られること。
- ・新築・増築での改修、老朽化や破損が原因の改修ではないこと。

3 申請の流れ

申請の流れや必要書類については、保険者によって若干の違いがあります。

◆ 事前申請

下記の書類を保険者に提出し、保険者は保険給付として適当な改修であるか確認します。

- ・支給申請書
- ・住宅改修が必要な理由書
- ・工事費見積もり書
- ・住宅改修後の完成予定の状態がわかるもの（写真または簡単な図を用いたもの）
- ・住宅の所有者の承諾書（住宅の所有者が申請者でない場合）

◆ 施工

　事前に申請された内容での施工を行います。手すりなどの追加や位置の変更は、事前に審査されていませんので行えません。内容の一部を取りやめる変更について審査が必要か否かについては、保険者の取り決めによります。

◆ 支給申請

　住宅改修費の支給は、最終的には「支給申請」によって決定されます。下記の書類を提出し、事前に申請された内容の改修が行われたかどうかを確認します。
・住宅改修に要した費用に係る領収書
・工事費内訳書
・住宅改修の完成後の状態を確認できる書類（トイレ、浴室、廊下等の箇所ごとの改修前および改修後それぞれの写真とし、原則として撮影日がわかるもの）

4　住宅改修費の支給可能額算定の例外

　介護保険住宅改修費の支給は原則として生涯を通じて一度きりですが、過去の支給状況にかかわらず、再び支給限度額（20万円）が適用される例外措置があり、一般に「リセット」といわれています。

◆ 3段階リセット

　要介護等状態区分を基準として定める「介護の必要の程度」の段階が3段階以上上がった場合のリセットです。初めて住宅改修費が支給された改修工事の着工日の要介護等状態区分を基準として、図5-6に定める「介護の必要の程度」の段階が3段階以上上がった場合に、再度20万円までの支給を申請することができます。

図5-6　**3段階リセット**

介護の必要の程度	要介護等状態区分
第六段階	要介護5
第五段階	要介護4
第四段階	要介護3
第三段階	要介護2
第二段階	要介護1　または　要支援2
第一段階	要支援1　または　経過的要介護 旧要支援

3段階
リセット

◆ 転居リセット

　転居した場合のリセットです。転居前の住宅にかかる住宅改修費の支給状況とは関係なく、転居後の住宅について再度20万円まで支給を申請することができます。

　転居前の住宅に再び転居した（戻った）場合は、転居前の住宅にかかる支給状況が復活し、すでに住宅改修費の支給を受けている場合は、その残り分のみの支給となります（転居前に全額を使い終わっている場合は、支給されません）。

図 5-7　**転居リセット**

◆ 3段階リセットと転居リセットの優先関係

　3段階リセットの例外は転居後の住宅のみに着目して適用されます（転居リセットの例外が優先）。

5 こんなときはどうなるの？

◆ 入院中の住宅改修

　入院や施設入所の間は在宅サービスは利用できない原則に基づき、一時帰宅の場合も含め、住宅改修は原則として認められません。しかし、退院・退所前にあらかじめ必要な改修を行わなければならない場合は、例外として申請や着工が認められます。その際の支給申請は退院・退所後となりますが、万一入院中に死亡、または転院などで在宅に戻れなかった場合は、住宅改修費は支給されません。

◆ 一時的に身を寄せる住居の住宅改修

　介護保険の住宅改修は現在居住する住宅を対象としており、子の家など一時的に身を寄せて住む場合は申請することができません。介護保険証の住所地である住宅に対してのみ、保険給付が適用されます。

◆ 賃貸アパート共用部分の改修費用

　賃貸アパートの階段や分譲マンションの入り口階段や廊下などの共用部分については、要介護・要支援認定者の通常の生活領域と認められる場合に限り、支給対象となります。その際、アパートの所有者の承諾やマンションの管理規程や他の区分

所有者の同意等の手続きを経ることが必要です。

◆ 新築住宅の竣工日以降の改修工事

新築や増築での住宅改修は認められていませんが、新築住宅の竣工日以降に手すりを取り付けるなど必要な改修を行う場合には住宅改修の支給対象となります。

◆ 家族が行う住宅改修

家族が大工を営んでいるなど、本人または家族等により住宅改修工事が行われる場合は、使用した材料の購入費のみが支給対象となり、工賃は支給対象とはなりません。

◆ 「一式」と表記されている見積書や内訳書

見積書や内訳書に記載される工事費については、トイレ、浴室、廊下等の箇所および数量、長さ、面積等の規模を明確にするために、材料費、施工費等を適切に区分することが求められています。一方で、材料費、施工費等が区分できない場合は、工事の内容や規模等がわかるようにしたうえで無理に区分する必要はありません。

◆ システムバスを利用した浴室の改修

システムバスを利用した浴室の改修で、段差のない出入り口や滑りづらい床材、手すりなどがシステムバス一式の中に含まれている場合、費用を一式ではなく段差解消や、床材の変更、手すりの取り付けなど、対象となる工事種別ごとに按分することが可能であれば、支給の対象となります。

◆ 複数の要介護・要支援認定者がいる家の改修

住宅改修の給付は要介護・要支援認定者ごとに管理されますので、同じ住宅でもそれぞれの必要性に応じて住宅改修を行うことが可能です。2人以上が同時に住宅改修を行う場合は、トイレと浴室など場所を区分するか、同じ箇所の改修であれば、便器の交換とそれに伴う床段差の解消など、重複しないよう区分して申請を行います。

◆ 改修中の入院や死亡

住宅改修中に要介護・要支援認定者が入院または死亡した場合は、それまでに完了した部分までの費用が支給の対象となります。

賃貸住宅の場合などで、退去時に現状回復のためにかかる費用については住宅改修の支給対象とはなりません。

⑨ 「住宅改修が必要な理由書」作成のポイント

「住宅改修」を、単に「段差がある」「手すりがない」という住環境の問題を改善する改修工事であるととらえていると理由書は書けません。手すりや段差解消の改修工事は手段であり、利用者の生活機能上の課題を住環境の面から解決する支援アプローチとして理解することが大切です。

さまざまな課題は、「心身機能」や「活動」の状況と、手すりの有無や段差など物理的な住環境が適合していないことで引き起こされているという、社会生活モデルの観点で理由書は構成されています。

■ 「住宅改修が必要な理由書」表面

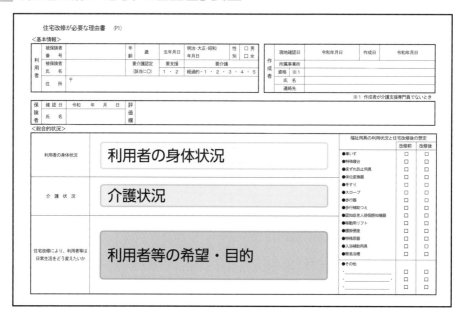

◆ 利用者の身体状況

「健康状態」や、「心身機能・身体構造」「活動」「参加」の生活機能の状況を記載します。実際に現在の環境で「できていない」状況は裏面に記載する欄がありますので、表面では改修箇所だけではなく生活機能全体の状況を記載します。

● 経過

疾患名、発症からの経緯、麻痺等の身体状況、通院や投薬の状況、今後の変化の見込みなど記載します。

● 姿勢と動作の様子

姿勢は臥位―座位―立位に整理され、安定感、安心感、痛みの有無など課題となる状況を記載します。その際、「柱に寄りかかる」など支えとなる環境や、「介助者が両手で支える」などの介助の量を示す視点も重要です。動作は、寝返り―起き上がり―移乗―立ち上がり―歩行に分けてそれぞれの状態を記載します。歩行については、段差、階段、またぎなど環境による状態の違いにも着目し、転倒経験なども記載します。

● 変動

時間帯、投薬、天候、活動量に伴う疲労などによる変動を記載します。

◆ 介護状況

本人が受けている介助などの支援状況です。家族や近隣などによるインフォーマルな支援についても記載します。

● 利用しているサービス

デイサービスでの入浴など、内容と頻度を記載します。

● 家族構成と支援

誰が（介助にあたっている家族等、介助者の心身状況）、どのような支援を行っているのか、特に直接的な介助をしていない場合でも「心配しながら見守っている」「時々様子を見に行く」など、家族の不安な感情なども記入します。

・何を：実際に行われている介助の内容
・どうやって：「後ろから支えて」「持ち上げて」などの様子
・どれくらい：介助の頻度、時間など
・影響：つらく感じている、腰の痛みを訴えている、負担が重いと感じているなど

◆ 利用者等の希望・目的

ケアプランの「利用者および家族の生活に対する意向、どのように生活を改善したいのかなど利用者からの希望」に相当します。また、「利用者等」には介護支援専門員（ケアマネジャー）も含まれ、「総合的な援助の方針」と連動させケアプランの中での位置づけを明確化させます。

2 「住宅改修が必要な理由書」裏面

◆ 具体的に困難な状況とその理由

　表面の「身体状況」を前提として、住宅改修によって解決しようとしている課題について、生活機能と環境が適合していないことから生ずる困難な状況を具体的に記載します。目的とする動作が「できない」「危険がある」「不安」「介護負担が大きい」などです。

＜例＞

・畳で車いすでの方向転換ができず、トイレ等への移動ができないため困っている。

・玄関段差部分に手すりがなく、つかまるところがないので、転倒の危険性が高く困っている。

◆ 改修目的と期待効果

　住宅改修を実行することにより、どのように課題（困難な状況）が改善されるのか、どのような効果を期待しているのかを具体的に記載します。目的とする動作が「できる（可能となる）」「危険が減る」「安心できる」「介護負担が軽減される」などです。

＜例＞

・フローリングで車いすでの方向転換が可能となり、トイレまでの移動ができるようになる。

・手すりによりつかまるところができるので、段差部分の昇降の安全性が高まる。

第 6 章

介護保険の対象と
ならない福祉用具

第1節　介護保険の対象とならない福祉用具

福祉用具の利活用支援は、介護保険の対象となる福祉用具や住宅改修だけで完結するわけではありません。福祉用具の範囲は広大であり、生活を支えるさまざまな用具や住環境の改善がもたらす生活機能へのプラスの影響を最大化させるためには、介護保険支給の有無にかかわらず情報をもち、適時適切に紹介し利活用につなげる支援がとても重要です。介護保険の対象とならない福祉用具やその辺縁には、衣食住やコミュニケーション、移動などに関するさまざまな用具があり、そのすべてを網羅することは不可能です。そこで、この章では高齢者の生活に直接的に関わるいくつかの用具を取り上げて、解説を加えています。

介護保険の対象とならない 福祉用具

① 紙おむつ

1 紙おむつを考える前に

　排泄は人の尊厳に関わる行為です。誰もが、「トイレで排泄したい」「下の世話になるくらいなら……」と考えており、不適切なおむつの使用は意欲を低下させ、行動範囲を狭め、生活機能の低下をもたらします。おむつの使用を考える前に、トイレで排泄できない理由を考え、可能な限りおむつではない方法で解決を図ることが大切です。

　一方で、おむつを使用することで行動範囲が広がることもあります。軽度の尿漏れをパッドで克服し颯爽と街に出るシニア世代を映すテレビの宣伝は、尿トラブルを抱える多くの人々の積極的な生活を映し出し、後押ししています。

2 紙おむつの選定

　紙おむつは尿を吸収する排泄インナーと、排泄インナーを固定する排泄アウターに分けて考えます。排泄アウターは、尿パッドの交換場所（ベッド、トイレなど）や、生活機能（動作や行動など）から選定をします。

◆ 排泄アウターの選定

● テープ止め紙おむつ

　単体でも紙おむつとして利用できますが、排泄インナーと組み合わせることで交換の回数や使用枚数を減らすことができます。寝た状態でも交換しやすいので、座位や立位の取りづらい人や夜間に使用します。

● パンツ型紙おむつ

　テープ止めよりも装着感が軽く、動作や行動を妨げにくいタイプです。立位や座位が安定していれば自分で上げ下げやパッドの交換ができます。また、ベッド上でも腰を浮かせることができれば介助負担は大きくはありません。

● ホルダーパンツ

　パンツ自体には吸収性はなく、パッドを固定するために履くパンツです。密着性がよいのでパンツ型よりもさらに履き心地がよく、動きやすいタイプです。

●軽失禁パンツ

見かけは一般の下着ですが、吸水層があり少量の尿漏れに対応します。パッドを併用できるタイプもあります。

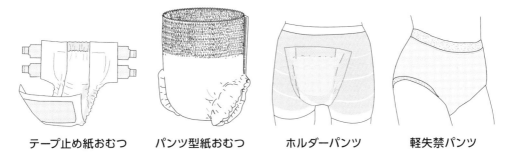

| テープ止め紙おむつ | パンツ型紙おむつ | ホルダーパンツ | 軽失禁パンツ |

◆ 排泄インナーの選定

●尿パッド

排泄アウターに入れる尿パッドは1枚です。尿量に応じた吸収量で選定します。排尿日誌をつけて水分摂取量や投薬などによる変化を把握しておくと判断しやすくなります。

吸収量の大きいタイプはサイズも大きくなります。排泄アウターにギャザーがある場合、ギャザーからはみ出すサイズの尿パッドは組み合わせることができません。大きなパッドは動作を妨げたり、床ずれや車いすなどの座位姿勢を崩す原因にもなります。昼間は小さめのパッドで動きやすく、夜は大きめのパッドで交換間隔を長くするなどの使い分けをします。

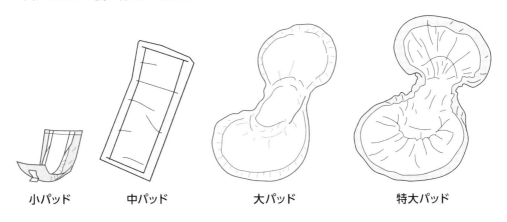

| 小パッド | 中パッド | 大パッド | 特大パッド |

3 漏れてしまう原因

適切な吸収量の尿パッドを選定しているにもかかわらず漏れてしまうことがあります。本人の体格からギャザー部に隙間ができたり、投薬の影響などで尿が固まりにくいなどの要因のほか、使い方に起因することもあります。

●排泄アウターが大きすぎる

漏れてしまうのは吸収量が不足していると考え、より大きめのサイズを選びがちになります。これは、尿道口とパッドの間に空間ができたり、ギャザーに隙間ができやすくなるなど漏れる原因になります。

●尿パッドを重ねている

尿パッドを重ねるとギャザーが覆われてしまい、尿の流れをせき止めることができません。短時間に多量の尿が出た場合は、吸収が追いつかず漏れる原因になります。

●尿パッドや排泄アウターがずれている

紙おむつが身体の中心からずれ、左右均等になっていないことや、しわやヨレなどが原因となっている場合があります。

●尿パッドと尿道口の間に空間がある

尿パッドと尿道口に隙間があると、吸収スピードとの関係で吸収される前に流れ出てしまうことがあります。

●製品ごとの特長、組み合わせの制限に合っていない

基本は排泄アウターと排泄インナーの組み合わせですが、製品によってテープ止め紙おむつ専用のパッドなど、組み合わせを指定しているものがあります。

COLUMN

おむつのテープをきつく締めると車いすでずれ落ちた座位姿勢になる

もしあなたが、「少し太った」と感じたことがあれば経験があるかもしれません。ベルトを少しきつめに締めてからいすに座ると、おなかがとても苦しいことがあります。これと同じように、立位や臥位でテープ止め紙おむつをすると、車いすで座位になったときにおなかが苦しくなり、股関節を少し伸ばし背を倒すと楽になります。苦しいのは嫌ですから、意図してずれ落ちた座位姿勢となり、おなかの苦しさを緩和しているのです。車いすでの適切な姿勢を保つためには、座位になるときにテープを少しゆるめるような、きめの細かい対応が求められます。

---

② 自助具

1 自助具とは

　自助具による食事や更衣など身の回りの行為への支援は、入浴や排泄と並んで福祉用具利活用の大切なテーマです。福祉用具の一つのジャンルである自助具は、心身機能の障害によって不便になったり、できなくなってしまった活動を、できるだけ自分の力で、負担なく容易に、実用的に行えるように工夫された道具です。利用する人それぞれに工夫され改良されたものも多くあります。

◆ 自助具の入手と課題

　自助具は、本来は福祉用具を扱う事業所が自立支援の重要アイテムとして品ぞろえなどに注力してほしいものですが、試用品を用意したり、仕入れの送料負担が利益を上回ってしまうなど、店頭で気軽に買える環境にはなっていません。しかし、最近ではインターネット通販の普及でさまざまな自助具が（一部は便利品として）紹介され、気軽に購入することが可能になっています。

　一方で、自助具は「使ってみなければ使えるかどうかわからない」のも事実です。地域によっては難しいかもしれませんが、公的な福祉用具展示場などで試用ができれば安心して購入できます。デイケアなどのサービスで作業療法士との関わりがある場合には、使い方や手づくりの工夫などのアドバイスを受けることもできます。

2 自助具の種類

◆ 更衣を補助する自助具

　更衣を補助する自助具を使うことで介助者に気兼ねなく更衣ができれば、外出がもっと気軽になるかもしれません。

●リーチャー

　関節リウマチ等で関節を大きく動かすことに支障がある人や、片麻痺の人などに多く使われる自助具です。片手だけでの衣服の脱ぎ着や、靴下の上げ下ろし動作、更衣以外でも遠くに置かれたものを引き寄せたり、カーテンを引くなどの作業に利用できます。長さによって使い勝手の良し悪しがあり、長さを切り詰めることができるものもあります。

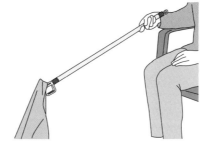

リーチャー

●ボタンエイド

　関節炎、関節リウマチ、神経障害などで手指の細か
い動きが困難な人や、手指の関節の変形、握力の低下
がある人に多く使われる自助具です。ボタンを留め外
しする道具で、使い始めでは練習が必要です。

ボタンエイド

●ソックスエイド

　関節リウマチや股関節などの障害で足先まで手が届
かない人に多く使われる自助具です。靴下を履くこと
ができ、脱ぐときはリーチャーを使います。

ソックスエイド

●着衣用クリップ

　片麻痺などで片手しか使うことができない人や、股関節の障害などで前かがみに
なれず足先まで手が届かない人などに多く使われる自助具です。ズボンのウエスト
部分をクリップで挟み、足を通してひもを引き上げます。また、上着のファスナー
を片手で上げるときにも便利です。

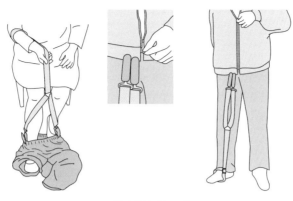

着衣用クリップ

● **そのほかの工夫**

　ファスナーの引き手にリングを通すことで、弱い指先の力でも引きやすくしたり、柄の長い靴ベラを利用することで前かがみの姿勢をとらないようにするなど、身近にあるものを使った工夫などで解決できることもあります。

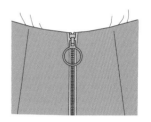

リングが付いたファスナー

◆ **食事を補助する自助具**

　食事を安心して楽しめるように補助する自助具があります。好きな順序で、自分のペースで食べることは大切です。

● **スプーン・フォーク**

　持ちやすさ、すくいやすさ、口への入れやすさが工夫されています。軽量なことも重要です。

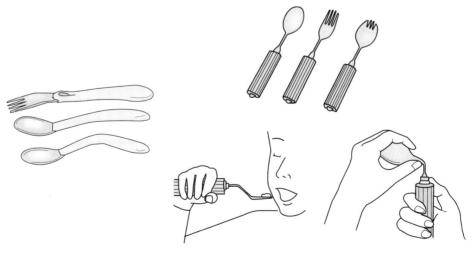

柄の太さと口に入る角度の工夫をしたもの

握りを代替したもの

二つに割って挟めるようにしたスプーン

● ピンセット型箸

連結して操作しやすく、つかみや
すい工夫がされています。

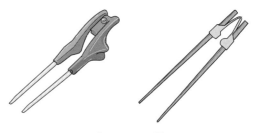

ピンセット型箸

● 食器

すくいやすい形状に皿が工夫されていたり、椀に取っ手の付いたものなどがあり
ます。

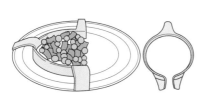

フードガード

すくいやすい形状に工夫された皿

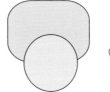

取っ手の付いた椀

ノンスリップシート

COLUMN

上肢の動きを補助する「BFO」ってなに？

Balanced Forearm Orthosis、直訳すると「バランス前腕装具」です。バランサー、アームサポートともいいます。分類としては上肢に高度な筋力低下のある人に対して給付される補装具です。神経難病などで、腕を持ち上げたり動かす動作が困難な人が利用し、食事動作を自立に導く頼もしい道具です。

◆ 整容を補助する自助具

身だしなみを整えることは社会活動への第一歩、意欲の向上にもつながります。

● **歯磨き**

歯ブラシを持ちやすく工夫したものや、歯磨き粉をつけやすいように歯ブラシを固定できるコップがあります。

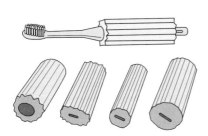

スポンジグリップをつけた歯ブラシ

歯ブラシを固定できるコップ

●くし

柄の長いくしや、洗いやすいように曲がった柄のボディブラシがあります。

長い柄のくし

曲がった柄のボディブラシ

●爪切り

安定して持てるようにリング付きの爪切りなどがあります。

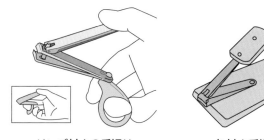
リング付きの爪切り

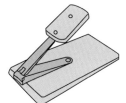
台付き爪切り

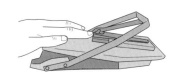
片手で使える爪切り

③ 聞こえにくい人のための福祉用具

1 聞こえにくさを放っておくと

　難聴になると円滑な会話が困難になり、テレビなどからの情報も得にくくなります。会話は、高齢者が社会との関わりをもち生活するためにとても重要で基本的な活動であるにもかかわらず、「歳のせい、仕方がない」と、支援者からも軽視されてしまいがちです。難聴は、結果として会話を避け、趣味の集まりなどの社会的な活動に消極的になるなどの「引きこもり」を引き起こし、ひいては認知症の要因ともいわれるようになりました。

2 聞こえにくさの原因を知ることが大切

　聞こえにくさの症状は、単に声や音が聞き取りにくくなるだけではなく、明瞭さに欠ける、音の判別が難しくなるなどさまざまです。加齢に伴って進行することが多いといえますが、耳垢が原因の場合や、脳腫瘍など耳以外の疾患により症状が現れている場合もあります。対症療法的に考えるのではなく、適切な診断を経たうえでの支援が大切です。

◆ 難聴のタイプ

● 伝音難聴

　音が内耳に伝わる過程で減弱してしまう難聴です。音の質は劣化せずボリュームを絞ったように小さくなる症状です。改善するための治療もあります。

● 感音難聴

　音を知覚し分析する内耳あるいは神経系の機能が障害されることによる難聴です。音が小さいと同時に歪んで聞こえるなど質の劣化を伴います。

● 混合性難聴

　伝音難聴と感音難聴の両方を併せもつ難聴です。人によってどちらの症状が強いかは異なります。

図 6-1　**音の伝達と難聴の関係**

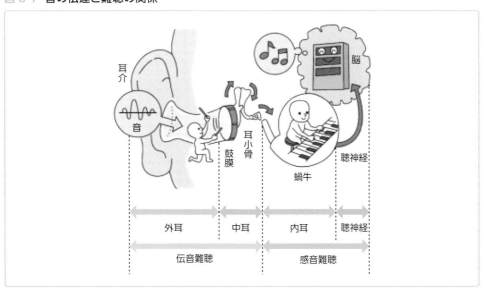

出典：『福祉用具シリーズ vol.19 高齢者介護のための聞こえの基礎知識と補聴器装用』公益財団法人テクノエイド協会、p.5、2014 年

3 補聴器

　機器としての調整範囲に加え、医療機器として提供プロセスが管理されており、耳鼻科の専門医の診断や補聴器専門店での聴力測定や試聴による適切なフィッティングを経て提供されるものです。聞こえの機能障害には、小さい声が聞こえない、言葉を誤まって聞き取ってしまうなど個人差が大きいといわれています。個人に合わせた適切なプロセスを経ない利用では、補聴器本来の性能を活かすことは難しいといえます。

◆ 補聴器の種類

　形状によってポケット型、耳かけ型、耳あな型などがあります。

● ポケット型

　本体がイヤホンと分かれており操作しやすく、電池寿命も長いです。本体にマイクがある場合は、相手に近づけて聞き取りやすくすることができます。ポケットに入れると衣擦れ音が入ることや音がこもることがあります。

● 耳かけ型

　耳に掛けた本体から耳の入り口まで音が届けられるタイプです。届ける方式にはチューブを使うものとワイヤーを使うものがあり、ワイヤーを使う RIC（リック）タイプは比較的小型です。

● 耳あな型

　既製品と耳の形に合わせてつくるオーダーメイドがあります。既製品は耳から外れやすく紛失に注意が必要です。小型で目立ちにくい反面、電池も小さく頻繁な交換が必要です。

ポケット型補聴器

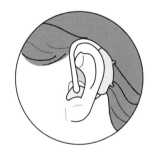

耳かけ型補聴器

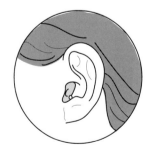

耳あな型補聴器

◆ デジタル補聴器

　超小型のコンピュータを内蔵し、音をデジタル処理することで聞き取りやすさを高めた補聴器です。音を周波数ごとに分割しきめ細かく調整することで、音声を聞き取りやすくして補聴効果を高めます。さらに、AI（人工知能）技術により、場面ごとの音環境を判断し自動的に調整する技術も実用化が進んでいます。

● **オープン装用**

　ハウリング（不快な音が発生する現象）の発生を抑えることにより、耳穴をふさぐことなく装着できる「オープン装用」が可能となります。自分の声がこもったり、耳穴の不快感を軽減します。

◆ 公費補助による補聴器の購入

　聴力が一定基準まで低下している人は、身体障害者の認定を受けることにより、障害者の日常生活及び社会生活を総合的に支援するための法律（障害者総合支援法）による補装具としての購入費の支給が受けられます。

COLUMN

認定補聴器技能者と認定補聴器専門店

　テクノエイド協会では、所定の養成課程を履修し資格取得試験に合格した者を、認定補聴器技能者として認定し、適正な補聴器供給に資する人材の養成をしています。また、認定補聴器技能者が常勤し、かつ補聴器の販売、管理、アフターケアのために必要な設備が整っている店舗を認定補聴器専門店として認定しています。認定補聴器専門店はテクノエイド協会のホームページから確認することができます。

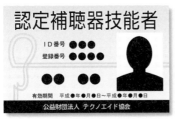

認定補聴器技能者の認定証

認定補聴器専門店のマーク

補聴器までの性能はないものの、音を伝えやすくする福祉用具が助聴器です。費用的にも手軽に導入できますが、必要以上に大きな音量で使い続けることにより聴力の低下を招くおそれもあり、注意が必要です。

● 伝音管

音を伝える筒です。話し手の口と聞き手の耳にあてることで、大声を出さなくても伝えやすくなります。長さや形状を自由に変えることで、話し手と聞き手が視線を合わせる位置関係で利用することができます。

● 集音器

手で持って耳にあてるものや、本体を首からかけイヤホンで音を聞くものなどさまざまなタイプがあります。補聴器に似た形状をもつものもありますが、集音器は医療機器ではないため、性能も提供プロセスも異なり、補聴器と同等の効果を得られるものではありません。

基本的な構造は、指向性（限られた方向からの音を集中してとらえることのできる性能）の高いマイクで会話等をとらえ、増幅してスピーカーから発するものです。音量のほかに音の高低を調整できるものもあります。

● 手元スピーカー

テレビの音などを難聴のある人の近くで再生するスピーカーです。一般の家電店で入手できる汎用品ですが、福祉用具としても実用的です。テレビのイヤホン出力などを利用し、有線または無線接続が可能です。

伝音管

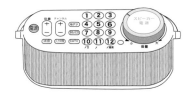

手元スピーカー

④ 見えづらい人のための福祉用具

1 見えづらさを理解する

　日常生活の中で文字による情報は多く、役所からの通知や貯金通帳など自分の目で確認したい内容も多くあります。視覚障害というと、視覚からの情報がまったくない「全盲」を想定しがちですが、高齢者の場合は物の形態を認識することができる「ロービジョン（弱視）」レベルの人が多く、大きな文字を使ったり、見分けやすい色の組み合わせにしたりするなどの社会的な対応も求められています。

◆ ロービジョン（弱視）の症状

　見えにくさの症状は、原因となる疾患によりいくつかの種類があります。

● ぼやける

　遠視や強い近視などにより、ピントが合わずに小さな文字等が読めなくなる症状です。

● コントラストの低下

　白内障などにより目に入る光が乱れてしまいます。強いまぶしさを感じたりコントラストの低下が現れ、コントラストの低い絵や文字の認識が難しくなる症状です。

● 視野周辺部の欠損

　網膜色素変性症などにより、リング状に視野が欠けたり、視野が狭くなり中心部だけ見える症状です。

● 視野中心部の欠損

　加齢黄斑変性症などにより、見ようとするところが見えにくくなる症状です。中心部が歪んで見える状態が進行し見えなくなります（中心暗点）。周辺部の視力も低下します。

2 見えづらい人のための福祉用具

◆ 拡大読書器

　カメラとモニターが一体化した福祉用具で、据え置き型と携帯型があります。文字などの書かれた紙をカメラで撮影し、その映像が拡大されてモニターに映し出されるしくみで、拡大率はモニターのサイズによります。カラー表示のほかに、白黒、白黒の反転（黒い文字を白、背景を黒で表示）や黒黄色、青黄色などで表示する機能があります。

　障害者総合支援法に基づき市町村が実施する日常生活用具給付等事業の「情報・

意思疎通支援用具」として指定されることが多く、購入費の給付が受けられる場合があります。

●据え置き型

机の上に置いて利用するタイプです。22 インチ程度のモニターが標準サイズで、最大 50 倍から 100 倍程度の大きさで映し出されます。倍率を大きくすると表示される範囲が狭くなりますが、読みたい箇所を移動させるために書面を置く台が上下と左右に動きます。

●携帯型

モニターサイズが比較的小さくバッテリー等で利用できるタイプです。拡大率はモニターの大きさによって異なり、最大でも 30 倍程度です。ルーペのように手に持って利用することができる小型のタイプもあります。製品によって分厚い書籍には向かないものもありますので、注意して選定します。

拡大読書器（据え置き型）

拡大読書器（携帯型）

◆ 単眼鏡

望遠鏡を小型化したもので、遠くの物を拡大して見るための福祉用具です。病院などの公共施設で壁に掲示された案内を読み取る、コンサートを観るなど中・遠距離に対応し、複数の倍率のレンズを組み合わせるものもあります。単眼鏡を逆からのぞくと視野が拡大するので視野狭窄の改善に利用する場合もあります。一定の条件を満たすことで障害者総合支援法による補装具として購入費の支給が受けられる場合があります。

◆ 拡大鏡（ルーペ）

凸レンズを利用し文字などを拡大する道具で、いわゆる虫眼鏡です。高齢者用の便利グッズとしても普及しており、LED などの照明付きもあります。

⑤ いす型階段昇降機

1 いす型階段昇降機とは

一般住宅の階段に取り付けることができる昇降機です。階段にレールを固定し、レール上をいすの形状をした駆動部分が昇降します。下肢の障害で昇降が困難な人や、心疾患等で負荷をかけられない人でも、いすに座った状態で昇降が可能です。

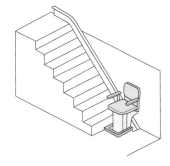

いす型階段昇降機

2 いす型階段昇降機の利用

◆ 利用上の注意点

● **取り付け**

一般住宅の75cm程度の幅の階段に取り付けることが可能です。利用しないときにはいすを折りたたみ階段上に留め置きますが、壁から30cm程度の幅をとります。

● **利用時**

いすに安定して座れることが必要です。構造上の制約から座面高さが床から50cm程度と高く、移乗などに支障がないかどうか確認が必要です。運転操作は本人のスイッチ操作、または介助者のリモコン操作となります。

⑥ 福祉車両

1 福祉車両とは

家族などの運転で高齢者が同乗する用途の福祉車両は「介護式」と呼ばれ、下肢などに機能障害のある状態でも乗り降りがしやすい工夫がされています。

◆ 税金の優遇措置

● **消費税**

スロープやリフトを使って車いすのまま乗り込めて、車いすを固定する装置が付いているなどの一定の条件を満たした車両は、購入時の消費税が非課税となります。

● **自動車税**

障害のある人と生計をともにする人が車両をその人のために使っていれば、自動車取得税、自動車税、軽自動車税が減免される場合があります。

2 福祉車両の種類

● 回転シートタイプ

着座や立ち上がりがしやすいように、助手席が外側に回転します。回転に加えて、スライドやティルト（座面の傾き）などの機能が備わったものもあります。

● 回転＋昇降シートタイプ

助手席や後部シートが回転し、ドアの外にせり出しながら上下に移動し、立ち座りしやすい高さで停止させることができます。接近しやすく車いすからの移乗に向いています。スライドドアの後部シートタイプは、いすの左右どちらからでもアプローチできるので、片麻痺の人が乗り降りしやすいほうでの選択が可能です。

着脱可能な車両のいすに車輪等が装備されており、そのまま車いすとして使用が可能なものもあります。

● 車いす乗車タイプ

スロープやリフトを使って、車いすに乗車したまま車内に乗り込むことができるタイプです。スロープのセットは、すばやく出し入れができる手動式と、簡単に操作できる電動式があります。車いすに乗車したまま走行するので、車いすと車両側の固定装置が適合することの確認が必要です。

回転シートタイプ

回転＋昇降シートタイプ

車いす乗車タイプ（スロープ式）

参考文献

・市川洌編『ケアマネジメントのための福祉用具アセスメント・マニュアル』中央法規出版、1998 年

・市川洌編著『福祉用具支援論——自分らしい生活（くらし）を作るために』財団法人テクノエイド協会、2006 年

・福祉用具の適切な利用を推進するための調査研究事業検討委員『福祉用具選定支援書』財団法人テクノエイド協会、2011 年

・公益財団法人テクノエイド協会編、大橋謙策監『介護福祉経営士実行力テキストシリーズ 9 新しい福祉機器と介護サービス革命——導入の視点と活用のポイント』日本医療企画、2014 年

・『住宅改修ハンドブック——自立支援のための住宅改修事例集』財団法人テクノエイド協会、2007 年

・『福祉用具プランナーテキスト 第 10 版』公益財団法人テクノエイド協会、2019 年

・『福祉用具シリーズ vol.12 "日常生活" を安心して過ごす為に。歩行補助用具の活用』財団法人テクノエイド協会、2007 年

・『福祉用具シリーズ vol.14 手すりを上手に使う——その人に合わせるために』財団法人テクノエイド協会、2009 年

・『福祉用具シリーズ vol.16 QOL を高める特殊尿器の有効活用』公益財団法人テクノエイド協会、2011 年

・『福祉用具シリーズ vol.18 福祉用具プランナーが使う高齢者のための車椅子フィッティングマニュアル』公益財団法人テクノエイド協会、2013 年

・『福祉用具シリーズ vol.19 高齢者介護のための聞こえの基礎知識と補聴器装用』公益財団法人テクノエイド協会、2014 年

・『福祉用具シリーズ vol.21 自立支援のための住環境整備——福祉用具専門職のための建築基礎知識』公益財団法人テクノエイド協会、2016 年

・『福祉用具シリーズ vol.22 認知症高齢者の生活に役立つ道具たち——認知症ケアに携わる人へ』公益財団法人テクノエイド協会、2017 年

・『福祉用具シリーズ vol.23 はじめてのスタンディングリフト』公益財団法人テクノエイド協会、2018 年

・『福祉用具シリーズ vol.24 小児から高齢者まで使える車椅子を知るためのシーティング入門』公益財団法人テクノエイド協会、2019 年

・障害者福祉研究会編『ICF 国際生活機能分類——国際障害分類改定版』中央法規出版、2002 年

・上田敏総監修、日本放送出版協会編『別冊 NHK きょうの健康 これだけは知っておきたいリハビリテーション』日本放送出版協会、1994 年

・馬場昌子・福医建研究会『福祉医療建築の連携による高齢者・障害者のための住居改善』学芸出版社、2001 年

・鈴木晃編『保健婦・訪問看護婦のための住宅改善支援の視点と技術』日本看護協会出版会、1997 年

・上田敏『KS ブックレット No.5 ICF（国際生活機能分類）の理解と活用——人が「生きること」「生きることの困難（障害）」をどうとらえるか』きょうされん、2005 年

・大川弥生『「よくする介護」を実践するための ICF の理解と活用——目標指向的介護に立って』中央法規出版、2009 年

・一般社団法人全国福祉用具専門相談員協会編『福祉用具サービス計画作成ガイドブック 第 2 版』中央法規出版、2018 年

・黒澤貞夫監『福祉用具専門相談員講習テキスト 第 2 版』日本医療企画、2020 年

・市川洌『ひとりひとりの福祉用具——福祉用具支援概論』日本工業出版、2019 年

・『介護保険における住宅改修 実務解説 平成 30 年 5 月改訂版』公益財団法人住宅リフォーム・紛争処理支援センター、2018 年

・福祉用具・住宅改修における効果的なサービス提供に必要な方策等に関する調査研究事業報告書別冊『状態像に応じた効果的な福祉用具利用のためのガイドライン——自立支援の観点から』一般社団法人日本作業療法士協会、2017 年

監修・編著者紹介

監修

大橋謙策　公益財団法人テクノエイド協会理事長

日本社会事業大学社会福祉学部卒業、東京大学大学院教育学研究科博士課程満期退学。
1974 年、日本社会事業大学社会福祉学部専任講師として赴任。以後、助教授、教授。この間、社会福祉学部長、学長を歴任。
社会的活動としては、日本学術会議会員、日本社会福祉学会会長、日本地域福祉学会会長、一般社団法人全国社会教育委員連合会長等を歴任。2011 年 7 月から、公益財団法人テクノエイド協会理事長に就任。
研究分野の主たる領域はコミュニティソーシャルワーク、地域福祉計画等。
地域自立生活支援には ICF（国際生活機能分類）の視点に基づく福祉用具の利活用のケアマネジメントが必要であることを提唱。
著書に、『社会福祉入門』（放送大学教育振興会）、『地域福祉』（放送大学教育振興会）等。

編著

伊藤勝規　特定非営利活動法人とちぎノーマライゼーション研究会理事長

1987 年、日本社会事業大学社会福祉学部卒業。1985 年、バンク-ミケルセン氏来日の際、特別講義を受けたことをきっかけにノーマライゼーションに関心をもつ。
2001 年、特定非営利活動法人とちぎノーマライゼーション研究会の立ち上げに参加、公的な福祉用具展示相談施設である、とちぎ福祉プラザモデルルームの運営に関わり、2017 年理事長に就任。
栃木県内を中心に個別の相談に対し福祉用具利活用支援を行う傍ら、福祉用具プランナー養成研修や行政、企業主催の福祉用具関連研修の講師としての活動を全国で行う。
著書に、『まちかどノーマライゼーション』（フーガブックス）があるほか、福祉用具シリーズ、福祉用具プランナーテキスト等多数の執筆に参加。

ICFの視点に基づく自立生活支援の福祉用具
その人らしい生活のための利活用

2021 年 1 月15日　発行

監　修	大橋謙策
編　集	公益財団法人テクノエイド協会
編　著	伊藤勝規
発行者	荘村明彦
発行所	中央法規出版株式会社

〒110-0016　東京都台東区台東 3-29-1　中央法規ビル
営　業　　　TEL 03-3834-5817　FAX 03-3837-8037
取次・書店担当　TEL 03-3834-5815　FAX 03-3837-8035
https://www.chuohoki.co.jp/

編集担当	根石竹夫（普及部）
装幀・本文デザイン	北田英梨（株式会社ジャパンマテリアル）
本文イラスト	藤田侑巳
印刷・製本	株式会社アルキャスト

本書の内容に関するご質問については、下記 URL から「お問い合わせフォーム」にご入力いただきますようお願いいたします。
https://www.chuohoki.co.jp/contact/